Indien

KÜCHE & KULTUR

Indien

KÜCHE & KULTUR

Rezepte: Tanja Dusy
Reportagen: Ronald Schenkel
Foodfotos: Joerg Lehmann
Reportagefotos: Jürg Waldmeier

Inhalt

  6   Indien: »Hast du heute schon gegessen?«

10   Der Norden: Mughlai-Küche und Tandoor
18   Rezepte aus Indiens Norden: Chutneys, Currys und Tandoori-Huhn
22   Im Sikhtempel: Nahrung für Arme und Götter
38   Roti: Das tägliche Brot
46   Tandoor: Heiße Öfen für scharfe Gerichte
62   Lucknow: Königliches Erbe

68   Der Westen: Überfluss und Askese
76   Rezepte aus Indiens Westen: Samosas, Dals und Lammkoteletts
86   Gujarat: Land der weißen Pilger
106 Rajasthan: Das Erbe der Maharadschas

110 Der Osten: Anglophil und bengalisch
118 Rezepte aus Indiens Osten: Gemüse, Fisch und Meeresfrüchte
124 Gemüse: Niemals ohne
136 Durga Puja: Ein bengalisches Festessen
144 Paan Masala (Betel): Davor und danach
152 Bengali Sweets: Das süße Erbe

156 Der Süden: In Gottes eigenem Land
164 Rezepte aus Indiens Süden: Reis, Kokosfleisch und viel Fisch
172 Reis: Heilig und alltäglich
184 Kokosnuss: Toddy und mehr
192 Fisch: Delikatesse und tägliches Brot
206 Pondicherry: Man spricht französisch
211 Getränke: Chai, Durstlöscher auf Indisch

216 Zum Nachschlagen
216 Indien: Zahlen, Daten, Fakten
218 Kochtechnik und Geräte
220 Tischsitten und Esskultur
222 Glossar: Gewürze, Kräuter und typische Lebensmittel
227 Grundrezepte
228 Menüs und Festessen
230 Register
234 Rezeptverzeichnis von Salat bis Desserts
235 Bezugsadressen
236 Adressen und Reisetipps
238 Literatur und Musik
240 Impressum

Indien
»Hast du heute schon gegessen?«

Zwei Mädchen im Sikh-Tempel von Delhi: Indien ist nicht nur Vielvölkerstaat, sondern auch ein Schmelztiegel unterschiedlicher Religionen.

Über Indien zu sprechen verführt zu Superlativen: Indien ist die größte Demokratie der Erde und das Land mit der zweitgrößten Bevölkerung. Im Norden stößt es an die eisigen Gebirgszüge des Himalajas, im Westen wird es vom Arabischen Meer, im Osten vom Indischen Ozean umschlossen. Zwischen den subtropischen Regenwäldern des Südens, in denen Pfeffer, Kardamom und Ingwer wachsen, und den wüstenhaften Landschaften Rajasthans mit seinen Märchenpalästen und Maharadschas liegen Welten. Mumbai, das bis vor wenigen Jahren Bombay hieß, Kalkutta und Delhi sind pulsierende Metropolen. Doch nach Varanasi, der Stadt der Toten, wo entlang der Stufen zum heiligen Fluss Ganges die Scheiterhaufen brennen, kommen auch die frommen Hindus des 21. Jhs., um sich einer rituellen Waschung zu unterziehen. In Bollywoods Filmfabriken werden Träume wahr. Aber noch immer trennt das Kastenwesen die Gesellschaft. Indien ist ein Wunder an Vielfalt. Ein Kosmos unterschiedlichster Lebenswelten, der nicht zwangsläufig integriert, sondern die Dinge nebeneinander (be-)stehen lässt.
Dies spiegelt sich auch im Essen wider. Indien ist mehr als Curry oder *Tandoori*, und eine grobe Einteilung in nordindische Brotliebhaber und Reisesser im Süden greift ebenfalls zu kurz.

Essen und Kultur

»Khana Khaya?« – »hast du heute schon gegessen?«, fragen die Inder gerne zur Eröffnung eines Gesprächs. Nicht allein aus Höflichkeit: Noch heute ist es in weiten Bevölkerungsschichten nicht selbstverständlich, täglich satt zu werden. Doch auch dort, wo keine existenzielle Not herrscht, ist das Essen einer der Dreh- und Angelpunkte des Alltagslebens. Die Inder essen nicht nur leidenschaftlich gerne, sie essen auch so häufig wie nur möglich: beim Imbiss auf der Straße, im Restaurant und vor allem zu Hause. Mit leuchtenden Augen erörtern die Männer komplizierte Rezepte und analysieren die Finessen einer Gewürzmischung. Dabei ist die Küche in Indien nach wie vor die Domäne der Frauen. Ihre Arbeit ist ein Fulltimejob: In einem Land ohne Supermärkte, in dem frische Zutaten auf verschiedenen, oft weit verstreut liegenden Märkten besorgt werden müssen, ist schon der Einkauf eine logistische Herausforderung. Entscheidend jedoch ist die Zubereitung der Mahlzeiten. Jede Kaste folgt anderen Regeln.
Auf den Tellern spiegeln sich Vielfalt sowie Widersprüche der indischen Kultur. Ein Bauer im kargen Bundesstaat Gujarat muss sich häufig mit ein wenig Reis und Linsen begnügen. Wohlhabende Hindus dagegen fasten an bestimmten Tagen zu Ehren ihrer Götter. Im Norden liebt man üppige, intensiv gewürzte Fleischragouts, im Süden wiederum subtil abgeschmeckte Gemüsegerichte. Die Bevölkerungsgruppen Indiens bewahren ihre kulturellen Unterschiede. Es ist diese Traditionsverbundenheit, die den kulinarischen Reichtum des Landes erst ermöglicht. Über viele Generationen hinweg geben die Mütter ihre Rezepte an die Töchter weiter. Lange drangen diese Küchengeheimnisse kaum nach außen. Mit der Öffnung der Gesellschaft beginnt sich dies zu ändern. Das Interesse junger indischer Köche und weltoffener Restaurantbesitzer am eigenen kulturellen Erbe ist erwacht – eine Chance für den Fremden, die verwirrende Vielfalt der indischen Küche zu entdecken. Ebenso wenig wie es ein einziges wahres Indien gibt, gibt es die eine, einheitliche indische Küche.

Die perfekte Mischung

Ayurveda, die alte indische Wissenschaft vom langen Leben, verlangt nach der fein ausbalancierten Komposition eines Menüs, in dem sich die unterschiedlichen Geschmacksrichtungen harmonisch ergänzen. Ein Großteil der Hindus folgt seit jeher dieser strikt vegetarischen Ernährungslehre. Erst mit den muslimischen Mogul-Fürsten gelangte eine fleischbetonte, in ihren Gewürzen orientalisch geprägte Küche nach

INDIEN VORWORT

Indien lässt sich grob in vier Regionen aufteilen. Doch auch innerhalb dieser Regionen herrschen beträchtliche Unterschiede.

Indien. Im Laufe der Jahrhunderte wurde diese so genannte Mughlai-Küche zu höchster Raffinesse entwickelt. Arabische, chinesische, portugiesische, französische und holländische Händler haben den kulinarischen Reichtum des Landes ihrerseits mit neuen Zutaten und Rezepten gemehrt. Schließlich hinterließen auch die Vorlieben der britischen Kolonialherren ihre Spuren. All diese Einflüsse haben die indischen Köche aufgenommen und zu etwas unverwechselbar Eigenem, Indischem umgeschmolzen. Heute erscheint die Küche des Subkontinents wie ein komplexes *Masala* – eine exquisite Mischung.
Eine Reise durch dieses Land der ineinander verwobenen Gegensätze ist eine Entdeckungsreise für die Sinne. Dieses Buch nimmt Sie mit auf eine solche Reise. In vier Kapiteln führt es Sie in den Norden, Osten, Süden und Westen des Subkontinents. Die angesichts des gigantischen Landes unumgängliche Beschränkung auf einige ausgewählte Regionen soll den einzigartigen Reichtum der indischen Küche umso konkreter vor Augen führen.

Der Norden: Meltingpot mit Tradition

Prägend für die Küche des Landes rund um die indische Kapitale Delhi waren die Herrscher aus Persien und Zentralasien ab 1192. Deren hoch entwickelte höfische Kochkunst mit ihren teuren Zutaten und ausgefeilten Kochtechniken wird heute als Mogul- oder Mughlai-Küche bezeichnet. Doch auch die einfacheren Gerichte des

7

Die Straßenmärkte in den Städten spiegeln auf anschauliche Weise den landwirtschaftlichen Reichtum des Landes wieder.

Varanasi (früher Benares) am Ganges gilt als heiligster Ort Indiens. Wer hier stirbt, erlangt sofortige Erlösung.

Punjab und Kaschmirs entstammen diesen Ursprüngen. Typisch für den Norden sind *Kormas*, deftige Fleischragouts in cremigen Saucen. Milchprodukte wie Sahne, Joghurt oder Ghee, geklärte Butter, werden in üppigen Mengen verwendet. Fast immer gibt es als Beilage Brot. Am deutlichsten ist die Nähe der Mughlai-Küche zu ihren orientalischen Wurzeln am verschwenderischen Umgang mit Gewürzen und bestimmten Gewürzkombinationen zu erkennen. Selbst Süßspeisen werden mit Safran, Kardamom und Rosenwasser gewürzt. Neben erlesenen Zutaten pflegt diese Küche ausgefeilte Zubereitungsweisen wie etwa *Dumpukh*, das Dünsten von Fleisch oder Gemüse im geschlossenen Tontopf. Bekannter ist das Garen im *Tandoor*-Lehmofen.

Der Westen: Gelebter Gegensatz

In der Wirtschaftsmetropole Mumbai gehört Essen längst zum Lifestyle. Thailändische oder italienische Lokale finden ebenso zahlungskräftige Kundschaft wie die kaum billigeren amerikanischen Fastfood-Ketten, die indisch gewürzte Burger anbieten: mit Chutney statt Ketchup. Berühmt ist Mumbai jedoch für sein schier unerschöpfliches Angebot an preiswertem Streetfood. Bei *Pav Bhaji*, gerösteten Brötchen mit Gemüsebrei, einer berühmten Spezialität auf der Strandpromenade, treffen Geschäftsleute und Filmsternchen auf Hafenarbeiter und Rikschafahrer. Im nördlich angrenzenden Agrarstaat Gujarat ringen die Menschen dagegen hart um das tägliche Brot. Zwar gilt Gujarat statistisch als reichster Bundesstaat Indiens. Doch die überwiegend von der Landwirtschaft lebende Bevölkerung hat immer wieder unter langen Dürreperioden zu leiden. Getreide und Hülsenfrüchte, Brot und *Dal* bilden die Basis der Ernährung. Auch Gemüse spielt eine wichtige Rolle. Versüßt wird das Ganze durch *Jaggery*, Rohrzucker, der auch in herzhaften Gerichten Verwendung findet. Aus diesen einfachen Zutaten entwickelte sich eine vegetarische Küche höchster Vollendung. Einen entscheidenden Anteil daran hatte die in Gujarat stark vertretene Glaubensgruppe der Jains, die einen sehr strengen Vegetarismus pflegen.
Rajasthan, Gujarats Nachbarstaat im Norden, macht es seinen Bewohnern mit seinem extrem heißen und trockenen Klima noch schwerer: Die Wüste Thar lässt Landwirtschaft kaum zu, weswegen sich die früheren Herrscher, die Rajputen, auf die Jagd verlegten. Einfache, scharf gewürzte Fleischgerichte, die oft wie einst am Lagerfeuer gegrillt werden und schlichte Mahlzeiten aus getrockneten Hülsenfrüchten oder Gemüsen sind ihr kulinarisches Erbe.

Der Osten:
Fremde Herren – eigene Küche

Westbengalen, das von den verzweigten Mündungsarmen des Ganges mit reichlich Wasser versorgt wird, gleicht einem grünen Paradies. Frisches Gemüse und Süßwasserfisch sind die Grundpfeiler der bengalischen Küche. *Panch Phoran*, die spezielle Mischung aus fünf Gewürzen, gibt vielen Speisen ihren besonderen Geschmack. Sonst wird auf extreme Würze verzichtet: Der Eigengeschmack der Speisen soll erhalten bleiben. Nacheinander kommen sie auf den Tisch, nicht gleichzeitig, wie sonst in Indien üblich. Die Abfolge gehorcht einer ausgeklügelten Dramaturgie. In ihrem peniblen Umgang mit Zutaten und Speisen sehen sich die Bengalen gerne als die Gourmets Indiens.
Daran haben auch die Briten wenig geändert, die Kalkutta als Hauptstadt ihres *Raj*-Reiches etablierten. In den noch erhaltenen Clubs der Stadt werden bis heute englische Klassiker serviert – jedoch in indisch modifizierten Versionen.

Der Süden: Ursprüngliche Küche

Im südwestlichen Bundesstaat Kerala werden beinahe alle Gewürze angebaut, die in der indischen Küche verwendet werden und für die in früheren Zeiten Araber, Portugiesen, Holländer und Briten weite Wege auf sich nahmen. Dennoch sind die Speisen eher behutsam gewürzt. Kokosnüsse, grüne Chilischoten, Curryblätter und Senfkörner sind die Basis vieler vegetarischer Gerichte, die meist fettarm gegart werden. So einfach und reduziert wie die südindische Küche mag einst jene der aus dem Norden vertriebenen Ureinwohner ausgesehen haben. Doch auch im Süden wirkten Einflüsse von außen. Die Portugiesen, die 1510 in Goa landeten, liebten es kräftiger. Goas bekanntestes Gericht, *Vindaloo* mit Schweinefleisch, würzten sie säuerlich-scharf. Fisch gibt es an den Küsten in Hülle und Fülle. Er wird in jeder denkbaren Zubereitungsart gegessen. Und obwohl der Anteil der Vegetarier in Südindien hoch ist, ist Fleisch kein Tabu. Die in Kerala lebenden Nachfahren syrischer Christen essen sogar Rindfleisch – undenkbar für Hindus, denen die Kuh als heiliges Lebewesen gilt.

Ein *Chai Wallah* gehört zum Straßenbild jeder indischen Stadt. Der gesüßte Tee ist eine günstige Erfrischung.

Der Norden
Mughlai-Küche und Tandoor

In Delhi trifft sich ganz Indien.

Die Hauptstadt der größten Demokratie der Welt ist ein

Schmelztiegel verschiedener Kulturen, und die Epochen ihrer

Geschichte sind an den sie umgreifenden und ineinander

übergehenden Stadtvierteln ablesbar. Viele, die in Delhi ihr Glück

suchen, stammen aus dem benachbarten Bundesstaat Uttar

Pradesh. Dessen Hauptstadt Lucknow ist heute noch eine wahre

Schatzkammer ausgesuchter Genüsse.

Delhi
Acht Städte in einer

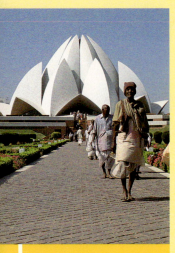

Eines der vielen Gesichter Delhis: der sich wie eine Lotusblüte entfaltende Baha'i-Tempel im Kalkaji District Park.

Früh morgens liegt ein rötlicher Dunst über Delhi. Taubenschwärme flattern vom Grabmal des Mogul-Herrschers Humayun auf, dessen helle Kuppel sich über die Bäume eines Parks erhebt. Die weißen, in den wüstensand-farbenen Stein eingelegten Ornamente an der Fassade des Grabmals wirken, als wären sie aus Perlmutt, und das Gebäude mutet an wie ein Schatzkästchen, das selbst ebenso kostbar ist wie sein Inhalt.

Noch sind die notorisch verstopften Straßen Delhis weit gehend leer. Nur wenige Autos brausen die breiten Alleen entlang, die in New Delhi gesäumt sind von riesigen Grünflächen. Diese grünen Inseln wechseln sich ab mit Ministerialgebäuden, Botschaften und Hotels, aber auch mit Wohngegenden, die wie kleine Dörfer zu Einheiten zusammengefasst sind. Und wie in einem Dorf wandert ein Milchverkäufer durch ein mittelständisches Viertel im südlichen Bezirk der Zehn-Millionen-Metropole. Er kündigt sich durch heisere Rufe an, hält mit den Wachmännern, die sich zum Schutz vor der Morgenkühle ein Tuch um den Kopf geschlagen haben, einen kurzen Schwatz. Alles wirkt friedlich in diesen frühen Stunden. Aber hat Indiens Hauptstadt tatsächlich geschlafen?

Im Labyrinth der Basare

Insbesondere während des Ramadan erwachen muslimische Viertel erst abends zum Leben. Zu diesen gehört Old Delhi. Gegenüber dem berühmten Roten Fort taucht man ein in ein Labyrinth von Straßen, Gassen und Gässchen rund um die riesige Jama Masjid, die Große Moschee. Das 1648 gegründete Old Delhi ist bereits die siebte Stadt auf dem Gebiet des heutigen Delhi. Hier lebt der größte Teil der muslimischen Bevölkerung, hier pulsiert das Geschäftsleben von Delhi. In den Basaren gibt es alles zu kaufen, – irgendwo, irgendwie, es wird gefeilscht und gehandelt.

In dunklen Ladenverließen sitzen dicke Reishändler auf Säcken, trinken Tee und rauchen Wasserpfeife. Chutney- und Picklesverkäufer breiten ihre Auslage in Vitrinen aus, und was in silbernen Schalen liegt, hat im Licht grellen Neons einen fast unnatürlichen Glanz. Ein fliegender Teehändler schenkt süßen *Chai* aus, den sich der Verkäufer von Trockenfrüchten und Nüssen aus Kaschmir und Afghanistan in einer Arbeitspause schmecken lässt. Auf riesigen Eisenwaagen wiegt der Gewürzhändler Tamarinde, Ingwer, Kurkuma oder Pfefferschoten. Gemahlene Chilis gibt es in verschiedenen Farbtönen – der Kenner warnt davor, dass einige auch nachgefärbt sein könnten –, und alles ist in riesige Säcke gefüllt, aus denen mit blechernen Maßgefäßen geschaufelt und geschöpft wird. Die Luft ist geschwängert von einer Mischung aus Gewürzen, Verwesung und Fäulnis. Musikhändler lassen ihre tragbaren Kassettengeräte plärren und geben Kostproben ihres Sortiments, Fahrrad-Rikschas bahnen sich klingelnd ihren Weg durch die Fußgängermassen, und manchmal hupt auch ein Lastwagen gnadenlos, bis sich vor seiner Stoßstange eine Gasse öffnet. Aus Abflusslöchern wagen sich zuweilen Ratten hervor, schnappen sich ein Blatt, bevor es im Maul einer Kuh verschwindet, die von den Abfällen des Gemüsehändlers lebt.

Die Bazare von Old Delhi sind längst nicht nur Anlaufstellen für Privatkunden. Hier beschaffen sich Klempner ihre Utensilien, Großbäckereien ihr Mehl, Restaurants ihr Fleisch. Vieles, was in Old Delhi zu einem relativ günstigen Preis erworben wird, landet in einem anderen Teil der Stadt wieder auf dem Tresen. Old Delhi ist nur für Eingeweihte; auch wer schon Jahre in Delhi lebt, begibt sich selten in die geheimnisvolle Welt der Basare.

Stylish à la London

Wer es sicher und sauber haben möchte, kauft lieber am Connaught Place ein, dessen Gebäude denjenigen von Londons Picadilly Circus nachempfunden sind. Sie gehören zu New Delhi, der

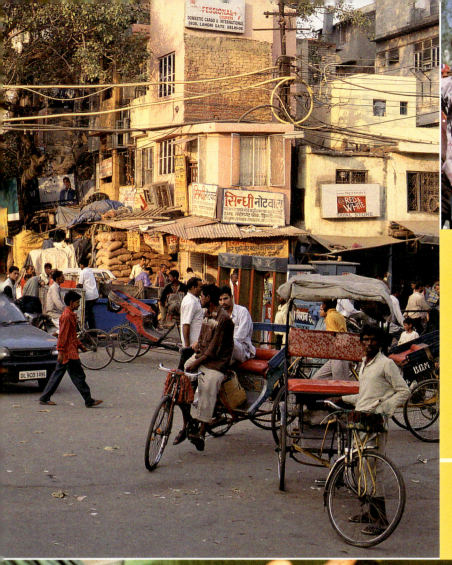

Ausgelassenheit herrscht während des *Holi*-Festes. Jugendliche bewerfen sich gegenseitig mit Farbe.

Das quirlige Khari-Baoli-Viertel in Old Delhi gilt als der größte Gewürzmarkt Asiens.

Delhis Märkte bieten Erzeugnisse aus dem ganzen Land. Dazu gehören Bittermelonen ebenso wie die blutroten Möhren. Auch das ist ein Aspekt des Meltingpot.

DER NORDEN REPORTAGE

am 9. Februar 1931 eingeweihten Stadt der Briten, der achten und vorerst letzten. Hier, wo alle weltweit vertretenen Marken versammelt sind, befriedigen Fastfood- und Espresso-Shops die Bedürfnisse eines modernen, urbanen Lebensstils. Man gibt sich elegant und trendy. Aber auch das ist nur ein Aspekt im Mosaik von Delhi. Abends und nachts erstrahlt im Schein der Feuer Dutzender *Dabbah*-Restaurants das Nizamuddin-Viertel. Es liegt im Osten und ist rund um das Grabmal des Sufi-Heiligen Shaikh Nizam-ud-din angelegt. Auf riesigen schwarzen Platten werden *Kebabs* zubereitet, die einen verführerischen Geruch nach Fleisch und Gewürzen verbreiten. In tiefen *Tandoor*-Öfen wird Fladenbrot gebacken, und die Schatten derer, welche die *Chapatis* an die Innenwände der Öfen klatschen und sie mit einem Haken wieder herausfischen, tanzen auf den geweißten Hauswänden. Die Moschee ist gleich nebenan, und wenn der Muezzin ruft, ruht die Betriebsamkeit für die Augenblicke des Gebets.

Eine Stadt aus vielen Städten

Delhi ist nicht eine einzige Stadt. Sie ist ein Konglomerat aus Städten, aus Vierteln, die ehemals Dörfer waren. Und doch ist sie irgendwie zu einem Ganzen zusammengewachsen, greifen die einzelnen Teile ineinander und umschlingen sich, und über Straßen und Plätze hinweg erzählen die mehr als tausend historischen Monumente die Geschichten ihrer Entstehung und des Untergangs ihrer Erbauer. Es sind Geschichten wechselnder Reiche, angefangen von denen hin-

In den schnell wachsenden Städten des Landes leben 30 Prozent der Bevölkerung, insgesamt mehr Menschen als in den USA.

Die großzügigen Parkanlagen rund um India Gate sind Erholungsinseln inmitten der städtischen Hektik. Hier treffen sich an den Wochenenden ganze Familien, mischen sich mit Händlern und Touristen.

Old Delhi ist das geschäftige Herz der Metropole. Es ist ein Labyrinth aus Gassen und Straßen, die von Buden und Geschäften aller Art gesäumt sind. Wer sich auskennt, findet alles.

Das *Chaat Papri* wird in Einmal-Tellern aus pflanzlichem Material serviert, sinnvoll in einem Land, in dem vieles achtlos weggeworfen wird. Denn so genießt man auch die Köstlichkeiten zwischendurch nicht zulasten der Umwelt.

Mit dem Hunger lassen sich gut Geschäfte machen. Das *Chaat Wallah* hat Dauer-Hochbetrieb. Denn nichts lieben die Inder mehr als einen Straßen-Snack zum Lunch oder zwischendurch.

duistischer Herrscher, die im 12. Jh. das Zepter an die muslimischen Fürsten übergaben. Und schließlich machten deren Mogul-Kaiser Delhi zur Hauptstadt ihres Reiches. Dann übernahmen die Briten die Macht und bauten ein Verwaltungszentrum, das die Bezeichnung imperial tatsächlich verdient. Die kolonialen Monumentalbauten stehen heute im Dienst des demokratischen Indien, und in den Parks rund um India Gate, das als Triumphbogen für die gefallenen indischen Soldaten des Empires gebaut worden ist, entfaltet sich an Wochenenden ein illustres Freizeitleben.

Einflüsse aus vielen Kulturen

Die Zuwanderer haben nicht nur architektonische Spuren hinterlassen. Ihre Nachkommen führen Traditionen fort, die sie aus ihren Herkunftsregionen und Ländern mitgebracht haben. Dazu gehören auch kulinarische Eigenarten. Die Punjabis etwa, die nach der Trennung Pakistans von Indien nach Delhi geflohen waren, führten den *Tandoor*-Ofen ein, und die orangefarbenen Fleischgerichte gehören seitdem zum festen Bestandteil nicht nur der Küche Delhis. Von hier aus haben sie ihren Siegeszug auf den ganzen Subkontinent und über diesen hinaus angetreten: *Tandoor*-Gerichte stehen heute für indische Küche schlechthin. In jüngster Vergangenheit kamen die Exil-Tibeter hinzu, die an verschiedensten Ecken ihre *Momos* anbieten, kleine gedämpfte Teigklößchen, die man sich beim Sonntagspicknick gönnt.

Die muslimische Mughlai-Küche

Am nachhaltigsten aber hat sich der Einfluss der Mughlai-Küche erwiesen. Sie heute noch authentisch zu erleben ist allerdings kein einfaches Unterfangen. »Karim's Restaurant« – es gibt eine Niederlassung in Old Delhi, eine andere in Nizamuddin – steht im Ruf, nicht nur die Koch-Tradition der einstigen Herrscher, sondern auch jene der eigenen Familie strikt zu befolgen. Der Urgroßvater des heutigen Geschäftsführers, Wasim Uddin Ahmed, wurde noch von den Moguln in Dienst genommen, und bis heute sind die Mixturen der Ingredienzien für das berühmte *Burra Kebab* oder das *Raan*, die geröstete Lammkeule, sorgfältig gehütete Familiengeheimnisse.

Natürlich haben sich auch bei »Karim's« die Zeiten geändert, und Wasim hat an der Universität von Delhi ein dreijähriges Gastronomiestudium absolviert. Doch die Grundkenntnisse und Traditionsrezepte lernte er nicht an der Schule.

Moderne Ess-Zeiten

In Delhi lässt sich sein Glück machen, nicht zuletzt mit dem Appetit einer ständig wachsenden und auch wohlhabender werdenden Bevölkerung. Dazu braucht es nicht unbedingt ein Restaurant nach dem Vorbild »Karim's«. Unweit des India Gate, in einer unscheinbaren Seitenstraße der Shahjahan Road, ist ein wahrer Menschenauflauf zu beobachten. Worum sich die Leute scharen, ist zuerst nicht zu erkennen. Man sieht nur eine Reihe Sonnenschirme, zwischen denen Dampf und Rauch abziehen. Erst wenn man sich einen Weg gebahnt hat, sieht man die drei Köche, die auf einem improvisierten Gerüst sitzen und Essen in Wegwerfteller schöpfen, nach denen sich die gierigen Hände ausstrecken. Die Auswahl ist nicht besonders groß: Eigentlich geht es hier vor allem um zwei Gerichte, um *Aloo Tikki* – Kartoffelplätzchen mit Chutneys – und *Chaat Papri* – ein auf den ersten Blick nicht gerade einladender Mischmasch aus knusprigen Teigstücken, weichen gekochten Kartoffelwürfeln und Kichererbsen, getränkt mit Joghurt, Tamarinden- und Minz-Chutney, worüber dann noch großzügig *Chaat Masala* gestreut wird. Wer es aber einmal probiert hat, kommt garantiert immer wieder darauf zurück.

Man sieht es ihm nicht an, aber das Take-away des »Chaat-Wallahs« ist eine Goldgrube. Doch Gopaldi, einer der Besitzer, spricht nicht gern übers Geld – schon aus Angst vor den Steuerbehörden, an denen auch er, wie in Indien üblich, einen Großteil seines Gewinns vorbeischmuggelt. Gopaldi hat den Shop vor sieben Jahren zusammen mit seinen drei Brüdern von seinem Vater übernommen, der 1936 aus dem armen Uttar Pradesh eingewandert war und mit einem Partner die Bude eröffnet hatte. Ganz klein habe er angefangen, erklärt Gopaldi. Aber das Einkommen reichte nicht nur aus, um die Kinder über Wasser zu halten, sondern auch, ihnen eine Ausbildung angedeihen zu lassen. Und schon setzt sich die dritte Generation hinter die Kasse. Über dieser steht vor einem kleinen Altar eine Fotografie des Gründervaters. Bis jetzt hat er erfolgreich darüber gewacht, dass alles beim Alten bleibt. Denn die Kunden schwören darauf: Bei Gopaldi gibt es die besten *Aloo Tikki* Delhis.

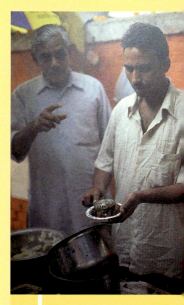

Die Optik steht in manchen Restaurants und Straßenbuden in krassem Kontrast zum ausgezeichneten Geschmack. Zwar empfiehlt es sich nicht, überall zu kosten. Doch auch in Indien gilt: Wo viele essen, ist es meist weniger riskant.

DER NORDEN REZEPTE

Knusprige Kartoffelküchlein

Aloo Tikki – typischer Delhi-Straßensnack

Zubereitungszeit: 45 Min.
Garzeit: 25 Min.
Pro Stück ca.: 95 kcal

Zutaten für 12 Stück:
1 kg mehlig kochende Kartoffeln
Salz
5 EL Kichererbsenmehl
1 Stück frischer Ingwer (2 cm)
2 TL Kreuzkümmelsamen
1/2 TL Chilipulver
2 EL Speisestärke
3 EL gehacktes Koriandergrün
Öl zum Braten

Die Kartoffeln in einem Topf mit Salzwasser zum Kochen bringen und zugedeckt in 20–25 Min. weich kochen lassen. Dann abgießen, abdampfen und abkühlen lassen.

Inzwischen das Kichererbsenmehl in einer Pfanne ohne Fett in 3–5 Min. unter Rühren rösten, bis es leicht Farbe bekommt und zu duften beginnt. Herausnehmen und abkühlen lassen. Den Ingwer schälen und fein hacken. Die Kreuzümmelsamen grob zerstoßen.

Die Kartoffeln schälen, grob zerschneiden und mit einem Kartoffelstampfer zerdrücken. Mit den übrigen Zutaten gut mischen und mit Salz abschmecken. Die Kartoffelmasse in 12 Portionen teilen, daraus Bällchen formen und diese zu Plätzchen flach drücken.

Öl 1 cm hoch in eine Pfanne geben, erhitzen und die Kartoffelplätzchen darin portionsweise beidseitig in 6–8 Min. braun braten, eventuell zweimal wenden, damit sie schön knusprig braun werden. Zum Servieren heiß aufschneiden und Joghurt, süßes Tamarinden-Chutney (s. rechts) und/oder Minz-Chutney (s. Seite 30) darüber geben.

Süßes Tamarinden-Chutney

Saunth

Zubereitungszeit: 30 Min.
Garzeit: 20 Min.
Bei 6 Personen pro Portion ca.: 125 kcal

Zutaten für 4–6 Personen:
1 TL Kreuzkümmelsamen
15 schwarze Pfefferkörner
2 braune Kardamomkapseln
200 g Tamarindenmark
150 g Jaggery
1/2 TL Chilipulver
1 1/2 TL Steinsalz

Die Kreuzkümmelsamen in einer Pfanne ohne Fett rösten, bis sie zu duften beginnen, herausnehmen und abkühlen lassen. Mit den Pfefferkörnern und Kardamomkapseln grob zerstoßen.

Das Tamarindenmark in Stücke teilen, mit den zerstoßenen Gewürzen in einen Topf mit 350 ml Wasser geben und 20 Min. offen köcheln lassen. Die Tamarindenmasse durch ein Sieb streichen und den Saft auffangen.

Jaggery, Chilipulver und Salz unter die Tamarindenflüssigkeit mischen und gut verrühren. Das Tamarinden-Chutney abkühlen lassen und im Kühlschrank aufbewahren (es hält gut 5 Tage).

Variante mit Obst:
Wer will, kann auch 1 klein geschnittene Mango, 1 Banane oder 1 Hand voll halbierte Trauben 3–5 Min. mit dem fertigen Chutney mitköcheln lassen. Dann sollte es allerdings nicht so lange aufbewahrt werden.

Im Gewirr der Basare von Old Delhi kommt man an dieser Spezialität nicht vorbei: Auf riesigen *Tavas* – runden Eisenplatten – werden die Küchlein direkt auf der Straße knusprig braun gebacken.

Kichererbsen nach Punjab-Art

Punjabi Channa – aus dem Punjab (im Bild)

Zubereitungszeit: 25 Min.
Einweichzeit: 24 Std.
Garzeit: 2 Std. 20 Min.
Pro Portion ca.: 350 kcal

Zutaten für 4 Personen:
250 g halbierte Kichererbsen (Channa Dal)
1 Beutel Schwarztee, Salz
2 fest kochende Kartoffeln
3 Zwiebeln, 1 Stück frischer Ingwer (3 cm)
2 Knoblauchzehen, 4 Tomaten
6 EL Öl
1 TL Kreuzkümmelsamen
1/2–1 TL Chilipulver
2 TL gemahlener Koriander, 1/4 TL Kurkuma
1 TL zerstoßene getrocknete Granatapfelkerne
1 TL Amchoorpulver (Mangopulver)
1 TL Zucker, 1/2 TL Garam Masala

Die Kichererbsen über Nacht in ausreichend Wasser einweichen. Das Wasser abgießen und die Kichererbsen mit dem Teebeutel und 1 l Wasser in einem Topf zum Kochen bringen. Zugedeckt bei schwacher Hitze in 1 1/2–2 Std. weich kochen. Kurz vor Garzeitende salzen, den Teebeutel herausnehmen.

Inzwischen die Kartoffeln schälen und in lange schmale Stifte schneiden. Die Zwiebeln schälen, längs halbieren und in Halbringe schneiden. Den Ingwer und Knoblauch schälen und getrennt fein würfeln. Die Tomaten waschen und fein würfeln, dabei die Stielansätze entfernen.

Das Öl in einem Topf erhitzen, darin etwa drei Viertel der Zwiebeln unter Rühren hellbraun braten. Kreuzkümmel und Knoblauch 1 Min. mitbraten. Kartoffelstifte zugeben und unter Rühren 2 Min. weiterbraten. Ingwer, Chili, Koriander, Kurkuma, Granatapfelkerne und Amchoor unterrühren, Tomaten zugeben.

Die Kichererbsen abgießen und zu der Kartoffelmischung geben, mit Salz und Zucker abschmecken. 15–20 Min. köcheln lassen. Eventuell etwas Wasser nachgießen, damit die Kichererbsen nicht anbrennen. Garam Masala unterrühren, mit den übrigen Zwiebelringen bestreuen und servieren.

Butterlinsen

Dal Makhani – Spezialität aus dem Punjab

Zubereitungszeit: 15 Min.
Einweichzeit: 24 Std.
Garzeit: 2 Std. 50 Min.
Pro Portion ca.: 400 kcal

Zutaten für 4 Personen:
200 g schwarze Linsen (Urad Dal), Salz
750 g reife Tomaten (ersatzweise Dosentomaten)
1 Zwiebel, 2 EL Öl, Pfeffer
4 EL Ingwer-Knoblauch-Paste (s. Seite 227)
1/2–1 TL Chilipulver, 6 EL Butter
1 TL Garam Masala, 75 g Sahne

Die Linsen verlesen und über Nacht in kaltem Wasser einweichen. Die Linsen in ein Sieb abgießen und mit 1,2 l Wasser in einen Topf geben, salzen. Einmal aufkochen lassen, dann bei ganz schwacher Hitze zugedeckt 2 Std. köcheln lassen, bis die Linsen aufzuplatzen beginnen. Die Linsen mit einem Löffel am Rand leicht zerdrücken.

Inzwischen die Tomaten waschen, heiß überbrühen, die Haut abziehen und das Fruchtfleisch in kleine Stücke schneiden. Die Zwiebel schälen und fein würfeln. In einem Topf das Öl erhitzen, die Zwiebeln darin glasig dünsten. Die Tomaten zugeben, salzen, pfeffern und offen bei schwacher Hitze in 35 Min. einkochen lassen, dabei regelmäßig umrühren.

Die eingekochte Tomatensauce, die Ingwer-Knoblauch-Paste, Chilipulver und Butter unter die Linsen rühren und weitere 45 Min. zugedeckt köcheln lassen. Die Linsen nochmals mit Salz und Pfeffer abschmecken, Garam Masala unterrühren, 5 Min. ziehen lassen. Die Sahne spiralförmig über die Linsen träufeln. Dazu passt warmes *Naan* (s. Seite 39) oder *Chapatis* (s. Seite 40).

TIPP

Wenn es einmal schnell gehen soll, können Sie auch Kichererbsen aus der Dose nehmen. Diese mit kaltem Wasser abspülen, abtropfen lassen und direkt zur Kartoffelmischung geben.

DER NORDEN REZEPTE

Die »Köche« im Sikh-Tempel sind freiwillige Helfer, ebenso diejenigen, die das Mahl für die Bedürftigen ausgeben.

Eine Tonne Lebensmittel werden in den Sikh-Tempeln täglich für die Armen zubereitet. Finanziert wird die Mildtätigkeit aus Spenden.

Im Sikh-Tempel
Nahrung für Arme und Götter

Der Hunger ist allgegenwärtig und die Geste der Bettler überall dieselbe: Die eine Hand führt einen imaginären Reisball zum Mund, die andere reibt den Magen. Deshalb wird nicht das geringste Reiskorn verschwendet, bei keiner der Glaubensgemeinschaften, denen Nahrung Mittel zur Mildtätigkeit ist.

Zur Mittagszeit strömen Menschen in Scharen zum Gurudwara Bangla Sahib. Der Sikh-Tempel erhebt sich sahnetortenweiß über das Grün von Parkbäumen und das Grau der Nachbargebäude, als wäre er erst gestern gebaut worden. Marmorstufen führen zum Tempel hoch, dessen goldene Kuppeln eher an eine russisch-orthodoxe Kirche erinnern als an einen indischen Tempel.
Tatsächlich ist vieles anders bei den Sikhs. Die Männer unterscheiden sich äußerlich von ihren Landsleuten durch fünf Attribute: So lassen sie den Bart und ihr Haupthaar wachsen, das sie unter einem typischen Turban, einem *Kes*, tragen. Für die Haarpflege hat dann jeder Sikh einen kleinen Holzkamm bei sich, einen *Kangha*. Zu einem Sikh gehören überdies ein Dolch oder Schwert, ein *Kripan*, und ein eiserner Armreif, ein *Kara*. Schließlich tragen Sikhs lockere Kniehosen, die *Katch* genannt werden.

Freiwillige Helfer
Doch die meisten Besucher, die unter der brennenden Mittagssonne zum Tempel kommen, sind keine Sikhs. Es sind Frauen in ausgewaschenen Saris, Männer in staubiger Alltagskleidung ohne Turban. Angestellte von Bewachungsunternehmen sind unter ihnen und auch Gestalten, die offensichtlich ihr Leben mehrheitlich auf der Straße verbringen, gekleidet in Lumpen, barfuß und mit verfilztem Haar. Es scheint, als hätten sich alle Armen Delhis hier eingefunden. Sie zu zählen, wird bald unmöglich. Sie alle sind nicht zum Beten gekommen, wie die auffällig gut gekleideten Sikhs, und während die Gläubigen an weiß gekleideten Wächtern mit silbernen Speeren und hellblauen Turbanen vorbei den Tempel betreten, sich auf einem weichen Teppich vor dem Altar niederlassen, auf dem nur das heilige Buch der Sikhs liegt, biegt die Schar der Armen und Verwahrlosten nach links ab. Sie streben einer Halle zu, an deren Eingang ihnen Kopftücher ausgeteilt werden, die sie zu tragen haben. Sonst wird nichts von ihnen verlangt. Im Gegenteil: Im hinteren Teil der Halle kochen über riesigen Feuern in kupfernen Kesseln *Dal* und Gemüse. Frauen sitzen in langen Reihen,

SIKH-TEMPEL REPORTAGE

Angehörige jeden Glaubens sind im Sikh-Tempel willkommen.

kneten Teig für *Chapatis*, die zu hohen Säulen aufgestapelt werden. Männer mit Furcht einflößenden Schnurrbärten rühren ernst in den Kesseln. Rund 50 Personen sind mit der Essenszubereitung beschäftigt. Es sind freiwillige Helfer und Angestellte des Tempels.

Auf ein Zeichen hin werden fünf lange Teppiche nebeneinander auf dem Hallenboden ausgerollt. Und auf ein weiteres Zeichen rennen die »Gäste«, die bislang geduldig am Rand gewartet haben, los, um sich einen Platz auf einem dieser Teppiche zu ergattern. Man sitzt Rücken an Rücken, Ellbogen an Ellbogen, und nimmt einen jener typisch indischen Blechteller mit ausgestanzten Formen für die einzelnen Gerichte entgegen. Männer und Frauen geben das Essen aus. Jeder bekommt reichlich, denn nicht weniger als eine Tonne Lebensmittel wurde zubereitet. Am Abend wird sich das Ganze wiederholen. Und an Sonntagen wird gar dreimal gekocht. Dann versorgen die Sikhs des Gurudwara Bangla Sahib an einem Tag bis zu 12000 Personen. Und jeder von ihnen bekommt reichlich.

Himmlisches Verdienst durch Mildtätigkeit

Gekauft werden die Lebensmittel aus Spenden. Unter den Sikhs (etwa zwei Prozent der indischen Bevölkerung) gebe es keine Bedürftigen, erklärt stolz ein Verantwortlicher des Tempels, die Solidarität unter den Glaubensbrüdern und -schwestern verhindere Armut. Gleichzeitig erwerbe man sich großes Verdienst, wenn man anderen helfe. Deshalb die täglichen Essensgaben, die ohne jede Form der Missionierung ablaufen.

Aber auch die Spender selbst gehen nicht leer aus. Wer zum Tempel kommt, kauft an einem extra dafür eingerichteten Schalter für ein paar Rupien ein Stück eines klebrigen, schweren Puddings, das man am Altar niederlegt. Beim Verlassen des Tempels bekommt der Besucher selbst ein kleines Stück aus der Puddingmasse. Jeder ist Schenkender und Beschenkter zugleich. Auch das sei ein Symbol der Solidarität, erklären die Sikhs von Gurudwara Bangla Sahib.

Chilis aus Kaschmir sind berühmt für ihre intensive rote Farbe. Wer will, kann getrocknete, für 2 Std. in wenig heißem Wasser eingelegte Chilischoten (am besten mit dem Wasser) verwenden.

Dum oder Dumpukh lautet der persische Name der Garmetode für beide Gerichte, was so viel wie »luftgekocht« heißt. Ursprünglich wurden dazu v. a. Fleischgerichte in einem Tontopf gegart, bei dem eine Teigschicht Topf und Deckel fest versiegelte. Diese sanfte, aromaschonende Garmethode kann gut im Römertopf oder in einem geschlossenen Topf im Ofen bei niedriger Gartemperatur simuliert werden.

DER NORDEN REZEPTE

Kartoffeln in Cashew-Sauce

Dum Aloo – aus Kaschmir

Zubereitungszeit: 45 Min.
Pro Portion ca.: 370 kcal

Zutaten für 4 Personen:
60 g Cashewnusskerne
1 Stück frischer Ingwer (2 cm)
1 Knoblauchzehe, 200 g Joghurt
je 1 TL gemahlener Koriander und Chilipulver
je 1/2 TL gemahlener Kreuzkümmel und Fenchel
600 g möglichst kleine, fest kochende Kartoffeln
8 EL Ghee, Salz, 2 Zwiebeln
2 braune Kardamomkapseln
1 Lorbeerblatt, 1 Stück Zimtrinde
4 Gewürznelken
2 EL gehacktes Koriandergrün

Die Cashewnüsse mahlen, mit 100 ml warmem Wasser mischen und 10 Min. quellen lassen. Ingwer und Knoblauch schälen und fein würfeln, mit Joghurt und den gemahlenen Gewürzen mischen.

Inzwischen die Kartoffeln waschen und in Wasser zugedeckt 10 Min. kochen lassen, abgießen und schälen. Leicht abgekühlt mit einem Zahnstocher 4- bis 5-mal einstechen.

Das Ghee in einer tiefen Pfanne erhitzen, darin die Kartoffeln rundherum goldbraun knusprig anbraten, herausnehmen, salzen und auf Küchenpapier geben. Das Ghee bis auf 3 EL abgießen.

Die Zwiebeln schälen, halbieren und in feine Streifen schneiden. Das Ghee in der Pfanne erhitzen. Darin die Zwiebeln braun anbraten, Kardamom, Lorbeerblatt, Zimtrinde und Nelken zugeben und 30 Sek. unter Rühren braten. Joghurt und Cashewnüsse samt Wasser zugeben. 5 Min. unter Rühren bei mittlerer Hitze kochen lassen. 150 ml Wasser unterrühren, salzen, dann die Kartoffeln wieder hineinlegen und offen 10–15 Min. köcheln lassen, bis die Kartoffeln weich sind. Mit Koriandergrün bestreuen und heiß servieren.

Kürbis-Erbsen-Gemüse

Kaddu Mater Ki Sabzi – aus Uttar Pradesh

Zubereitungszeit: 35 Min.
Garzeit: 30 Min.
Pro Portion ca.: 200 kcal

Zutaten für 4 Personen:
500 g Kürbis (geputzt gewogen, z. B. Hokkaido- oder Moschuskürbis)
1 Zwiebel
2 Knoblauchzehen
1 TL Bockshornkleesamen
3 EL Öl
2 1/2 TL gemahlener Kreuzkümmel
2 TL gemahlener Koriander
1/2-1 TL Chilipulver
1 TL Garam Masala
300 g Joghurt
Salz
300 g grüne Erbsen (frisch oder TK)

Den Kürbis waschen und in 1 cm große Würfel schneiden. Die Zwiebel und den Knoblauch schälen und fein hacken. Bockshornkleesamen grob zerstoßen.

Den Backofen auf 180° vorheizen. Das Öl in einem ofenfesten Topf erhitzen, darin die Zwiebeln und den Knoblauch leicht braun braten, Bockshornklee zugeben und 30 Sek. unter Rühren weiterbraten, dann die übrigen Gewürze und Joghurt zugeben und salzen. Alles unter Rühren offen bei schwacher Hitze 8–10 Min. weiterkochen lassen.

Den Kürbis und die Erbsen untermischen, den Deckel auf den Topf auflegen. Das Gemüse im Ofen (Mitte, Umluft 160°) 25–30 Min. garen.

Grünes Wintergemüse

Sarson Ka Saag – aus dem Punjab

Zubereitungszeit: 25 Min.
Garzeit: 25 Min.
Pro Portion ca.: 240 kcal

Zutaten für 4 Personen:
1 schwarzer Winterrettich (möglichst mit Grün)
600 kg Wurzelspinat
500 g Stängelkohl (Cime di rapa)
2 Bund Dill
Salz
2 TL Maismehl
1 Stück Ingwer (5 cm)
2 Knoblauchzehen
3–4 grüne Chilischoten
2 EL Ghee
4 EL Butter

Den Rettich waschen, schälen, das Grün grob hacken, die Wurzel in kleine Würfel schneiden. Spinat und Kohl waschen, putzen, beim Stängelkohl den Strunk entfernen, Stängel und Blätter mit dem Spinat grob hacken. Den Dill waschen und grob hacken.

Das Gemüse und den Dill mit 150 ml Wasser in einen Topf geben, salzen und zugedeckt bei mittlerer Hitze 25–30 Min. kochen lassen, bis es weich ist. Mit einem Pürierstab grob pürieren.

Inzwischen das Maismehl in einer Pfanne ohne Fett rösten, bis es duftet, abkühlen lassen. Ingwer und Knoblauch schälen und mit den Chilis fein hacken. Ghee in einer kleinen Pfanne erhitzen, darin Ingwer, Knoblauch und Chilis 1 Min. unter Rühren braten, dann mit dem Maismehl zum Gemüse geben und gut unterrühren. Bei schwacher Hitze 5–10 Min. nachziehen lassen. Butter in Flöckchen auf dem Gemüse schmelzen lassen und mit Hirse-*Chapatis* (s. Seite 40) servieren.

Blumenkohl-Kartoffel-Curry

Aloo Gobi – Klassiker aus Uttar Pradesh
(im Bild)

Zubereitungszeit: 35 Min.
Garzeit: 20 Min.
Pro Portion ca.: 180 kcal

Zutaten für 4 Personen:
1 kleiner Blumenkohl (ca. 500 g)
2 große Kartoffeln
3 Tomaten
2 Zwiebeln
1 Stück frischer Ingwer (3 cm)
4 EL Öl
1/2 TL Kreuzkümmelsamen
1 TL Kurkuma
1/2 TL gemahlener Kreuzkümmel
1/2 TL Chilipulver, Salz
150 g Joghurt
1 TL Zucker
1 TL Garam Masala
1 EL gehacktes Koriandergrün

Den Blumenkohl waschen, putzen und in kleine Röschen brechen. Die Kartoffeln schälen und in 2 cm große Würfel schneiden. Die Tomaten waschen und achteln, dabei Stielansätze entfernen. Die Zwiebeln schälen und würfeln. Den Ingwer schälen und fein hacken.

Das Öl in einem Topf erhitzen, darin die Zwiebeln hellbraun anbraten, Kreuzkümmelsamen dazugeben, 30 Sek. unter Rühren rösten. Ingwer, Kartoffeln und Blumenkohl zugeben und unter Rühren 3 Min. anbraten. Kurkuma, Kreuzkümmel und Chilipulver darüber stäuben und die Tomaten zugeben, weitere 3 Min. braten. 1/4 l Wasser dazugießen, salzen und alles zugedeckt bei mittlerer Hitze 20 Min. köcheln lassen.

Den Joghurt unterrühren, mit Zucker abschmecken und noch 5 Min. zugedeckt garen. Garam Masala und Koriandergrün unterrühren und mit Reis oder *Chapatis* (s. Seite 40) servieren.

DER NORDEN REZEPTE

Lotoswurzeln werden im Norden verwendet, z. B. im Punjab oder in Kaschmir. Die Verbindung mit Kichererbsenmehl ist typisch für Gemüsegerichte aus dem heute pakistanischen Sindh.

Zu Hochzeiten *oder anderen festlichen Gelegenheiten werden diese beiden Sindhi-Gerichte gerne serviert. Einige Löffel Reis kommen in eine Schale, darüber gibt man das Gemüsecurry und streut eventuell noch einige zerbröckelte süße Kichererbsenbällchen darüber. Die Kartoffeln gibt es als Beilage zusätzlich dazu.*

DER NORDEN REZEPTE

Frittierte Kartoffelhälften

Koot Patata – Sindhi-Spezialität

Zubereitungszeit: 1 Std. 10 Min.
Pro Portion ca.: 250 kcal

Zutaten für 4 Personen:
1 kg kleine fest kochende Kartoffeln
Salz
4–5 getrocknete Chilischoten (ersatzweise
1/2 TL Chiliflocken)
1/2 TL grob gemahlener schwarzer Pfeffer
1/2 TL gemahlener Koriander
1/2 TL gemahlener Kreuzkümmel
1/4 TL Amchoorpulver (getrocknetes Mangopulver)
Öl zum Braten

Die Kartoffeln in Salzwasser in 20 Min. gar, aber nicht zu weich kochen, abgießen und auskühlen lassen.

Die Kartoffeln schälen und halbieren. Öl 2 cm hoch in einer Pfanne erhitzen, darin die Kartoffeln bei mittlerer Hitze in 5–7 Min. von beiden Seiten hellbraun braten, herausnehmen, auf Küchenpapier abtropfen und abkühlen lassen.

Die Kartoffelhälften mit den Handflächen leicht platt drücken, so dass Risse entstehen. Öl nochmals erhitzen und die Kartoffeln darin beidseitig in 5 Min. goldbraun braten. Herausnehmen und abtropfen lassen.

Die Chilischoten im Mörser fein zerstoßen, mit den übrigen Gewürzen und Salz mischen und über die Kartoffeln streuen. Warm als Beilage zum Sindhi-Curry, zu anderen Gemüsegerichten oder als warmen Snack mit einer *Raita* (s. Seite 30) servieren.

Sindhi-Gemüse-Curry

Sindhi Curry – eine Festtagsspezialität

Zubereitungszeit: 45 Min.
Pro Portion ca.: 300 kcal

Zutaten für 4 Personen:
250 g frische Lotoswurzeln
2 Kartoffeln
300 g Gemüse (z. B. Möhren, Bohnen, grüne Paprikaschoten oder schmale Auberginen)
3 Tomaten
1 Stück frischer Ingwer (2 cm)
3–4 frische grüne Chilischoten
6 EL Öl
60 g Kichererbsenmehl
8 Curryblätter
3/4 TL Kurkuma
6 EL Tamarindenextrakt (s. Seite 226)
1/2 TL braune Senfkörner
1/2 TL Bockshornkleesamen
1/2 TL Kreuzkümmelsamen
1/4 TL Asafoetida

Die Lotoswurzeln schälen, waschen und in 2 cm breite Scheiben schneiden, diese nochmals waschen. Die Kartoffeln schälen und 1 cm groß würfeln. Das Gemüse waschen, putzen und klein schneiden. Die Tomaten waschen und würfeln, dabei die Stielansätze entfernen. Den Ingwer schälen und fein würfeln. Die Chilischoten in feine Ringe schneiden.

4 EL Öl in einer Pfanne erhitzen, darin das Kichererbsenmehl unter Rühren bei mittlerer Hitze 3–5 Min. rösten, bis es leicht bräunt und duftet. 3/4 l Wasser zugeben und gut verrühren. Das ganze Gemüse, Ingwer, Chilis, Curryblätter, Kurkuma und Tamarindenextrakt zugeben, salzen und zugedeckt bei schwacher Hitze 15–20 Min. kochen, bis das Gemüse weich ist.

In einer Pfanne das übrige Öl erhitzen, darin die Senfkörner, Bockshornklee- und Kreuzkümmelsamen unter Rühren braten, bis sie zu knistern beginnen. Asafoetida zugeben, kurz durchrühren und unter das Gemüse mischen. Mit Reis und den frittierten Kartoffelhälften servieren.

Raitas und Chutneys

Gurken-Raita – Kheera-Raita (im Bild rechts)

1/2 Salatgurke schälen und möglichst klein würfeln. Mit 2 EL gehackter frischer Minze, 1/2 TL gemahlenem Kreuzkümmel, 1 Prise edelsüßem Paprikapulver, 300 g Joghurt, Salz und Pfeffer verrühren; 1 Std. im Kühlschrank durchziehen lassen.

Tomaten-Raita – Tamatar-Raita (im Bild links)

1 Fleischtomate ohne Stielansatz in feine Würfel schneiden. 1/2 kleine Zwiebel fein würfeln. Beides mit 250 g Joghurt, 1/4 TL gemahlenem Kreuzkümmel, Salz und Pfeffer verrühren. 1 EL Öl in einer kleinen Pfanne erhitzen, darin 1/2 TL braune Senfsamen braten, bis sie knistern, mit dem Öl unter die Raita mischen. Gekühlt servieren.

Bananen-Raita – Kela Ka Raita

1 nicht allzu reife Banane schälen, längs halbieren, in 1/2 cm breite Scheiben schneiden und unter 250 g Joghurt mischen. 100 g frisches Kokosfleisch (s. Seite 225, ersatzweise 100 g Kokosflocken) fein reiben und unterrühren. 2 EL Öl in einer kleinen Pfanne erhitzen, darin 1/2 TL braune Senfkörner und 8 Curryblätter unter Rühren. 1 Min. rösten, unter den Joghurt mischen, mit Salz abschmecken. 1–2 Std. im Kühlschrank ziehen lassen.

Minz-Raita – Pudina-Raita (im Bild unten)

6 EL grob gehackte Minze mit 1 EL Zitronensaft, 1/2 Knoblauchzehe, 1/4 TL gemahlenem Kreuzkümmel und 50 g Joghurt im Mixer fein pürieren. Mit 250 g Joghurt mischen, salzen, pfeffern und gut kühlen.

Röstzwiebel-Raita – Pyaaz Ka Raita

2 große Zwiebeln längs halbieren und in dünne Halbringe schneiden. 2 EL Öl erhitzen, die Zwiebeln darin hellbraun braten, 1/2 TL Kreuzkümmelsamen zugeben und unter Rühren 1–2 Min. braten, bis die Zwiebeln dunkel gebräunt sind. Mit je 1/4 TL Chili- und Kurkumapulver sowie 50 ml Wasser mischen. Unter 250 g Joghurt rühren. Salzen und kalt servieren.

Walnuss-Chutney – Doon Chetin

Eine Spezialität aus Kaschmir

100 g Walnusskerne grob zerschneiden, 1 Zwiebel schälen und mit 1 grünen Chilischote grob hacken. Beides mit den Nüssen und 50 g Joghurt im Mixer pürieren. Weitere 50 g Joghurt, 1/4 edelsüßes Paprikapulver, 1 Prise Chilipulver und Salz untermischen.

Koriander-Chutney – Dhania Chutney

150 g Koriandergrün waschen, abtrocknen, die Blättchen abzupfen. Mit 1 Knoblauchzehe, 2 EL Zitronensaft, 1 grünen gehackten Chilischote, 1/4 TL gemahlenem Kreuzkümmel und 3 EL Joghurt im Mixer fein pürieren. Mit weiteren 3 EL Joghurt verrühren, mit Salz und etwas Zucker abschmecken, 1 Std. kühl stellen.

Minz-Chutney – Pudina Chutney

100 g frische Minze und 50 g Koriandergrün waschen, abtrocknen, die Blättchen abzupfen. Mit 1 Knoblauchzehe, 1 EL Tamarindenextrakt (s. Seite 226, ersatzweise 2 EL Zitronensaft), 1–2 grünen gehackten Chilischoten, 1 TL Zucker, Salz und 6 EL Wasser im Mixer pürieren. 1 Std. durchziehen lassen.

Südindisches Minz-Chutney – Pudina Thovaiyal

1 EL gespaltene Urad-Linsen (Urad Dal) verlesen, unter kaltem Wasser abbrausen und in ein Sieb abgießen. 1 Bund frische Minze und 1/2 Bund Koriandergrün waschen, trocknen und grob zerschneiden. 100 g Kokosfleisch (s. Seite 225) fein reiben, 2 grüne Chilischoten fein hacken. 1 EL Kokosöl erhitzen, darin die Linsen unter Rühren 1 Min. rösten. Anschließend mit den Kräutern, Kokosnuss und Chilis im Mixer fein pürieren, mit 1 EL Zitronensaft, 1/4 TL Zucker und Salz abschmecken. Evtl. etwas Wasser (oder noch besser: Kokoswasser) zugeben, damit es ein schönes Püree ergibt. Das Chutney ist auf Seite 169 oben abgebildet.

Knoblauch-Chili-Chutney – Lahsun Chutney

15 Knoblauchzehen schälen und grob schneiden, mit 5–6 getrockneten, zerbrochenen Chilis, 4 EL Weißweinessig und etwas Salz zu einer Paste pürieren. 75 ml Öl in einer Pfanne erhitzen und das Knoblauchpüree darin bei schwacher Hitze 2–3 Min. braten. In einem Schraubglas hält es sich im Kühlschrank längere Zeit.

In Rajasthan wird das Knoblauch-Chili-Chutney nicht nur als Beilage gegessen, sondern auch als Würzgrundlage beim Kochen verwendet. Einfach etwas von dem Chutney während des Dünstens unter Gemüse wie z. B. Weißkohl, Paprika oder Zucchini geben – mehr Würze braucht es dann nicht.

DER NORDEN REZEPTE

Gut geschichtet

Gut geschichtet *muss dieser Klassiker aus der Mughlai-Küche sein. Die langsam verdampfende Flüssigkeit der unteren Schicht gart nicht nur den darüber liegenden Reis, sondern gibt ihm zugleich seinen besonderen Geschmack.*

Lamm-Biriyani

Gosht Biriyani – Mughlai-Spezialität

Zubereitungszeit: 30 Min.
Garzeit: 1 3/4 Std.
Pro Portion ca.: 1035 kcal

Zutaten für 4 Personen:
600 g Lammfleisch ohne Knochen (Schulter oder Keule)
4 Zwiebeln, 7 EL Ghee
2 EL Ingwer-Knoblauch-Paste (s. Seite 227)
6 grüne Kardamomkapseln
5 Gewürznelken, 2 Stück Zimtrinde
je 3/4 TL gemahlener Kreuzkümmel, Kurkuma und Chilipulver
150 g Joghurt
150 ml Lammfond (Glas)
Salz
300 g Basmati-Reis
50 g Rosinen, 4 EL Mandelstifte
4 EL Milch, 1/2 TL Safranfäden

Das Lammfleisch in 2 cm große Stücke schneiden. Die Zwiebeln schälen, längs halbieren und in Streifen schneiden. 4 EL Ghee in einem Topf erhitzen, darin die Hälfte der Zwiebeln hellbraun andünsten, Ingwer-Knoblauch-Paste, Kardamom, Nelken, Zimtrinde und das Fleisch zugeben, alles unter Rühren braten, bis das Fleisch rundherum leicht gebräunt ist. Gemahlene Gewürze darüber stäuben, Joghurt und Lammfond unterrühren. Salzen und zugedeckt bei schwacher Hitze 45 Min. kochen lassen, dabei ab und zu umrühren.

Inzwischen den Reis in einer Schüssel mit kaltem Wasser 30 Min. einweichen, in ein Sieb geben und unter fließendem kaltem Wasser klar spülen. In einen Topf geben und so viel Wasser zugeben, dass der Reis gerade bedeckt ist. Zugedeckt bei mittlerer Hitze 5 Min. kochen lassen.

Den Backofen auf 180° vorheizen. Das Fleisch in eine ofenfeste Form (mit Deckel – ideal ist ein Römertopf, diesen vorher wässern) geben. Den Reis in ein Sieb abgießen,

mit Rosinen und Mandelstiften mischen und auf dem Fleisch verteilen. Die Milch erhitzen, den Safran und 2 EL Ghee darin auflösen und teelöffelweise über den Reis träufeln.

Den Deckel der Form auflegen und mit einem Streifen Aluminiumfolie fest verschließen. Im Ofen (Mitte, Umluft 160°) 1 Std. garen. Die übrigen Zwiebeln im restlichen Ghee dunkelbraun braten. Das Biriyani vor dem Servieren auflockern, durchmischen, auf eine Platte geben und mit den gebräunten Zwiebelringen bestreuen.

Zu *Biriyani*-Gerichten werden traditionell *Raitas* (s. Seite 30) gereicht.

Variante:
Reistopf mit Pilzen – Kangucchi-Pulao

Biriyani-Zubereitungen gibt es mit Fleisch, Fisch oder Gemüse; dabei wird der Reis immer getrennt gekocht und dann mit den anderen Zutaten geschichtet. Etwas einfacher ist die Zubereitung eines *Pulao* (eines Reistopfs), bei dem im Regelfall der Reis mit den übrigen Zutaten angeschwitzt, mit Wasser aufgegossen, erst offen und dann zugedeckt fertig gegart wird.

Beim *Kangucchi Pulao* werden getrocknete Pilze (*Gucchi*) verwendet, die wir hier durch Morcheln ersetzen.
400 g Basmatireis 30 Min. in kaltem Wasser einweichen. 80 g getrocknete Morcheln 10 Min. in warmes Wasser legen. Morcheln abgießen, waschen und längs vierteln. Reis abtropfen lassen. 2 kleine Zwiebeln schälen und längs in Streifen schneiden. 5 EL Ghee in einem Topf erhitzen, darin die Zwiebeln in 2–3 Min. braun braten, 5 Gewürznelken, 5 grüne und 3 braune Kardamomkapseln, 1 Stück Zimtrinde, 2 Lorbeerblätter und die Morcheln dazugeben und 30 Sek. unter Rühren braten. Den Reis zugeben, 1 Min. unter Rühren weiterbraten, 800 ml Wasser, 1/4 TL Safranfäden und Salz zugeben, offen bei starker Hitze 20 Min. kochen lassen. Den Topf vom Herd nehmen, Deckel auflegen und den Reis 5–10 Min. nachziehen lassen. Vor dem Servieren mit etwas Garam Masala bestreuen.

DER NORDEN REZEPTE

Frittierte Eier in Sauce

Thool Zamboor – aus Kaschmir (im Bild)

Zubereitungszeit: 45 Min.
Pro Portion ca.: 320 kcal

Zutaten für 4 Personen:
6–8 Eier
200 ml Öl
500 g reife Tomaten
1 getrocknete Chilischote
2 Gewürznelken
2 braune Kardamomkapseln
1 Lorbeerblatt
1 Prise Asafoetida
1/2 TL Kurkuma
Salz
1 TL gemahlene Fenchelsamen
1/2 TL Garam Masala

Die Eier in 10 Min. hart kochen, abschrecken und abkühlen lassen. Dann pellen und mit einem Zahnstocher 5- bis 6-mal tief einstechen. Öl in einem Topf erhitzen, darin die Eier unter Wenden rundum frittieren, bis sie hell gebräunt sind, herausnehmen und beiseite stellen.

Die Tomaten waschen, in Stücke schneiden, dabei die Stielansätze entfernen. 3 EL Frittieröl in einem Topf erhitzen, darin die Chilischote, Nelken, Kardamom und Lorbeerblatt 30 Sek. rösten, Asafoetida hineingeben und einmal durchrühren. Dann Tomaten und Kurkuma zugeben, salzen und offen bei starker Hitze in 15 Min. einkochen lassen.

Die Eier und den gemahlenen Fenchel zugeben und zugedeckt bei schwacher Hitze 10 Min. weiterköcheln lassen – sollte die Sauce zu sehr einkochen, etwas Wasser zugeben, sie soll allerdings dickflüssig sein. Garam Masala einrühren, 1–2 Min. ziehen lassen und dann heiß servieren. Zu Reis oder *Naan* (s. Seite 39) servieren.

Gegrillte Fischspieße

Machi Tikka – aus dem Punjab

Zubereitungszeit: 55 Min.
Marinierzeit: 3 Std.
Pro Portion ca.: 260 kcal

Zutaten für 4 Personen:
700 g festfleischiges Fischfilet (z. B. Seelachs, Rotbarsch oder Kabeljau)
1 TL braune Senfkörner
3–4 EL Zitronensaft
1 TL Chilipulver, Salz
1/2 TL Ajowan, 100 g Joghurt
1 EL Senföl
je 1 TL gemahlener Koriander und Kreuzkümmel
2 Prisen Kurkuma
2 EL Butter
Holz- oder Metallspieße für den Fisch

Die Fischfilets waschen, trockentupfen und in 5 cm große Stücke schneiden. Die Senfkörner fein mahlen, mit dem Zitronensaft, Chilipulver und Salz verrühren, den Fisch damit einreiben und zugedeckt 1 Std. marinieren.

Inzwischen Ajowan im Mörser grob zerreiben und mit Joghurt, Senföl, Koriander, Kreuzkümmel, Kurkuma und etwas Salz gut verrühren. Den Fisch mit dieser Masse gut mischen und weitere 2 Std. marinieren.

Den Grill des Backofens vorheizen. Die Fischstücke auf die Spieße aufstecken und auf ein Blech legen. Unter dem heißen Grill 3–5 Min. grillen, dann wenden und einige Flöckchen Butter auf die Spieße geben. Weitere 5 Min. grillen, bis der Fisch leicht gebräunt ist. Heiß servieren, z.B. mit Zitronenachteln, Tomaten- und Gurkenscheiben und Zwiebelringen.

TIPP

Noch interessanter werden die Spieße, wenn Sie zwischen die Fischstücke abwechselnd Zwiebelachtel und Paprikaschotenstücke stecken. Der Fisch ist ideal für den sommerlichen Holzkohlengrill.

DER NORDEN REZEPTE

DER NORDEN REZEPTE

Frischkäse in Tomatensauce

Kesar-e-Paneer – Mughlai-Spezialität
(im Bild unten)

Zubereitungszeit: 20 Min.
Garzeit: 55 Min.
Pro Portion ca.: 350 kcal

Zutaten für 4 Personen:
1 kg reife Tomaten (ersatzweise Dosentomaten)
2 Zwiebeln
2 EL Öl
2 EL Ingwer-Knoblauch-Paste (s. Seite 227)
4 grüne Kardamomkapseln
1 TL Chilipulver, 4 Gewürznelken
gemahlene Muskatblüte (Macis)
Salz, Pfeffer
1/4 TL Safranfäden
500 g Paneer (Frischkäse, s. Seite 227)
1/2 TL Garam Masala
4 EL Butter, 100 g Sahne
1 Stück frischer Ingwer (1cm)

Die Tomaten waschen, heiß überbrühen, häuten und in grobe Stücke schneiden. Die Zwiebeln schälen und klein würfeln. Das Öl in einem Topf erhitzen, darin die Zwiebeln hellbraun anbraten. Ingwer-Knoblauch-Paste zugeben und 1 Min. unter Rühren braten.

Die Tomaten zugeben. Kardamomsamen aus den Kapseln brechen und mit Chilipulver, Nelken und 2 Prisen Muskatblüte unter die Tomaten rühren, salzen und pfeffern und offen bei schwacher Hitze in 30–40 Min. sämig einkochen lassen. Nelken herausfischen und die fertige Sauce mit einem Mixer oder Pürierstab fein pürieren.

Den Safran in 4 EL heißem Wasser einweichen. Frischkäse in 1 cm breite Scheiben schneiden. Garam Masala und Safranwasser unter die Sauce rühren und 5 Min. weiterköcheln lassen.

Butter und 70 g Sahne unter die Sauce rühren, mit Salz und Pfeffer abschmecken. Die Käsestücke einlegen und bei ganz schwacher Hitze in der Sauce in 10 Min. warm werden lassen. Ingwer schälen und in ganz feine Streifen schneiden. Zum Servieren die restliche Sahne spiralförmig über die Sauce laufen lassen und alles mit den Ingwerstreifen bestreuen.

Spinat mit Frischkäse

Palak Paneer – aus dem Punjab (im Bild oben)

Zubereitungszeit: 40 Min.
Pro Portion ca.: 360 kcal

Zutaten für 4 Personen:
750 g Spinat (ersatzweise 600 g TK-Blattspinat)
2 kleine Tomaten
1–2 grüne Chilischoten
1 Zwiebel
2 Knoblauchzehen
1 Stück frischer Ingwer (3 cm)
2 EL Öl
2 TL gemahlener Kreuzkümmel
2 TL gemahlener Koriander
1/4 TL Chilipulver, Salz
5 EL Sahne
2 EL gehacktes Koriandergrün
1 TL Garam Masala
500 g Paneer (Frischkäse, s. Seite 227)
2 EL Butter

Den Spinat waschen, putzen und grob hacken, TK-Spinat auftauen lassen und grob zerschneiden. Die Tomaten waschen, fein würfeln, dabei die Stielansätze entfernen. Die Chilischoten in feine Ringe schneiden. Die Zwiebel schälen, längs halbieren und in feine Streifen schneiden. Knoblauch und Ingwer schälen und fein würfeln.

Das Öl in einer großen Pfanne oder im Wok erhitzen, darin die Zwiebeln hellbraun anbraten. Chilis, Ingwer und Knoblauch zugeben und unter Rühren 1 Min. braten. Kreuzkümmel, Koriander und Chilipulver darüber streuen und die Tomaten dazugeben. 1–2 Min. weiterbraten, dann den Spinat dazugeben, salzen, gut verrühren und zugedeckt bei schwacher Hitze in 10–15 Min. zusammenfallen lassen. Sahne, Koriandergrün und Garam Masala unter den Spinat rühren.

Inzwischen den Paneer in kleine Würfel schneiden, unter den Spinat heben und in 5 Min. erwärmen. Die Butter über den Spinat geben und ganz vorsichtig unterrühren, dann mit Reis oder *Chapatis* (s. Seite 40) servieren.

Variante:
Wer will, kann die Käsewürfel kurz in etwas Ghee leicht braun anbraten; dabei ist allerdings Vorsicht geboten, der Frischkäse kann sehr leicht zerfallen.

Von links nach rechts: Knusprig frittierte *Pooris*, frische *Rotis* aus dem *Tandoor*-Ofen oder dicke Hirse-*Chapatis* – eine breite Vielfalt an Brotsorten wird nach einfachstem Rezept hergestellt.

Über einem Blechdosenofen werden Pappadums geröstet. Die getrockneten Fladen aus Linsenmehl werden meist in kleinen Familienbetrieben vorgefertigt und dann frisch aufgebacken.

Roti
Das tägliche Brot

Brot ist das wichtigste Grundnahrungsmittel Nordindiens und Beilage zu allen Gerichten. Nebenbei dient es auch als Besteck: Mit nichts lässt sich eine Currysauce besser und eleganter auftunken als mit frischem, ofenwarmem Brot.

Die Küche ist eine kleine Hütte, direkt neben dem Wohnhaus. Das ist Standard, vor allem im ländlichen Indien, wo die Küche als strenge Frauendomäne gilt, zu der kein Mann und kein Fremder Zugang haben. Die Bauersfrau und Gebieterin über Herd und drei Schwiegertöchter übernimmt heute, den Gästen zu Ehren, die Zubereitung der *Rotis*: Mit geübten Handgriffen löst sie in einer Metallschüssel Salz in Wasser auf, gibt Mehl dazu, nach und nach mehr, bis der Teig fest und elastisch ist. Sie formt einzelne Bällchen und knetet sie freihändig wie ein Pizzabäcker zu runden dicken Fladen. Es gibt *Bajra-Rotis* – Brotfladen aus Hirsemehl –, die nicht, wie sonst üblich, dünn ausgewellt werden. Gebacken werden sie aber in gewohnter Manier, auf einer *Tava*, der gewölbten Platte, die auf die offene Feuerstelle gelegt und glühend erhitzt wird. Das Brot wird mit einem Kohlgericht aufgetragen, so wie es die Familie täglich nach harter Feldarbeit genießt. Es ist knusprig, warm und herzhaft.

Rotis – so die Bezeichnung für Brot, die oft auch synonym für *Chapatis* gebraucht wird – kommen in Indien und speziell im Norden zu jeder Mahlzeit auf den Tisch. Wenn es zu mehr nicht reicht, werden sie mit etwas Joghurt, Zwiebeln oder Chutney als Hauptmahlzeit serviert. Brot wird immer frisch zubereitet, wenn auch heute nicht mehr jede Hausfrau das Mehl selbst mahlt. Die Bandbreite an Sorten ist gewaltig. Je nach Region und dort angebautem Getreide gibt es Brote aus Weizen-, Hafer-, Hirse- oder Maismehl. *Chapatis* heißen die einfachsten Fladenbrote aus Mehl und Wasser. Werden sie über eine offene Flamme gehalten, blähen sie sich zu *Phulkas*. Frittiert nennt man sie *Pooris*. Raffinierter sind die Brotspezialitäten der Moslems aus gegangenem, manchmal gesäuertem Teig, der im *Tandoor*-Ofen knusprig braun gebacken wird.

Welches Brot es auch geben mag, sei es bei Hindus oder Moslems, gegessen wird es immer auf die gleiche Weise: Nur mit der rechten Hand, indem man mit den Fingerspitzen von Daumen und Zeigefinger ein Stück abreißt, etwas Fleisch, Gemüse oder Sauce mit dem Brot greift, um es dann in den Mund zu befördern.

INFO BROT

Eine Holzplatte auf Böcken und das spindelförmige Wellholz zum Ausrollen von Brot finden sich fast in jeder Küche.

Naan

Brotspezialität

Zubereitungszeit: 35 Min.
Ruhezeit: 4–6 Std.
Backzeit: 30 Min.
Pro Stück ca.: 225 kcal

Zutaten für 10 Stück:
150 ml Milch
15 g Hefe (1/3 Würfel)
1/2 TL Zucker
150 g Joghurt
1 Ei
2 EL Öl oder flüssiges Ghee
500 g Weizenmehl (Type 405)
1 TL Salz
1 TL Backpulver
Mehl zum Arbeiten
Fett für das Backblech

Die Milch lauwarm erwärmen. Die Hefe in einem Schälchen zerbröckeln, den Zucker darüber streuen und 50 ml Milch darüber gießen, 10 Min. stehen lassen. Inzwischen den Joghurt mit dem Ei, der übrigen Milch und Öl oder Ghee verquirlen.

Das Mehl in einer Schüssel mit Salz und Backpulver mischen, eine Mulde in die Mitte drücken. Die Joghurt- und die Hefemischung dazugeben, alles zu einem Teig verrühren und gut durchkneten (von Hand oder mit den Knethaken des Mixers), in eine Schüssel geben, mit einem Geschirrhandtuch abdecken. Der Teig sollte nun langsam aufgehen (also nicht warm stellen), das kann mehrere Stunden dauern, am Ende sollte er sich verdoppelt haben.

Den Backofen auf 225° vorheizen. Den Teig nochmals durchkneten, in 10 Portionen teilen und auf bemehlter Arbeitsfläche zu länglichen Fladen ausrollen (knapp 1 cm dick). Ein Backblech mit Fett bestreichen, 3–4 Fladen darauf legen und im Ofen (oben, Umluft nicht empfehlenswert) in ca. 6 Min. hellbraun backen, wenden und weitere 3–4 Min. backen. Fertige Brote locker in ein Geschirrtuch einschlagen und warm halten, bis alle Brote gebacken sind.

Wer will, bestreut die Fladen vor dem Backen noch mit Schwarzkümmel.

Die Urform *aller indischen Brote sind Chapatis. Der Chapatiteig ist mit kleinen Abwandlungen Grundlage verschiedener Brote; verwendet wird immer dieselbe Menge an Zutaten wie im Grundrezept.*

Chapatis und andere Brote

Chapatis (8 Stück) (im Bild unten)

1/2 TL Salz in 120 ml Wasser auflösen. 200 g Chapatimehl (Atta) in eine Schüssel geben, nach und nach das Salzwasser zugeben und zu einem glatten Teig verkneten (eventuell noch etwas Wasser zugeben). Auf der Arbeitsfläche 10 Min. kräftig durchkneten, bis der Teig weich und geschmeidig ist. Zu einer Kugel formen, mit etwas Öl oder Ghee bestreichen und zugedeckt 30 Min. ruhen lassen.

Teig in 8 Portionen teilen, zu Kugeln rollen und auf einer bemehlten Arbeitsfläche zu Fladen von 15 cm Ø ausrollen. Eine Pfanne (eine Chapati- oder Gusseisenpfanne ist ideal) sehr heiß werden lassen. 1 Fladen einlegen und in 20–30 Sek. leicht bräunen (das kann je nach Pfanne und Hitzequelle kürzer oder länger dauern), dann wenden, ebenfalls kurz anbräunen.

Den Fladen nochmals wenden. Wenn er sich jetzt zu blähen beginnt, mit einem zusammengefalteten Geschirrtuch mehrmals leicht herunterdrücken. Es sollten braune Flecken auf der Unterseite erscheinen, ohne dass der Fladen anbrennt. Den Fladen aus der Pfanne nehmen und in einem Topf mit Deckel warm halten, bis alle Chapatis gebacken sind. Einfach so servieren oder sofort nach dem Backen mit etwas flüssigem Ghee einpinseln.

Hirse-Chapatis – Bajre Ki Roti oder Mais-Chapatis – Makki ki Roti (4 bzw. 8 Stück)

In Rajasthan wird viel Hirse und Mais angebaut. Rotis auf Grundlage dieser Getreide sind das tägliche Brot des einfachen Mannes. Mit einem schlichten Gemüsegericht oder mit Knoblauch-Chili-Chutney (s. Seite 30), Zwiebeln und Joghurt werden sie bereits zur einfachen Mahlzeit.

Für das Hirsemehl Hirse in der Getreidemühle mahlen oder im Bioladen mahlen lassen. Maismehl gibt es fertig gemahlen zu kaufen. Ansonsten werden die Hirse- oder Mais-Chapatis wie normale Chapatis zubereitet, allerdings werden sie dicker ausgerollt, so dass die Grundteigmenge nur für 4 Chapatis bzw. 8 von kleinerem Durchmesser reicht. Entsprechend länger müssen sie auch gebraten werden und gehen nicht so stark auf.

Pooris und Luchis (12 Stück) (im Bild oben)

Die ballonartigen, frittierten Brote findet man in ganz Nordindien. Pooris basieren auf demselben Teig wie Chapatis; für die bengalischen Luchis wird das Chapatimehl durch normales Weizenmehl ersetzt.

Dieselbe Menge Chapatiteig wie oben beschrieben zubereiten, dabei aber zusätzlich 1 EL flüssiges Ghee zum Mehl geben und unterkneten, dann erst das Wasser zugeben. 12 kleine Fladen aus dem Teig ausrollen. Öl (mindestens 4 cm hoch) in einer tiefen Pfanne oder im Wok erhitzen. Jeweils 1 Fladen vorsichtig auf einer Siebkelle ins heiße Öl legen – sie blähen sich innerhalb weniger Sek. auf. Mit der Siebkelle dann 3- bis 4-mal kurz hintereinander etwas Öl darüber schöpfen, dann die Brote wenden und in wenigen Sek. goldgelb ausbacken. Sofort heiß servieren.

Parathas (6 Stück) (im Bild Mitte)

Knusprig und butterblätterig gehaltvoll können diese Brote ihre orientalische Herkunft nicht verbergen und ergeben mit einem *Dal* oder mit Gemüse eine vollständige Mahlzeit. Mit Gewürzen und gehackten Kräutern lassen sie sich vielfältig abwandeln.

Chapatiteig wie für die Pooris (s. oben) mit 1 EL flüssigem Ghee zubereiten. 6 Fladen ausrollen. Jeden Fladen mit flüssigem Ghee bepinseln, zum Halbkreis klappen, wieder mit Ghee bepinseln, zum Viertelkreis klappen. Auf einer bemehlten Arbeitsfläche zu Dreiecken mit ca. 15 cm Seitenlänge ausrollen (mit einem Tuch abdecken, damit sie nicht austrocknen). Eine Gusseisen- oder Chapatipfanne dünn mit Ghee ausstreichen und bei mittlerer Hitze heiß werden lassen. Das Mehl gut von den Fladen abklopfen. 1 Fladen in die Pfanne legen, knapp 1 Min. braten, die Oberfläche mit Ghee bestreichen. Den Fladen wenden und 15–30 Sek. braten, wenden. So fortfahren, bis das Brot braune Flecken bekommt und leicht knusprig wird. Auf diese Weise nacheinander alle Parathas backen und warm servieren.

DER NORDEN REZEPTE

Würzige Lammplätzchen

Kakori Kebab – Spezialität aus Lucknow
(im Bild rechts)

Zubereitungszeit: 55 Min.
Ruhezeit: 30 Min.
Pro Stück ca.: 105 kcal

Zutaten für 20 Stück:
500 g ganz mageres Lammfleisch (Schulter oder Keule)
200 g Lammhackfleisch (gibt's beim türkischen Metzger)
5 EL Kichererbsenmehl
1 Zwiebel, 6 EL Ghee
2 EL Ingwer-Knoblauch-Paste (s. Seite 227)
2 TL getrocknete Minze
2 braune Kardamomkapseln, 1 Lorbeerbatt
1/4 TL gemahlener Kreuzkümmel
1/4 TL Zimtpulver
1/4 TL gemahlener Kardamom
1/4 TL gemahlene Muskatblüte (Macis)
Salz, Pfeffer
1 TL Kewra-Wasser (nach Belieben)

Das Lammfleisch von allem Fett befreien und 2- bis 3-mal durch den Fleischwolf drehen, dann mit dem Hackfleisch mischen. Das Kichererbsenmehl in einer Pfanne ohne Fett 2–5 Min. unter Rühren rösten, bis es leicht bräunt und duftet, abkühlen lassen. Die Zwiebel schälen und fein würfeln.

1 EL Ghee in einer Pfanne erhitzen, darin die Zwiebel in 3–5 Min. goldbraun braten. Zum Fleisch geben, Kichererbsenmehl, Ingwer-Knoblauch-Paste und zerriebene Minze untermischen. Kardamomkapseln und Lorbeerblatt möglichst fein zerstoßen und mit den übrigen Gewürzen, Salz und Pfeffer und nach Belieben Kewra-Wasser unter das Fleisch kneten. Aus der Masse 20 kleine, flache Plätzchen formen und zugedeckt 30 Min. im Kühlschrank kalt stellen.

2 1/2 EL Ghee in einer Pfanne erhitzen, darin die Plätzchen portionsweise beidseitig je 3–5 Min. braten, vorsichtig wenden. Mit Safran-Brotfladen servieren.

Safran-Brotfladen

Sheermal – Spezialität aus Lucknow
(im Bild links)

Zubereitungszeit: 55 Min.
Ruhezeiten: 20 Min.
Pro Stück ca.: 142 kcal

Zutaten für 12 Stück:
150 ml Milch, 1/4 TL Safranfäden
2 TL Zucker
2–3 Tropfen Kewra-Wasser (nach Belieben)
80 g Ghee
250 g Weizenmehl, Salz
Mehl zum Arbeiten

Die Milch leicht erwärmen. 50 ml in eine Schüssel geben und den Safran darin einrühren. In die übrigen 100 ml Milch den Zucker einrühren und auflösen, nach Belieben Kewra-Wasser zugeben. Das Ghee in einer kleinen Pfanne schmelzen und mit der Milch verquirlen.

Das Mehl mit etwas Salz in eine Schüssel geben, die Milchmischung nach und nach zugeben und gut mit dem Mehl verrühren. Den Teig kräftig durchkneten, dann 10 Min. zugedeckt stehen lassen und in 12 Portionen teilen. Mit bemehlten Händen erst zu Bällchen, dann zu flachen Fladen von 15 cm Ø formen, mit einem Geschirrtuch abdecken und 10 Min. gehen lassen.

Inzwischen den Ofen so heiß wie möglich vorheizen (Umluft nicht empfehlenswert), dabei ein Backblech mit vorheizen (oben). Den Ofen öffnen, 5 Brote so schnell wie möglich auf das heiße Blech legen und 4 Min. backen. Den Ofen kurz öffnen und die Brote mit etwas Safranmilch besprenkeln, sofort schließen und weitere 2–4 Min. backen. Die Brote nochmals besprenkeln und weitere 2–4 Min. backen, bis sich braune Flecken darauf bilden.

Die Brote herausnehmen, nochmals mit etwas Safranmilch bestreichen. Die Brote in Aluminiumfolie wickeln und warm halten, dann die restlichen Teigfladen in derselben Weise backen.

DER NORDEN REZEPTE

DER NORDEN REZEPTE

Kardamom-Lammspieße

Gosht Elaichi Pasanda – Tandoori-Spezialität
(im Bild rechts)

Zubereitungszeit: 25 Min.
Marinierzeit: 2 Std.
Garzeit: 20 Min.
Pro Portion ca.: 195 kcal

Zutaten für 4 Personen:
600 g Lammfilet
75 g unreife grüne Papaya oder Mango (ersatzweise
3 EL Zitronensaft)
1 Stück frischer Ingwer (3 cm)
2 Knoblauchzehen
1–2 grüne Chilischoten
80 g Joghurt
3/4 TL gemahlener Kreuzkümmel
1 1/2 TL Garam Masala
1 TL gemahlener Kardamom
Salz, schwarzer Pfeffer
Zitrone und Zwiebel zum Anrichten
Holz- oder Metallspieße für das Fleisch

Das Lammfleisch 30 Min. im Gefrierfach anfrieren lassen,
dann quer in feine, ca. 1/2 cm breite, kurze Streifen
schneiden.

Inzwischen die Mango oder Papaya schälen, putzen und
grob zerschneiden. Ingwer und Knoblauch schälen und
grob hacken. Chilischoten grob hacken. Alles im Mixer
fein pürieren. Das Fleisch damit mischen und 1 Std. zugedeckt marinieren.

Joghurt mit Kreuzkümmel, Garam Masala und Kardamom mischen, salzen und pfeffern, das Fleisch damit
mischen und nochmals 1 Std. marinieren.

Den Backofengrill vorheizen. Das Backblech mit Alufolie
auslegen. Die Fleischstreifen auf Spieße stecken, indem
man sie an beiden Enden durchstich und die entstehende
Schlaufe zusammenschiebt. Die Spieße auf das Blech
legen und unter dem heißen Grill 6–8 Min. grillen, bis sie
leicht gebräunt sind, dann wenden und weitere 6–8 Min.
grillen. Mit Zitronenachteln und Zwiebelringen servieren
und Salat dazureichen. Wer will, kann die Spieße im Sommer auch auf dem Holzkohlegrill garen.

Lamm-Kebab

Seekh-Kebab – Tandoori-Spezialität
(im Bild links)

Zubereitungszeit: 30 Min.
Garzeit: 50 Min.
Pro Portion ca.: 930 kcal

Zutaten für 4 Personen:
2 kleine Zwiebeln
1 Stück frischer Ingwer (3 cm)
2–3 grüne Chilischoten
60 g Cashewnusskerne
2 EL weiße Mohnsamen
800 g Lammhackfleisch
2 Eier
2 TL Garam Masala
3 EL gehacktes Koriandergrün
1 TL getrocknete Minze
Salz, schwarzer Pfeffer
Holz- oder Metallspieße für das Fleisch

Die Zwiebeln schälen und fein würfeln. Den Ingwer schälen und mit den Chilischoten fein hacken. Die Cashewnüsse grob mahlen oder mit dem Messer hacken, die
Mohnsamen im Mörser zerstoßen.

Alles mit dem Hackfleisch, den Eiern, Garam Masala,
Koriandergrün und zerriebener Minze mischen, salzen
und kräftig pfeffern. Teig in 12 Portionen teilen, zu Kugeln
formen und leicht platt drücken, 15 Min. zugedeckt in
den Kühlschrank stellen.

Inzwischen den Grill des Backofens vorheizen. Die Bällchen auf Spieße stecken (je 3) und auf dem Rost unter
dem Grill 8–10 Min. grillen. Wenden und auf der anderen
Seite ebenfalls 8–10 Min. grillen.

Variante:
Sie können die Bällchen auch in der Pfanne in Öl wie
Frikadellen braten oder auf dem Holzkohlegrill garen.
In diesem Fall lassen sich dann *Seekh-Kebabs* in Original-
form herstellen, die sich für den Backofen leider weniger
eignet: Das Fleisch wird zu 8 länglichen Rollen geformt
und längs auf je 1 Metallspieß gesteckt.

Damit der Ofen absolut luftdicht ist, wird das *Masala*, die Lehmmischung, sorgfältig geknetet, und die Hülle wird mit einem hölzernen Löffel glatt geklopft.

Die Herstellung des *Tandoor*-Ofens ist auch heute noch reine Handarbeit und erfordert großes Können.

Tandoor
Heiße Öfen für scharfe Gerichte

Tandoor-Öfen gehören zu Indien wie Curry und Elefanten. Doch ursprünglich stammen sie aus Zentralasien und wurden erst von den Mogul-Fürsten nach Indien gebracht. In den tönernen Öfen werden Fladenbrote zubereitet, und Huhn oder Fisch erhält hierin einen einzigartigen, rauchigen Geschmack.

Uttam Nagar ist ein kleiner Vorort von Delhi. Er liegt in einer kargen Gegend, im Schwemmland des Yamuna-Flusses. Holprige Straßen, einfache Backsteinhäuser, Kinder, die mit einem ausgedienten Reifen spielen. Uttam Nagar vermittelt einen trübseligen, verschlafenen Eindruck.
In einer düsteren Werkstatt stehen schwere Drehbänke, an denen Männer Metallplatten zuschneiden. Um sie herum sind Zylinder aus Stahlblech in verschiedenen Größen aufgereiht. Ventile, andere Eisenteile, Gasschläuche liegen verstreut auf dem schmutzigen Boden. Das Ganze sieht aus, als würden hier Heizungen oder Teile davon hergestellt, und damit liegt man nicht ganz falsch. Denn die blitzblank polierten Zylinder bilden die Außenhülle eines teuflisch heißen Kochapparats – eines *Tandoor*-Ofens. Natürlich sind die Blechhüllen nicht das Wesentliche des Ofens. Der Kern, man könnte auch sagen, die Seele des Ofens, wird an einer anderen Stelle geformt: In einem Hof am Dorfrand mit Blick auf die lehmgraue Landschaft, stehen sie, die tönernen Gefäße, in denen später einmal *Naan*-Brote gebacken werden oder jene feurig-roten Hähnchengerichte, die man hier zu Lande mit indischer Küche ebenso gleich setzt wie Curry: die Tandoori-Gerichte.

Gekonnte Handarbeit

Um einen solchen Kern zu fertigen, bedarf es großen Könnens, damit die Öfen absolut luftdicht sind. Schließlich müssen sie Temperaturen bis zu 1600° aushalten. Eine kleine Unregelmäßigkeit, ein kleiner Sprung nur, und der Ofen hat ausgedient. Die Arbeiter von »Hari Om Tandoor«, der Firma der Familie Prajapati, verfügen über dieses Können – und sie verfügen auch über das richtige *Masala*, das Zutatengemisch, das dem Ofen zu seiner Eigenart verhilft. Dazu gehört nicht nur der richtige Lehm, sondern auch ein bestimmter Stein, der zu einem Pulver zermahlen wird, und schließlich ein Gemisch aus Heu und Pferdehaar. Zu guter Letzt wird der ausgetrocknete Ofen innen mit einer Melasse aus Zuckerrohr eingerieben, was ihm eine Art Glasur verleiht.

TANDOOR REPORTAGE

Ein *Tandoor*-Ofen gehört nicht nur in jedes Restaurant. Auch auf den Straßen werden Brote darin frisch zubereitet.

Tandoor-Öfen werden traditionell mit Kohle oder Holz eingefeuert. Heute gibt es aber auch gasbetriebene Öfen. Sie stehen v.a. in Restaurants. Die Öfen sind hervorragende Wärmespeicher, es dauert zwei bis drei Tage, bis ein *Tandoor*-Ofen richtig ausgekühlt ist. Der geschlossene Ofen sorgt zwar dafür, dass die Gerichte im Nu gar sind, aber sie trocknen nicht aus, und die Aromen kommen voll zur Entfaltung. Wichtig ist vor allem eine gleich bleibende hohe Temperatur.

Ein jahrtausendealtes Prinzip

Wie alt das Prinzip des *Tandoor*-Ofens tatsächlich ist, darüber werden noch immer Nachforschungen angestellt. Das Kochen mit einem *Tandoor*-Ofen begann bei den nomadisierenden Völkern Zentralasiens. Nach Indien brachten den Ofen die Mogul-Fürsten, und im nordindischen Staat Punjab entwickelte sich die uns heute bekannte Tandoori-Küche. Nach der indischen Teilung verbreiteten die Flüchtlinge aus Pakistan sie über den ganzen Subkontinent und darüber hinaus. War der *Tandoor*-Ofen einst Treffpunkt der Punjabi-Dorfgemeinschaften, an dem man sich zum Backen, Kochen und Reden zusammensetzte – vergleichbar den Backhäusern in Europa –, wurde er im modernen Indien zum Versammlungsort neuer Art: An den zumeist von Punjabis betriebenen *Dhabbas*, den kleinen Schnellrestaurants entlang der Fernstraßen, treffen sich Fernfahrer und Reisende. Und *Dhabbas* gibt es inzwischen auch in Dörfern und Städten, wo die Bewohner ihr breites Angebot an ofenfrischem, warmem Brot, Tandoori-Huhn oder Fisch nutzen; denn der rauchige Grillgeschmack der Tandoori-Gerichte ist einfach einzigartig.

Feuerrot *wird das wohl berühmteste indische Gericht durch Lebensmittelfarbe, die für den Geschmack völlig entbehrlich ist. Am besten bereiten Sie gleich die doppelte Menge des Tandoori-Huhns zu und servieren am nächsten Tag die zweite Hälfte in Buttersauce.*

Tandoori-Huhn

Tandoori Murgh (im Bild)

Zubereitungszeit: 25 Min.
Ruhezeit: 6 1/4 Std.
Pro Portion ca.: 320 kcal

Zutaten für 4 Personen:
4 Hähnchenschenkel (oder Bruststücke mit Knochen)
4 EL Zitronensaft
1/2 TL Chilipulver, Salz
1 Stück frischer Ingwer (1 cm)
300 g Joghurt
2 Knoblauchzehen
je 1 TL gemahlener Kreuzkümmel und Koriander
1/4 TL gemahlene Muskatblüte (Macis)
1/4 TL Kurkuma, 1/4 TL Ajowan
1/2 TL Garam Masala
schwarzer Pfeffer
rote Lebensmittelfarbe (nach Belieben)
Zwiebel und Zitrone zum Anrichten

Die Haut von den Hähnchenteilen abziehen, Hähnchenkeulen nochmals im Gelenk durchschneiden (Bruststücke einmal längs durchschneiden). Waschen und trockentupfen. Jedes Fleischstück 3- bis 4-mal tief einschneiden. Zitronensaft, 1/4 TL Chilipulver und etwas Salz mischen, das Fleisch damit einreiben und 15 Min. marinieren.

Inzwischen den Ingwer schälen, fein hacken und zum Joghurt geben. Knoblauch schälen und dazupressen. Die übrigen Gewürze ebenfalls gut etwas unterrühren, nach Belieben mit Lebensmittelfarbe färben. Die Joghurtmischung auf dem Fleisch verteilen, dabei gut in die Einschnitte reiben und zugedeckt im Kühlschrank 6 Std. marinieren.

Den Ofen auf 180° vorheizen. Ein Blech mit Alufolie auslegen und die Hähnchenstücke darauf legen, pfeffern. Im Ofen (Mitte, Umluft 160°) 40 Min. garen, dabei ab und zu mit der Bratflüssigkeit begießen. Mit Zwiebelringen und Zitronenachteln servieren. Dazu passt ein Koriander-Chutney oder eine *Raita* (beides s. Seite 30).

Tandoori-Huhn in Buttersauce

Makhani Murgh – Spezialität aus dem Punjab

Zubereitungszeit: 30 Min.
Garzeit: 50 Min.
Pro Portion ca.: 680 kcal

Zutaten für 4 Personen:
50 g gemahlene geschälte Mandeln
1 kg reife Tomaten, 3 grüne Kardamomkapseln
80 g Butter
2 EL Ingwer-Knoblauch-Paste (s. Seite 227)
1/2 TL Chilipulver
4 Gewürznelken, Salz, 2 TL Honig
1 TL zerriebene Bockshornkleeblätter
150 g Sahne
1/2 TL Paprikapulver, edelsüß
gegartes Tandoori-Hähnchenfleisch für 4 Personen
(s. Rezept links)
2 EL gehacktes Koriandergrün

Die Mandeln mit 100 ml heißem Wasser übergießen und quellen lassen. Die Tomaten waschen, mit heißem Wasser überbrühen, häuten und in Stücke schneiden, dabei die Stielansätze entfernen. Kardamomkapseln anritzen. 3 EL Butter in einem Topf erhitzen, darin die Ingwer-Knoblauch-Paste 1–2 Min. unter Rühren andünsten, dann Tomaten, Chilipulver, Nelken und Kardamom dazugeben, salzen und offen bei mittlerer Hitze 30 Min. einkochen.

Kardamom und Nelken herausfischen, Honig und Bockshornkleeblätter unterrühren und im Mixer pürieren. Die übrige Butter in einem zweiten Topf erhitzen, darin die Mandelpaste rösten, bis das Wasser verdampft ist und die Mandeln hell gebräunt sind. Tomaten, Sahne und Paprika unterrühren, mit Salz abschmecken, offen bei mittlerer Hitze 5 Min. köcheln lassen. Die gegarten Hähnchenstücke einlegen (eventuell zuvor vom Knochen lösen und in mundgerechte Stücke schneiden) und zugedeckt 5 Min. erwärmen und mit Koriandergrün bestreuen.

DER NORDEN REZEPTE

Mandeln sind teuer und damit eine kostbare Zutat. Gemahlen und in etwas Wasser gequollen geben sie vielen Gerichten die besondere cremige Konsistenz.

Die Wurzeln beider Gerichte liegen in der aus Zentralasien stammenden Küche der Mogul-Fürsten. Und noch heute pflegen die Wazas, die muslimischen Meisterköche, in Kaschmir deren Küchentraditionen. So gehört das Kräuterhuhn zu einem der sieben Standardgerichte bei einem Wazwan – dem berühmten kaschmirischen Festbankett. Unsere Version ist allerdings etwas leichter und grüner.

Gefüllte Hähnchenbrust

Khusroos-e-Tursh – Mughlai-Spezialität

Zubereitungszeit: 35 Min.
Garzeit: 45 Min.
Pro Portion ca.: 470 kcal

Zutaten für 4 Personen:
50 g gemahlene geschälte Mandeln
1/2 TL Safranfäden
4 Hähnchenbrustfilets (à ca. 180 g)
150 g Paneer (Frischkäse, s. Seite 227)
1 EL Ingwer-Knoblauch-Paste (s. Seite 227)
1 TL gemahlener Kreuzkümmel
1/2 TL Paprikapulver, edelsüß
je 2 EL gehackte frische Minze und Koriandergrün
7 EL Joghurt
Salz, weißer Pfeffer
3 EL Butter
5 EL Sahne
1 EL Zitronensaft
Holzspießchen zum Verschließen

Die Mandeln und den Safran mit 80 ml heißem Wasser übergießen und quellen lassen. Inzwischen die Hähnchenbrustfilets kalt abspülen, trockentupfen, längs eine tiefe Tasche einschneiden. Paneer gut durchkneten, mit Ingwer-Knoblauch-Paste, Kreuzkümmel, Paprika, Minze, Koriandergrün und 3 EL Joghurt mischen. Mit Salz und Pfeffer würzen. Die Füllung gleichmäßig in die Hähnchenfilets verteilen und die Taschen mit 1–2 Holzspießchen verschließen.

Den Ofen auf 225° vorheizen. Eine ofenfeste Form mit etwas Butter ausfetten, Hähnchenbrüste hineinlegen (das Fleisch sollte möglichst eng liegen und die Form ausfüllen). Mandelpaste mit übrigem Joghurt, Sahne und Zitronensaft mischen, salzen und pfeffern. Diese Masse über die Hähnchen gießen, die übrige Butter in Flöckchen darauf setzen. Das Fleisch im Ofen (oben, Umluft 200°) 10–15 Min. garen, bis die Nussmasse leicht zu bräunen beginnt.

Aus dem Ofen nehmen, Hitze auf 180° reduzieren, Form mit Alufolie verschließen und wieder in den Ofen geben (Achtung: jetzt Mitte, Umluft 160°), weitere 25–30 Min. garen. Mit Reis oder *Naan* (s. Seite 39) servieren.

Kräuter-Mandel-Huhn

Dhaniwal Korma – aus Kaschmir

Zubereitungszeit: 30 Min.
Marinierzeit: 2 Std.
Garzeit: 50 Min.
Pro Portion ca.: 595 kcal

Zutaten für 4 Personen:
800 g Hähnchenbrustfilets
400 g Joghurt
gemahlene Muskatblüte (Macis) und Kurkuma, Salz
60 g gemahlene geschälte Mandeln
2 Zwiebeln
2 Knoblauchzehen
4 grüne Kardamomkapseln
3 EL Ghee
3 Gewürznelken
1 Stück Zimtrinde
schwarzer Pfeffer
150 g Sahne
6 EL gehacktes Koriandergrün
je 2 EL gehackte frische Minze und Dill

Das Hähnchenfleisch in ca. 4 cm große Stücke schneiden. Joghurt mit je 2 Prisen Macispulver, Kurkuma und etwas Salz verrühren und mit dem Fleisch mischen. Zugedeckt im Kühlschrank 2 Std. marinieren.

Die Mandeln mit 120 ml warmem Wasser übergießen und quellen lassen. Die Zwiebeln schälen und fein würfeln. Knoblauch schälen und fein würfeln. Kardamomkapseln anquetschen.

Das Ghee in einem Topf erhitzen, darin die Zwiebeln goldgelb anbraten. Kardamom, Nelken, Zimt und Knoblauch zugeben, 1 Min. unter Rühren anrösten. Dann das Fleisch mit Joghurt zugeben, unter Rühren 5 Min. weiterkochen lassen. Die Hitze reduzieren, das Fleisch pfeffern, mit Salz abschmecken. Die Mandelpaste zugeben und alles zugedeckt 30 Min. köcheln lassen, dabei gelegentlich umrühren. Sahne unterrühren und weitere 15 Min. köcheln lassen. Die Kräuter unterrühren und servieren. Schmeckt am besten mit Basmatireis.

Ein richtiges Überraschungspaket *war dieses Huhn auf den herrschaftlichen Festtafeln von Lucknow: Gefüllt wurde es nicht nur mit Fleisch und Nüssen, sondern zusätzlich noch mit 4 hart gekochten Eiern, auf die wir in diesem Rezept allerdings verzichtet haben.*

Königlich gefülltes Huhn

Murgh Mussallam – Nawab-Spezialität

Zubereitungszeit: 30 Min.
Marinierzeit: 1 Std.
Garzeit: 2 Std. 30 Min.
Bei 6 Personen pro Portion ca.: 695 kcal

Zutaten für 4–6 Personen:
2 EL Ingwer-Knoblauch-Paste (s. Seite 227)
1/2 TL Chilipulver
1/2 TL Kurkuma, Salz
1 Poularde (ca. 1 1/2 kg)
je 25 g Cashewnusskerne, gemahlene, geschälte
Mandeln, Kokosflocken und Rosinen
400 g Hähnchenbrustfilet
2 Zwiebeln
1 Stück frischer Ingwer (3 cm), 1 Knoblauchzehe
5 EL Ghee
1 1/4 TL Garam Masala
1 TL gemahlener Koriander
Salz, schwarzer Pfeffer
2 EL getrocknete Minze
1/2 TL Safranfäden
250 g Joghurt
1/4 TL gemahlener Kardamom
400 ml Hühnerfond (Glas)
je 2 EL Mandelblättchen und gehackte
Pistazienkerne

Ingwer-Knoblauch-Paste, Chilipulver, Kurkuma und Salz mischen. Die Haut von der Poularde abziehen, das Fleisch innen und außen kalt abspülen und trockentupfen, dann innen und außen mit der Gewürzmischung einreiben, 1 Std. abgedeckt im Kühlschrank marinieren.

Für die Füllung Cashewnüsse hacken, mit Mandeln, Kokosflocken, Rosinen und 100 ml heißem Wasser mischen. Das Hähnchenfleisch durch den Fleischwolf drehen oder ganz fein schneiden. Zwiebeln schälen und fein würfeln, Ingwer und Knoblauch schälen und fein hacken. 2 EL Ghee in einer Pfanne erhitzen, darin die Zwiebeln

glasig dünsten, dann Knoblauch, Ingwer, Hähnchenfleisch, 1 TL Garam Masala und Koriander zugeben. Unter Rühren in 5 Min. hellbraun braten. Salzen und pfeffern, vom Herd nehmen, mit der Nussmasse und zerriebener Minze mischen.

Safran in 2 EL heißem Wasser 10 Min. einweichen, dann mit Joghurt, übrigem Garam Masala, Kardamom, Salz und Pfeffer mischen.

Den Backofen auf 120° vorheizen. 3 EL Ghee in einem Bräter erhitzen, darin die Poularde in 10–15 Min. vorsichtig rundum anbraten. Das Huhn herausnehmen und leicht abkühlen lassen. Dann mit der Masse füllen, mit Küchengarn zunähen und die Schenkel fest an den Körper binden.

Das Bratfett in ein Schälchen gießen, das Huhn ringsherum mit Joghurt bestreichen und mit etwas Bratöl begießen, dann mit der Brustseite nach unten in den Bräter legen. Hühnerfond angießen, Bräter verschließen und das Huhn im Ofen (Mitte, Umluft 100°) 2 1/2 Std. garen, dabei ab und zu mit Bratensaft und Bratfett begießen und nach 1 1/2–2 Std. Garzeit wenden.

Das fertige Huhn mit Mandelblättchen und Pistazien bestreuen. Wer will, kann zusätzlich 1 Silberblatt (*Varq*) darauf legen. Dazu passt frisches *Naan* (s. Seite 39).

Variante:
Manche Köche ersetzen die Hähnchenbrust durch Lammhack. Weniger königlich reichhaltig, aber auch weniger aufwändig ist eine persönliche Variante, bei der das Huhn nicht (wie in Indien üblich) gehäutet wird: Die Haut mit einem Gemisch aus 4 EL flüssiger Butter, 1/2 TL Chili- und Kurkumapulver, Salz und Pfeffer bestreichen und das Huhn ohne Joghurtpaste auf dem Rost im Backofen bei 220° (Mitte, Umluft 200°) in ca. 1 1/4 Std. knusprig braun braten. Dazu passt dann eine frische Joghurt-Raita (s. Seite 30).

DER NORDEN REZEPTE

Indischer Safran wächst nur in einigen Regionen Kaschmirs und zählt neben spanischem zu den besten Sorten der Welt. Safranfäden immer kurz in warmer Flüssigkeit einweichen.

Doppelt so viel Zwiebeln *wie Fleisch heißt übersetzt »Do Piaza«.*
Über die Urheberschaft dieses Klassikers streiten sich die Nawabs von Lucknow mit den Nizams von Hyderabad; egal, wer es erfunden hat, es schmeckt köstlich. Das langsame Garen macht die Zwiebeln so mild und aromatisch, dass sich das kräftige Lamm- sogar durch Hühnerfleisch ersetzen lässt.

Safran-Lamm
nach Mughlai-Art

Mughlai Korma – Mughlai-Spezialität

Zubereitungszeit: 30 Min.
Garzeit: 50 Min.
Pro Portion ca.: 1080 kcal

Zutaten für 4 Personen:
1 kg Lammfleisch ohne Knochen (Schulter
oder Keule)
100 g Cashewnusskerne, 2 Zwiebeln
6 grüne Kardamomkapseln
7 EL Ghee
5 Gewürznelken, 2 Stück Zimtrinde
1 Lorbeerblatt
4 EL Ingwer-Knoblauch-Paste (s. Seite 227)
2 TL gemahlener Koriander
1/2–1 TL Chilipulver
150 g Joghurt, Salz
1/4 TL Safranfäden
gemahlene Muskatblüte (Macis)
1 TL Garam Masala, schwarzer Pfeffer
100 g Sahne

Das Fleisch waschen, trockentupfen und in 3 cm große
Stücke schneiden. Die Cashewnüsse fein mahlen, mit
150 ml heißem Wasser übergießen und quellen lassen. Die
Zwiebeln schälen und fein hacken. Kardamomkapseln
anquetschen.

Das Ghee in einem Topf erhitzen, Kardamom, Nelken,
Zimtrinde und Lorbeerblatt darin ca. 30 Sek. unter Rühren rösten, die Zwiebeln zugeben und hellbraun braten.
Ingwer-Knoblauch-Paste zugeben und 1–2 Min. braten,
bis die Flüssigkeit verdampft ist. Dann das Lamm, Korian-
der- und Chilipulver zugeben und einmal kurz durchrühren. Den Joghurt untermischen und salzen. Zum Kochen
bringen und zugedeckt bei schwacher Hitze 40 Min.
köcheln lassen, gelegentlich umrühren und gegebenenfalls
etwas Wasser nachgießen.

Inzwischen den Safran in 5 EL heißem Wasser einweichen.
Safran samt Wasser, 1 Prise Macispulver, Garam Masala,
Sahne und die Nusspaste unter das Fleisch rühren, mit
Pfeffer abschmecken. Weitere 10 Min. zugedeckt köcheln
lassen. Mit Reis, *Pulao* (s. Seite 32) oder *Pooris* (s. Seite 40)
servieren.

Lamm-Zwiebel-Topf

Gosht Do Piaza – Nawab-Spezialität

Zubereitungszeit: 25 Min.
Marinierzeit: 1 Std.
Garzeit: 1 1/2 Std.
Pro Portion ca.: 785 kcal

Zutaten für 4 Personen:
750 Lammfleisch ohne Knochen (Schulter
oder Keule)
1 1/2 kg Zwiebeln
1 Stück Ingwer (4 cm)
3 Knoblauchzehen
4 EL Ghee
1 Lorbeerblatt
je 1 TL Kurkuma und Chilipulver
400 ml Lammfond (Glas)
Salz
4 EL Cashewnusskerne
2 TL Garam Masala
3 EL gehacktes Koriandergrün

Das Lammfleisch von Fett und Sehnen befreien und in ca.
5 cm große Stücke schneiden. Die Zwiebeln schälen und
längs achteln. Ingwer und Knoblauch schälen und fein
hacken.

Das Ghee in einem Topf erhitzen, darin die Zwiebeln hellbraun anbraten. Lammfleisch zugeben und rundherum
braun anbraten, dann Ingwer, Knoblauch und Lorbeerblatt zugeben und kurz mitbraten. Kurkuma- und Chilipulver darüber stäuben und Lammfond zugießen. Das
Fleisch salzen und zugedeckt 1 Std. köcheln lassen.

Deckel abnehmen und das Fleisch weitere 30 Min. offen
köcheln lassen, damit die Sauce eindickt – sollte zu viel
Flüssigkeit verdunstet sein, etwas Wasser nachgießen und
den Deckel wieder auflegen. Cashewnüsse hacken, mit
Garam Masala unterrühren und mit Koriandergrün
bestreuen. Mit *Chapatis* (s. Seite 40) oder einem anderen
Brot servieren.

Lamm in Spinatsauce

Saag Gosht – aus dem Punjab (im Bild)

Zubereitungszeit: 35 Min.
Garzeit: 40 Min.
Pro Portion ca.: 465 kcal

Zutaten für 4 Personen:
500 g Lammfleisch ohne Knochen (Schulter oder Keule)
500 g Spinat (frisch oder TK)
2 Zwiebeln
4 EL Ghee
2 EL Ingwer-Knoblauch-Paste (s. Seite 227)
2 TL gemahlener Koriander
1 TL gemahlener Kreuzkümmel
1/2 TL Kurkuma
1/2–1 TL Chilipulver
6 EL Joghurt, Salz
3/4 TL Garam Masala
1 Stück frischer Ingwer (1cm)

Das Lammfleisch kurz mit kaltem Wasser abspülen, trockentupfen und in 2 cm große Würfel schneiden. Den Spinat waschen, putzen und grob hacken, TK-Spinat antauen lassen und grob hacken. Die Zwiebeln schälen und fein würfeln.

Das Ghee in einem Topf erhitzen, die Zwiebeln darin in 1–2 Min. hellbraun anbraten, Ingwer-Knoblauch-Paste und das Fleisch zugeben und unter Rühren 5–7 Min. anbraten.

Koriander, Kreuzkümmel, Kurkuma, Chilipulver- und Joghurt unter das Fleisch rühren, salzen und 6–8 Min. unter Rühren kochen lassen. Den Spinat zugeben und zugedeckt bei schwacher Hitze 35–40 Min. köcheln lassen, dabei gelegentlich umrühren und gegebenenfalls etwas Wasser angießen.

Garam Masala unterrühren, 2 Min. durchziehen lassen. Ingwer schälen, in feine Stifte schneiden und vor dem Servieren über das Lamm streuen. Mit Reis oder *Parathas* (s. Seite 40) servieren.

Gebratene Leber

Kalegi Khara Masala – aus dem Punjab

Zubereitungszeit: 50 Min.
Pro Portion ca.: 250 kcal

Zutaten für 4 Personen:
500 g Leber (Lamm- oder Kalbsleber)
2 Knoblauchzehen
1 Stück frischer Ingwer (2 cm)
1 grüne Paprikaschote
5 Frühlingszwiebeln
2 Tomaten
2 grüne Chilischoten
2 EL Ghee
1 Stück Zimtrinde
Salz, schwarzer Pfeffer
1 EL Weißweinessig
Zucker
1 EL gehacktes Koriandergrün

Die Leber von Sehnen und Häuten befreien und in schmale Streifen schneiden. Knoblauch und Ingwer schälen, beides fein hacken. Paprika putzen, waschen und fein würfeln. Frühlingszwiebeln waschen, putzen und in feine Ringe schneiden. Die Tomaten waschen und fein würfeln, dabei die Stielansätze entfernen. Die Chilischoten fein hacken.

Das Ghee in einer Pfanne oder im Wok erhitzen, Zimtrinde, Knoblauch und Ingwer darin unter Rühren 30 Sek. braten. Die Leber in die Pfanne geben und unter Rühren 2 Min. braten. Paprika, Chilis, den weißen Teil der Frühlingszwiebeln und die Tomaten zugeben, gut mischen und mit Salz, Pfeffer, Essig und etwas Zucker abschmecken. 10–12 Min. bei mittlerer Hitze braten, dabei häufig rühren, bis die Flüssigkeit fast vollständig verdampft ist. Mit dem grünen Teil der Frühlingszwiebeln und Koriandergrün bestreuen und servieren.

DER NORDEN REZEPTE

Möhren haben in Indien in den Wintermonaten Hauptsaison. Im Unterschied zu hiesigen Möhren sind sie größer, von leuchtend dunklem Rot und leicht süßlich im Geschmack.

Kheer – Reispudding – ist ebenfalls ein Klassiker. Dazu 100 g Basmatireis 1 Std. in Wasser einweichen, abgießen und in 2 EL Ghee unter Rühren 2 Min. anschwitzen. 1 l Milch zugeben, 5 EL Rosinen unterrühren und zugedeckt 25–30 Min. köcheln lassen, dabei immer wieder umrühren. 5 Min. vor Garzeitende einige Safranfäden, 1/2 TL gemahlenen Kardamom, 60 g Zucker und je 2 EL gehackte Pistazienkerne und Mandelblättchen unterrühren. Warm servieren und nach Wunsch mit Rosenwasser besprenkeln.

DER NORDEN REZEPTE

Apfelpudding

Saeb Ki Kheer

Zubereitungszeit: 1 Std. + Abkühlzeit
Pro Portion ca.: 605 kcal

Zutaten für 4 Personen:
500 g Äpfel
100 ml Apfelsaft
100 g Zucker
4 EL Rosinen
1/4 TL Zimtpulver
4 grüne Kardamomkapseln
1 l Vollmilch, 200 g Sahne
1 TL Speisestärke
1 EL Rosenwasser
3 EL Mandelblättchen

Die Äpfel waschen, schälen und in kleine Stücke schneiden, dabei die Kerngehäuse entfernen. Mit dem Apfelsaft, Zucker, Rosinen und Zimtpulver in einen Topf geben und offen 5–10 Min. köcheln lassen. Die Äpfel sollten weich sein, aber nicht zerfallen. Abkühlen lassen.

Inzwischen Kardamomkapseln anquetschen und mit Milch und Sahne in einen Topf geben. Offen in 45 Min. auf die Hälfte einkochen lassen. Stärke in etwas kaltem Wasser lösen, unter die Milch rühren und unter Rühren 5–10 Min. kochen lassen, bis die Milch andickt.

Vom Herd nehmen, durch ein Sieb abgießen, kurz abkühlen lassen, dann noch warm die Apfelmasse unterrühren. Rosenwasser unterrühren und den Pudding im Kühlschrank gut kühlen lassen. Mandelblättchen in einer Pfanne ohne Fett rösten und vor dem Servieren über das Dessert streuen.

Möhrenhalwa

Gajar Halwa – Mughlai-Spezialität

Zubereitungszeit: 40 Min.
Pro Portion ca.: 485 kcal

Zutaten für 4 Personen:
500 g Möhren
4 grüne Kardamomkapseln
1/2 l Milch
2 EL Rosinen
Zimtpulver
gemahlene Gewürznelken
6 EL Zucker
4 EL Ghee
4 EL Mandelstifte
2 EL gehackte Pistazienkerne
Blattsilber zum Verzieren (nach Belieben)

Die Möhren schälen und grob raspeln. Kardamomkapseln aufschneiden, die schwarzen Körner herauskratzen, anquetschen und mit der Milch in einen Topf geben. Milch zum Kochen bringen, die Möhren und Rosinen hineingeben und bei schwacher Hitze offen 20 Min. kochen lassen, bis die Möhren weich sind, dabei regelmäßig umrühren.

3 Prisen Zimt und 1 Prise Nelkenpulver mit Zucker und Ghee zu den Möhren geben und unter Rühren braten, bis alle Flüssigkeit verdampft ist.

Mandelstifte in einer Pfanne ohne Fett braun rösten, dann mit Pistazien unter die Halwa rühren bzw. etwas Nussmischung auch auf die Halwa streuen. Nach Belieben mit Blattsilber verzieren und lauwarm servieren.

Pistazieneis

Pista-Kulfi (im Bild oben)

Zubereitungszeit: 1 Std.
Gefrierzeit: 3 Std.
Pro Portion ca.: 555 kcal

Zutaten für 4 Personen:
2 l Vollmilch
10 grüne Kardamomkapseln
5 EL ungesalzene geschälte Pistazienkerne
120 g Zucker
Rosenwasser (nach Belieben)

Die Milch in einen großen Topf geben. Kardamomkapseln im Mörser oder mit einem Kartoffelstampfer anquetschen und zur Milch geben. Unter Rühren erhitzen und offen bei mittlerer Hitze 40 Min. kochen lassen, dabei immer wieder rühren, damit die Milch nicht anbrennt. Kardamomkapseln herausfischen.

Inzwischen die Pistazien fein hacken oder in feine Scheibchen schneiden (1 EL beiseite legen) und mit Zucker zur Milch geben, weitere 10–15 Min. köcheln lassen, bis die Milch auf die Hälfte eingekocht ist.

Milch vom Herd nehmen, abkühlen lassen und in eine rechteckige Form oder 4–6 Portionsförmchen gießen. 2–3 Std. ins Tiefkühlfach stellen und alle 20 Min. mit einer Gabel umrühren. Zum Servieren in Scheiben schneiden oder aus den Förmchen stürzen. Mit den beiseite gelegten Pistazien bestreuen und nach Belieben mit etwas Rosenwasser besprenkeln.

Variante: Mangokulfi
Milch ohne Kardamom und Pistazien, mit nur 50 g Zucker und einigen Safranfäden wie im Rezept oben einkochen und abkühlen lassen, dann 250 g Mangopüree (aus der Dose oder selbst püriert) unterrühren – je nach Süße der Mangos eventuell noch etwas Zucker zugeben. In einer Form oder in 6–8 Portionsförmchen wie oben angegeben gefrieren lassen und mit frischen Mangoscheiben servieren.

Süßes Milchbrot

Shahi Tukrha – Spezialität aus Lucknow
(im Bild unten)

Zubereitungszeit: 1 Std.
Pro Portion ca.: 505 kcal

Zutaten für 4 Personen:
6 Scheiben Toastbrot
6 EL Ghee
3 grüne Kardamomkapseln
800 ml Milch
100 g Zucker
1/4 TL Safranfäden
2 TL Mandelblättchen
1 TL gehackte Pistazienkerne

Die Brotscheiben diagonal halbieren. 3 EL Ghee in einer Pfanne erhitzen und darin 6 Brothälften beidseitig goldgelb und knusprig braten. Auf Küchenpapier abtropfen lassen. Das übrige Ghee und die andere Hälfte Brot ebenso verarbeiten.

Die Kardamomkapseln aufschneiden, Körner herauskratzen und anquetschen. Mit Milch und Zucker in einen Topf geben und unter ständigem Rühren bei mittlerer bis starker Hitze 30–40 Min. kochen lassen, bis die Milch auf etwas mehr als die Hälfte reduziert ist und leicht andickt. Dabei regelmäßig rühren, damit die Milch nicht anbrennt. Den Safran in der Milch auflösen, diese 2 Min. weiterköcheln lassen, dann durch ein Sieb abgießen.

6 Toastecken auf einer tiefen Platte oder auf Teller verteilen und mit der Hälfte der Safranmilch tränken, die restlichen Brotscheiben darüber legen und ebenfalls tränken.

Die Brotscheiben 5–10 Min. durchziehen lassen, eventuell nochmals Milch mit einem Löffel über die Brotecken träufeln. Inzwischen die Mandelblättchen in einer Pfanne ohne Fett hellbraun rösten, dann mit den Pistazien über das Brot streuen und warm servieren. Wer will, kann das Dessert aber auch im Kühlschrank abkühlen lassen und gut durchgezogen servieren.

DER NORDEN REZEPTE

Lucknow
Königliches Erbe

In Lucknow ist es keine Seltenheit, dass Schüler von Gleichaltrigen mit der Rikscha befördert werden. Doch Arm und Reich sind nicht die einzigen Gegensätze. Die Stadt ist zwar muslimisch geprägt, die Blumengirlanden sind jedoch für Hindutempel gedacht.

Hinter einem Ochsenkarren quält sich der Verkehr durch die staubigen Straßen von Lucknow, der Hauptstadt des nördlichen Bundesstaates Uttar Pradesh. Einst waren diese holprigen und löchrigen Straßen breite Alleen, gesäumt von eleganten Häusern in eindeutig europäischem Stil. Doch die Plakate und Stromkabel hängen wie Girlanden eines längst vergangenen Fests schlaff zwischen den Gebäuden. Ruß, Staub und vor allem die Zeit haben den Fassaden zugesetzt. Die Stadt zerfällt, sie zerfällt auch unter der Geschäftigkeit ihrer Bewohner.

Denn Lucknow ist zwar nicht unbedingt eine ansehnliche, aber doch eine betriebsame Stadt. Auf den Gehsteigen hat ein Mechaniker die Bestandteile eines Motorrollers ausgebreitet. Er kauert vor dem Motorblock und hantiert mit einem Schraubenschlüssel – seine Hände und Arme so schwarz wie die Maschine selbst. In einem weiteren Kreis umgeben ihn Räder und

Vieles bleibt in der Altstadt hinter verschlossenen Türen verborgen. Doch es lohnt sich, auch in die versteckten Winkel vorzustoßen. Dort findet man so manche Kostbarkeit, zu denen auch Süßigkeiten gehören, die man leicht mit Schmuckstücken verwechseln könnte.

Metallteile, die wie die weggeworfenen Knochen eines opulenten Mahls im Staub liegen. Hinter schmutzigen Schaufenstern präsentieren in die Jahre gekommene Puppen bunte Saris und die neuesten Marken-Sportschuhe. Ein Händler für Gartenmöbel steht, an den Türrahmen seines Geschäfts gelehnt, im Schatten unter der Arkade und mustert die Passanten, die schnellen Schrittes an ihm vorübereilen. Das aufgeplatzte Pflaster steht in krassem Kontrast zum eleganten Schuhwerk mancher Einkäuferin.

Süße Delikatessen

Keine Zeit für Müßiggang haben auch die Mitarbeiter von »Chowdhury«. Im Süßigkeitengeschäft in bester Lage mitten im Geschäftsviertel von Lucknow gehen die Kunden ein und aus. In einer Glasvitrine reiht sich Schale an Schale, auf denen sich kleine Delikatessen türmen: Mit hauchdünner Silberfolie umwickelte Röllchen mit Pistazienfüllung, daneben trapezförmig marzipanähnliche *Barfees* aus einer Mischung aus Cashewnüssen, Ghee – geklärter Butter – und Gewürzen. Auf einer anderen Lage goldgelb leuchtende, ausgebackene Kringel und *Ladoos*, kleine Bällchen in Kokosflocken gewälzt. Von Schale zu Schale springt der Blick, angezogen von den Farben wie eine Biene auf einer Frühlingswiese: safrangelb, pistaziengrün, kokosweiß, orange und immer wieder silber. 200 verschiedene Sorten machen die Wahl zur Qual. »Chowdhury« ist eines von Lucknows renommiertesten Süßigkeitengeschäften. Das Einzige ist es bei weitem nicht. Lucknow, so nüchtern es sich äußerlich gibt, ist eine geradezu vernaschte Stadt. Vor dem Golda Wasar, dem runden Tor, durch das man in die verschlungenen Gassen der Altstadt mit ihren Boutiquen und Handwerkerateliers gelangt, wo Rikschas, wie eine drahtige Skulptur ineinander verkeilt, auf Kunden warten, heilige Kühe mit unerschütterlicher Gelassenheit dem chaotischen Verkehr auf der Victoria Street zuschauen, dort sitzen schon früh morgens Männer vor Glasbehältern, die wie große, venezianische Laternen aussehen. Aus ihnen schöpfen sie eine gelblich-weiße Creme, die auf der Zunge zergeht: *Malai Makhan* heißt die populäre Köstlichkeit. Sie ist nicht mehr als stundenlang von Hand geschöpfte und gerührte Sahne aus Büffelmilch. In der stickigen Mittagshitze wirkt sie kühlend, ebenso wie das dicke, cremige, süße, mit einem Spritzer Rosenwasser versetzte *Lassi*, das gleich auf der gegenüberliegenden Straßenseite ausgegeben wird. Es ersetzt ohne weiteres das Mittagessen.

Der alte Mann und die Sweets
Während die besten *Malai-Makhan*-Verkäufer schon nach wenigen Stunden ausverkauft sind und erschöpft nach Hause gehen – ihr nächster Tag beginnt bereits um Mitternacht, wenn sie die Vorbereitungen für eine neue »Laterne« mit *Malai Makhan* treffen –, tragen Kellner in zerschlissenen, roten Jacketts bei »Chowdhury« noch Blech um Blech aus der Küche. Diese Küche, in der all diese Köstlichkeiten von einem Heer von Angestellten zubereitet werden, ist nichts weiter als ein überdachter Hinterhof. Die Mauern und das improvisierte Dach sind von Ruß geschwärzt. Schwarz sind auch die Kessel und Woks, unter denen die Flammen hervorzüngeln. Mit langen, schaufelartigen Kellen rühren die Köche in siedender Milch, bis sie eindickt; mit flinken Fingern werden Teigröllchen geformt, die dann zischend in heißes Ghee getaucht werden. In einer Ecke sitzen drei Männer auf dem Boden, zwischen den Beinen Schalen von Konfektstückchen. Mit ein wenig Silberfolie verwandeln sie sie in glänzende Schmuckstücke. Mitten in dieser kochenden, dampfenden, verrußten Werkstatt sitzt, eingenickt, das Kinn auf die Brust gesunken, ein alter Mann im traditionellen weißen Baumwoll-Kostüm aus den Zeiten des Unabhängigkeitskampfes, das typische Nehru-Schiffchen auf dem Kopf, eine klobige Brille mit dicken Gläsern vor den geschlossenen Augen. Dada, der Großvater, wie er von allen genannt wird, ist der Gründer von »Chowdhury«, und noch immer kommt der 85-Jährige täglich ins Geschäft, obgleich Dada die Leitung inzwischen an seine Söhne und Enkel abgegeben hat. 1949, als Indien und Pakistan blutig ihre Trennung vollzogen, floh die hinduistische Familie Gurnani aus der nun muslimischen Provinz Sindh, wo sie bereits in der vierten Generation ein Geschäft unterhalten hatte. Nach einer Odyssee durch Indien gelangte sie – wie viele Emigranten aus Pakistan – in den Norden, nach Uttar Pradesh. Hier hat Dada von neuem angefangen. Und Lucknow war genau der richtige Ort für seine Süßigkeiten nach alten Familienrezepten. Aus »Chowdhury« ist nach und nach ein richtiges Firmenimperium geworden, das auch anderes als Süßes herstellt. Aber Dada ist vor allem auf eines stolz: »Für 600 Familien bedeutet Chowdhury eine sichere Existenz.«

Selbst macht sich Dada gar nichts aus Süßigkeiten. Er ernährt sich vorwiegend von Früchten. Auch sonst wirkt der rüstige Alte in dieser Stadt, in der das neue Indien sich rücksichtslos seinen Weg bahnt, wie ein Fremdkörper. Aber auch dieser Schein trügt. Hinter den tristen Straßenkulissen verbirgt sich der Kern eines traditionellen und traditionsbewussten Indiens des Nordens, das der Nawabs.

Das Indien der Nawabs
Die Nawabs folgten den mächtigen Mogul-Herrschern nach, deren Hofhaltung an Pracht und Verschwendung alles in den Schatten stellte. Sie waren die Bauherren der imposantesten Denkmäler Indiens: des Taj Mahals in Agra, des Grabmals von Humayun und der großen Moschee in Delhi; in Lucknow zeugt das Mausoleum von Muhamma Ali Sha, das Hussainabad Imambara von ihrem Sinn für Architektur und Pracht.

Silberfolie macht die Süßigkeiten von »Chowdhury« auch zu einem Schmaus für die Augen.

Das traditionsreiche Sweet-Geschäft »Chowdhury« wird bereits von den Enkeln des Firmengründers betrieben. Und auch in der vierten Generation bleibt das Unternehmen in Familienbesitz.

Der Großvater und Firmengründer, den alle Dada nennen, lässt sich die täglichen Besuche in der Küche nicht nehmen.

In den Gebäuden der Universität von Lucknow spiegelt sich noch die Pracht der alten Nawab-Architektur.

Die hauchdünn geklopfte Silberfolie, das *Varq*, verleiht den Süßigkeiten ihren Glanz. Aufbewahrt wird sie zwischen Papierblättern.

Tandoori-Hühner im Spalier: In Lucknow ist die Küche bis heute sehr fleischlastig.

Über die richtige Zubereitung der Safranfladen wacht der *Kebab*meister mit scharfem Auge, geht es doch um die berühmteste Spezialität Lucknows.

Der letzte Nawab-Herrscher von Luknow vor der endgültigen Annexion durch die Briten war Wajid Ali Shah. Ein zeitgenössisches Porträt zeigt ihn nicht nur reich mit Seide und Juwelen ausgestattet, sondern auch als üppige Gestalt. Darin ähnelt ihm Nawab Jafar Mir Abdullah, dessen Familie 1775 aus dem Iran einwanderte. Sein knöchellanges Gewand wölbt sich deutlich über dem Bauch. Die Füße stecken in bequemen, spitz zulaufenden Pantoffeln. Und auf dem Kopf sitzt die traditionelle weiße Mütze der Moslems. Anstatt eines Palastes jedoch bewohnt Nawab Jafar Mir Abdullah ein einfaches Haus. Als Diener fungiert der jüngere Bruder. Audienz hält der Nawab in einem Zimmer voller Antiquitäten: Uhren, die eine längst vergangene Zeit anzeigen, staubige Porträts von König Georg V, Pokale aus angelaufenem Silber und matte Likörgläser. Umgeben von dieser Sammlung setzt sich der Nawab auf ein Kanapee wie auf einen Thron, faltet die Hände und erwartet die Fragen.

Bewahrer alten Wissens

Bald dreht sich das Gespräch ums Essen, denn Jafar Mir Abdullah sammelt nicht nur Antiquitäten, sondern ist auch ein Wissensspeicher, was die königliche Küche von Luknow angeht, der wohl ausgeklügeltsten und köstlichsten ganz Indiens – wenn man dem Nawab Glauben schenken will. Als die Mongolen im 16. Jh. ihre Herrschaft in Indien begründeten, veränderte sich auch das Essen. Lamm- und Ziegenfleisch hielten mit ihnen Einzug, und in Kombination mit dem, was sie in Indien an Gemüse, Früchten und Getreide vorfanden, entwickelte sich die Mughlai-Küche, die sich an den Höfen Persiens orientierte. Das Herrscherhaus von Avadh in Lucknow wirkte dabei stilbildend. Hier entstand eine verschwenderisch üppige Küche, in der viel Sahne, Nüsse, Trockenfrüchte, kostspielige Gewürze und Aromaessenzen verwendet wurden, nicht zuletzt in den Süßigkeiten, wie sie heute noch bei »Chowdhury« zu finden sind. Diese Küche war Ausdruck höchster Prachtentfaltung und sollte alle Sinne gleichermaßen erfreuen. So entstanden Gerichte wie die berühmten *Biryanis* und *Pilafs*, in denen Reis und Fleisch mit Gewürzen, Rosinen und Nüssen gegart werden. Zur Verstärkung von Duft und Aroma wird zudem Rosen- oder Kewrawasser darüber geträufelt. Das aufgelegte Silberblatt am Ende macht die Gerichte überdies zur edlen Augenweide. Die sahnigen *Kormas* – Ragouts, die mit viel Nüssen und Gewürzen langsam gegart werden – oder die *Mussalam*-Gerichte, bei denen Geflügel oder eine ganze Lammkeule reich gefüllt werden, gelten heute als die berühmtesten Delikatessen Nordindiens. »Doch Lucknow hat noch anderes zu bieten«, erklärt der Nawab stolz: *Rumali Roti* beispielsweise, ein Brot, so dünn wie ein Taschentuch mit auf der Zunge zergehendem *Kebab* oder ein köstliches *Dal* mit einem Hauch Pfefferminze.

Kebab gegen Magenverstimmung

Die Zubereitung der königlichen Kost lag in den Händen eines *Hakin*, eines Arztes, und er sorgte dafür, dass jede unerwünschte Wirkung einer Zutat durch einen entsprechenden Gegenspieler aufgehoben wurde. Aus diesem Grund und wegen der sportlichen Ambition der Fürsten, ihre Gäste mit immer weiter verfeinerten Gerichten zu verwöhnen (und zu übertrumpfen), entwickelten sich komplexe Rezepturen, die heute jede Küche überfordern würde. Zudem wurden die Rezepte selten aufgeschrieben. Sie blieben Geheimnis der Küchenchefs, und so kommt es, dass heute nur noch wenige über das Wissen der hohen Kunst des Kochens wie zu Zeiten der Mogul-Fürsten verfügen. Jafar Mir Abdullah gehört zu diesen wenigen, und zuweilen stellt er sich als Koch zur Verfügung. Glücklich diejenigen, die von seiner Tafel essen dürfen.

Wenigstens eine Ahnung dessen, was Fürsten einst genossen haben, erhält man in einigen Restaurants der Stadt, nicht in den nach westlichem Vorbild getrimmten Hotels, sondern in einfachen *Kebab*-Restaurants, wo sich zur Mittagszeit die Leute hinter enge Tischchen zwängen. Kenner schwören darauf, dass die besten *Kebabs* der Stadt bei »Grandson Tundey« zu bekommen sind. Tundey Ke, der Chef des Hauses, verrät einem wenigstens so viel, dass seine *Kebabs* mit 160 verschiedenen Gewürzen versehen sind. Ob das bekömmlich sei, will man wissen. »Das einzige *Kebab* der Welt, das eine Magenverstimmung beheben kann«, entgegnet Tundey Ke, ohne mit der Wimper zu zucken.

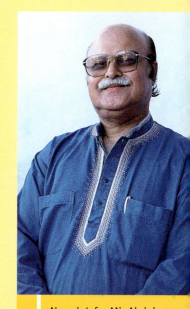

Nawab Jafar Mir Abdullah ist ein Nachkomme der einstigen Herrscher von Lucknow. In dieser Funktion hütet er auch das Wissen um königliche Kochkunst.

Der Westen
Überfluss und Askese

Mumbai, wie Bombay heute heißt, ist Indiens Traumfabrik und Wirtschaftszentrum zugleich. Doch der Westen Indiens ist nicht nur die wie in einem Bollywoodstreifen wirbelnde Metropole. In den kargen Landschaften Rajasthans ist noch immer der Geist der Maharadschas spürbar. Und in den Bergtempeln von Gujarat gibt es keine Gedanken an schnöden Mammon.

Mumbai
Glamour und Tiffins

In Mumbai muss man auch mit ungewohnten Verkehrsteilnehmern rechnen.

Auf der Churchgate-Station schlägt das Herz von Mumbai im Fünf-Minuten-Takt. In dichter Folge fahren überfüllte Züge in den Bahnhof mitten im Geschäftszentrum der Millionenstadt ein. Noch bevor sie mit quietschenden Bremsen zum Stehen kommen, springen die ersten Fahrgäste von den Trittbrettern der offenen Türen, und eh' man sich's versieht, sind die Bahnsteige menschenüberflutet.

Das wirtschaftliche Herz
Die Stadt auf der Halbinsel in der Form eines Seepferdchenkopfs ist Indiens wirtschaftliches Zentrum. 40 Prozent der Steuern werden hier erwirtschaftet. Annähernd 13 Millionen Menschen bevölkern sie. Und täglich kommen Zehntausende aus den Vororten und Vorstädten ins Zentrum, füllen die Büros in den alten Kolonialpalästen und den modernen Wolkenkratzern, die sich miteinander zu einer beeindruckenden Skyline verbinden.
Unter dem Dach der Bahnhofshalle drehen sich träge Ventilatoren und fächeln den Ankommenden schwüle Luft zu. Schuhputzer in zerschlissenen, dunkelblauen Overalls versuchen sich aus dem Strom vorbeitrappelnder Schuhe ein Paar zu angeln, um es für wenige Rupien zu schniegeln. Geschäftsleute in dunklen Anzügen, Schulkinder, Frauen in wehenden Saris auf Einkaufstour hasten an ihnen vorbei. Der Bahnhof ist ein einziges Geschiebe, und wenn es die Hitze nicht schafft, so treibt einem die ungewohnte Menschenflut Ströme von Schweiß aus den Poren.
Kurz nach 11 Uhr, wenn der Dunst über dem Mittagshimmel das Licht dämpft, tauchen auf den Bahnsteigen lange, schmale hölzerne Kisten auf, die wie Schiffchen über den Köpfen schweben. Sie sind beladen mit silbrig glänzenden Büchsen oder mit in Tücher eingeschlagenen Thermosgefäßen. Sehnige Männer balancieren sie auf dem Kopf durch die wogende Menge, tragen sie hinaus auf den aufgeheizten Vorplatz des Bahnhofs oder jonglieren die schwere Last zwischen hupenden und drängelnden Autos hindurch über die Straße unter eine Allee gegenüber dem Bahnhof.

Geschäftigkeit und Genuss
Die Männer nennen sich *Dabbah Wallahs*; sie sind Protagonisten eines täglichen Rituals, das typisch ist für den Lebensstil in der Großstadt am Arabischen Meer, in der Geschäftigkeit und Genuss Hand in Hand gehen und das, wie Mumbai selbst, einmalig ist in Indien. Jeden Mittag befördern die *Dabbah Wallahs* unzählige Mahlzeiten ins Zentrum. Zubereitet wurden diese ausnahmslos am privaten Herd – entweder von Hausfrauen und Müttern oder von Köchinnen und Köchen, die von ihren Wohnungen aus kleine Catering-Unternehmen betreiben. In den Töpfen finden sich alle Arten von Gerichten – je nach Geschmack, Religion oder persönlicher Diät-Regel. Hebt man die Deckel, steigt einem der Duft von *Samosas* in die Nase, die mit Fleisch oder Gemüse gefüllt sind. Man entdeckt würzige Fischgerichte – etwa *Bombay-Duck*, beileibe keine Ente, sondern ein Flossentier. Zuweilen kann man auch auf die Herkunft oder Religion der Empfänger schließen, etwa wenn ganz besonders gewürzte Lammkoteletts im Geschirr liegen. Es wird einem einst aus Pakistan eingewanderten Sindh geliefert werden, während das *Dhansak*, der herzhafte Linsen-Lamm-Topf, wohl im Magen eines Parsen landen wird, eines Anhängers der Lehre Zarathustras.
In Mumbai lebt die größte Parsengemeinschaft Indiens. Sie fällt nicht nur wegen ihres ungewöhnlichen Glaubens und dessen ausgefallenen Regeln sowie ihres verhältnismäßig großen Reichtums auf, sondern auch wegen ihrer schmackhaften Küche.
Wie an der Churchgate-Station werden auch an anderen neuralgischen Punkten die Gefäße gesammelt, sortiert und von den flinken Boten direkt zu den hungrigen Büroangestellten, Managern, Geschäftsinhabern, Sekretärinnen

Der elefantenköpfige Gott Ganesh ist ein Glücksbringer, der auch im modernen Mumbai seinen Platz hat.

Die Skyline von Mumbai kann sich mit der von New York messen. Und der Verkehr ist ebenso stockend.

Täglich kommen Zehntausende mit der Bahn ins Zentrum. Unter ihnen auch die *Dabbah Wallahs*, die das Essen austragen.

DER WESTEN REPORTAGE

oder Beamten zwischen Gateway of India und Malabar Hill, zwischen Crawford Market und Nariman Point gebracht. Die *Dabbah Wallahs* sind eine eigene Zunft, inzwischen organisiert und an ihren weißen Hemden und Hüten zu erkennen. Ihren Dienst verrichten sie mit einem Ausdruck ernster Entschlossenheit, denn sie sind stolz auf ihre Aufgabe und stolz darauf, dass jedes Gefäß zum richtigen Empfänger gelangt. Dabei sind die meisten *Dabbah Wallahs* Analphabeten. Sie orientieren sich einzig an den Symbolen und Zahlen, die auf die Deckel gemalt sind – ein Code, der nur ihnen verständlich ist.

Zusammen mit der Stadt wächst ihre Klientel. Monat für Monat haben sie neue Kunden zu beliefern, obwohl es nicht an Restaurants mangelt und die Straßen rund um die Geschäftshäuser von Garküchen, Getränkeständen und Süßwarenhändlern überquellen. Aber Viele verpflegen sich am liebsten aus einer privaten Küche. Das hat unterschiedliche Gründe. Der einfachste lautet: Es schmeckt besser. Aber auch hygienische Bedenken gegenüber der Straßenverpflegung sprechen für die Hausmannskost. Und schließlich gilt es, Essensregeln einzuhalten – religiöse und persönliche. Sind die einen strenge Vegetarier, legen die andern Wert auf fettarme Mahlzeiten, und die dritten haben gerade ihren Fastentag und essen nur Ungewürztes. Zudem finden in Mumbai die unterschiedlichsten Extravaganzen und Launen zusammen. Hier begegnen sich südliche und nördliche Einflüsse. Auf einen Nenner gebracht: Nicht Brot oder Reis lautet die Devise, sondern Brot und Reis – everything goes.

Stolz posieren der Besitzer eines Kiosks und seine Gäste für den Fotografen. Jeder Kiosk hat seine Stammkundschaft. Die meisten Verkäufer haben die Stände nur gemietet und müssen einen Teil des Ertrags den Besitzern abgeben.

Eine normale Wohnungsküche dient als Catering-Zentrale. Hier werden Unmengen an Essensportionen zubereitet und auf die Straßen getragen.

Haresh und Anju Idnani haben aus ihrem Koch-Hobby einen einträglichen Beruf gemacht.

Tausende fast gleich aussehender Gefäße werden täglich von den *Dabbah Wallahs* aus den Vorstädten ins Zentrum von Mumbai gebracht. Auf den Plätzen vor den Bahnhöfen werden sie gesammelt und sortiert, um anschließend an die Empfänger in die Büros ausgetragen zu werden.

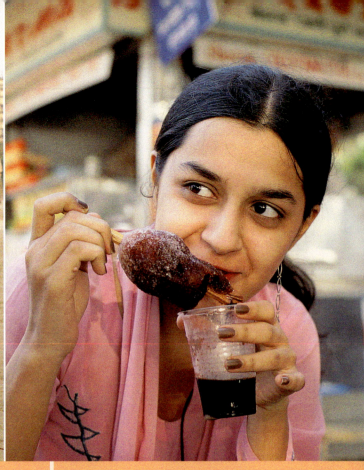

Chowpatty Beach ist ein langes Band aus feinem Sand, das sich entlang der westlichen Küste Mumbais erstreckt. Wenn über dem Meer langsam die Sonne verschwindet, füllt sich der Strand.

Eis am Stiel auf indische Art: Zerstoßenes, um einen Holzspieß geformtes Eis wird in Sirup getaucht und dann genüsslich ausgesaugt.

Die Kala-Khatta-Gola-Buden am Strand wetteifern untereinander mit grellen Auslagen und Plakaten. Kala Khatta ist ein süßsäuerliches Getränk, das geschmacklich an Coca Cola erinnert – allerdings mit einer Prise Salz.

DER WESTEN REPORTAGE

Florierendes Catering-Business

Doch Mumbai ist nicht nur geschäftstüchtig und multikulturell. Der Glamour Bollywoods strahlt auf die ganze Stadt aus und schlägt sich in steigender Restaurant-Dichte nieder. Hohepriesterin der Gastro-Szene ist die Gesellschaftsjournalistin Rashmi Uday Singh. Sie kennt die besten Adressen. Darüber hinaus stellt sie jede zweite Woche in ihrer Kolumne auf den Mumbai-Seiten der »Times of India« einen neuen Hauskoch, eine neue private Küche vor, die Catering-Dienste anbietet. Seit 17 Jahren verfolgt sie dieses Konzept und hat noch längst nicht alle porträtiert. Zu ihren Lieblingen zählen Haresh und Anju Idnani. Eigentlich ist Haresh Modedesigner. Doch betritt man die Wohnung des Ehepaars im gehobenen Viertel Shyam Niwas, stößt man nicht auf Stoffballen oder Zeichenbrett, sondern auf riesige Kühlschränke, auf Säcke mit Reis und anderen Rohstoffen, auf Dosen mit Gewürzmischungen, auf Halbfertigprodukte und auf Verpackungsmaterial. In der Küche der Vier-Zimmer-Wohnung werkeln zwei Köche und eine Küchenhilfe, während Haresh in weißen Socken, Shorts und Hawaiihemd Anweisungen gibt, kostet und nachwürzt.

Mit einem tiefen Seufzer lässt Haresh sich in einen braunen Sessel fallen. Seit sechs Uhr sei er auf den Beinen, um die 40 Portionen für den Mittagsservice vorzubereiten. Dazu kommen noch 127 Portionen *Samosas* für eine Verlobungsfeier am Abend.

Seine Frau Anju ist eine modern gekleidete Mittvierzigerin, der man ansieht, dass sie nicht nur gerne kocht, sondern auch gerne isst. Angefangen hat das Catering-Bussiness 1998, als der Sohn zur Schule ging und Anju plötzlich nichts mehr zu tun hatte. »Da ich nichts gelernt habe, blieb mir nichts anderes übrig als zu kochen«, erzählt die kleine, pausbäckige Frau. Die Probe aufs Exempel machte sie mit Snacks für einige Clubs in der Umgebung. Ihre *Bhel Puri* – jene von Mumbais Bewohnern geliebte, süchtig machende Knabbermischung aus Knusprigem und Weichem, Scharfem und Süßem auf der Grundlage von gepufftem Reis, frittierten Kichererbsenteigfäden, Kartoffel-, Tomaten- und Zwiebelwürfelchen – versetzten ihre Kunden in Begeisterung und motivierten Anju zu weiteren Experimenten. Aus den Snacks wurden ganze Gerichte, und aus der Freizeitbeschäftigung ein neuer Beruf für beide.

Ein Mittagessen von Haresh und Anju besteht stets aus drei Gerichten: Beispielsweise aus *Dal*, gefüllten grünen Chilis mit Chutneys und Reis. Ein Dessert gehört ebenfalls dazu. Jeden Tag wird neu kombiniert. Das ganze kostet 65 Rupien pro Mahlzeit.

Mittagsgeschäfte

In den Catering-Unternehmen und Restaurants blüht das Straßengeschäft mit den Häppchen rund um die Geschäftshäuser. Die Budenverkäufer – vom *Kebab*-Stand bis zur Teeküche – haben zur Mittagszeit alle Hände voll zu tun. In siedendem Öl brutzeln *Samosas* und *Pakoras*, Berge von Zwiebeln werden geschält und klein gehackt, Zuckerrohrstangen ausgepresst und Geschirr am Straßenrand gespült. Gegessen wird zumeist im Stehen, geschubst und gestoßen von anderen Passanten, neuen Kunden. Die Abgase tausender Taxis mischen sich mit den Essensgerüchen und dem Duft von Räucherstäbchen, die über Früchtepyramiden abgebrannt werden. Und zumindest ein *Paan* zur Verdauung, eine in ein Betelblatt eingeschlagene Mischung aus Betelnuss, Gewürzen und Zitronensaft, zusammen mit einem Schwatz gönnen sich auch diejenigen, deren Essen von einem *Dabbah Wallah* ins Büro gebracht worden ist.

Vergnügungen am Strand

Unmerklich gleitet so die Mittagszeit in den Feierabend über, und bevor die Sonne hinter dem Malabar Hill versinkt, leeren sich die Straßen im Zentrum, füllt sich der Chowpatty Beach mit seinem feinen Sand und den vielen Snack-Buden. Geschäftsleute lockern ihre Krawatten, Mütter lassen ihre Kinder durch den Sand toben, und schon wieder gruppieren sich Menschentrauben vor Buden, die *Tiffins* anbieten – Snacks wie zum Beispiel geröstete Maiskolben oder Kichererbsen, gewürzte Erdnüsse oder *Pani Puris*. Die kleinen hohlen Kugeln aus frittiertem Teig, die mit zerdrückten Kartoffeln oder Kichererbsen, Joghurt und scharfem Tamarinden-Chutney oder Kreuzkümmelwasser gefüllt werden, verschwinden mit einem Bissen im Mund. Ein junge Muslimin, das Gesicht vom schwarzen Kopftuch eingerahmt, hält ein *Kala Kattha*, ein wässriges Eis in der Hand. Sie lacht, und die Lippen leuchten rot, gefärbt vom künstlichen Aroma der Süßigkeit.

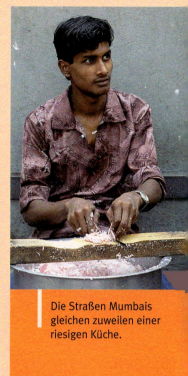

Die Straßen Mumbais gleichen zuweilen einer riesigen Küche.

Samosas, *die gefüllten dreieckigen Teigtaschen, werden in Mumbai und allen anderen Städten Nordindiens auf den Straßen angeboten. Vegetarisch oder mit Fleisch gefüllt, liebt man sie als Snack oder Knabberei bei Hochzeiten und anderen Festen. In Bengalen heißen sie übrigens Shingaras.*

Gemüsepastetchen

Samosa – nordindischer Straßensnack

Zubereitungszeit: 1 Std. 40 Min.
Ruhezeit: 15 Min.
Pro Stück ca.: 235 kcal

Zutaten für 12 Stück:
750 g fest kochende Kartoffeln
250 g Erbsen (frisch oder TK)
Salz, 1 Stück frischer Ingwer (3 cm)
7 EL Ghee, 1 3/4 TL Kreuzkümmelsamen
1/4 TL Chilipulver, 1 TL Paprikapulver, edelsüß
1/2 TL Garam Masala
4 EL gehacktes Koriandergrün
300 g Weizenmehl
Mehl zum Arbeiten
Öl zum Frittieren

Für die Füllung die Kartoffeln waschen und in einem Topf mit ausreichend Wasser in 20–25 Min. weich kochen. Wasser abgießen, Kartoffeln ausdampfen lassen, schälen, in ca. 1 cm große Würfel schneiden und leicht zerdrücken. Frische Erbsen 3 Min. zugedeckt in Salzwasser kochen lassen, in ein Sieb abgießen, kurz mit kaltem Wasser abschrecken und abtropfen lassen. Tiefgekühlte Erbsen auftauen lassen.

Den Ingwer schälen und fein reiben. 3 EL Ghee in einer Pfanne oder im Wok erhitzen, darin die Kreuzkümmelsamen unter Rühren ca. 1 Min. rösten, bis sie zu knistern beginnen. Ingwer dazugeben und unter ständigem Rühren 1 Min. braten. Dann Kartoffeln, Erbsen, Chili- und Paprikapulver in die Pfanne geben, salzen und bei schwacher Hitze 5 Min. braten, dabei ständig rühren. Die Pfanne vom Herd nehmen. Garam Masala und Koriandergrün sorgfältig unter die Kartoffeln mischen, abkühlen lassen.

Inzwischen das Mehl mit Salz mischen. 4 EL Ghee schmelzen, mit 150 ml Wasser zugeben und mit beiden Händen erst zu Krümeln, dann zu einem festen trockenen Teig kneten, zu einer Kugel formen und mit einem feuchten Geschirrtuch abgedeckt 15 Min. ruhen lassen.

Die Kartoffelmasse in 12 Portionen teilen. Den Teig zu 6 kleinen Kugeln formen, diese wieder abdecken. Die Kugeln nacheinander auf einer bemehlten Arbeitsfläche zu Kreisen von 18 cm Ø ausrollen, dann mit einem scharfen Messer halbieren. Den Halbkreis zu einer Tüte klappen: die geraden Schnittkanten aufeinander legen und mit angefeuchteten Fingern zusammendrücken. 1 Portion Füllung hineingeben und den oberen Rand der Teigtüte mit feuchten Fingern zusammendrücken. Auf diese Weise 12 Samosas formen und auf der Arbeitsfläche auslegen.

Das Öl zum Frittieren in einem Topf oder in der Fritteuse erhitzen. Die Samosas portionsweise ins heiße Fett geben und in 2–3 Min. goldgelb frittieren, dann mit einem Löffel wenden und die andere Seite ebenso frittieren. Fertige Samosas herausheben und auf Küchenpapier abtropfen lassen, warm servieren. Am besten schmecken sie, wenn man sie in Minz-Chutney (s. Seite 30) oder süßes Mango-Chutney (s. Seite 126) stippt.

Variante: Hackfleischfüllung – Keema
Die vegetarischen Samosas werden in ganz Indien angeboten. Diese Hindu-Spezialität schmeckte wohl schon den muslimischen Herrschern, deren Köche eine orientalisch gewürzte Fleischfüllung in die Täschchen packten. Und was früher einst den Sultanen mundete, findet man heute noch an einigen Ecken Mumbais oder Delhis.
Ca. 15 Safranfäden in 2 EL heißes Wasser rühren. 2 Zwiebeln, 3 Knoblauchzehen und 5 cm frischen Ingwer schälen und fein hacken. Je 80 g Mandeln, Walnuss- und Pistazienkerne grob hacken. In einer großen Pfanne oder im Wok 4 EL Ghee erhitzen, darin die Zwiebeln in 2–3 Min. goldbraun braten, Knoblauch und Ingwer zugeben und 1 Min. unter ständigem Rühren weiterbraten. Dann 750 g Lammhackfleisch mit je 1/4 TL gemahlenen Gewürznelken, geriebener Muskatnuss und Zimtpulver in die Pfanne geben, pfeffern und unter ständigem Rühren krümelig braun braten, salzen. Safranwasser mit 4 EL Honig verrühren, zugeben und bei schwacher Hitze braten, bis alle Flüssigkeit verdampft ist. Am Ende die Nüsse unterrühren und die Füllung abkühlen lassen.

DER WESTEN REZEPTE

Burger auf indische Art.

Pao Bhaji, die getoasteten Brötchenhälften mit scharfem Gemüsebrei, sind an Mumbais berühmter Chowpatty Beach als Snack beim Picknick oder Familienausflug sehr begehrt. Ebenso beliebt: Sev – kleine Knabbersticks aus Kichererbsenmehl – pur oder zum berühmten Bhel Poori gemixt.

Brötchen mit Gemüsepüree

Pao Bhaji – Spezialität aus Mumbai

Zubereitungszeit: 50 Min.
Pro Portion ca.: 475 kcal

Zutaten für 4 Personen:
4 große fest kochende Kartoffeln
3 Tomaten
1 grüne Paprikaschote
2–3 grüne Chilischoten
2 Zwiebeln, 2 Knoblauchzehen
1 Stück frischer Ingwer (5 cm)
1 Limette
5 EL Ghee
1/2 TL Paprikapulver, edelsüß
2 TL Garam Masala
5 EL Butter, Salz
2 EL Zitronensaft
4 EL gehacktes Koriandergrün
4 Brötchen (Hot-Dog- oder Hamburger-Brötchen)

Die Kartoffeln waschen und in einem Topf mit ausreichend Wasser zugedeckt in 20–25 Min. weich kochen. Abgießen, ausdampfen lassen, schälen und in grobe Stücke schneiden.

Inzwischen die Tomaten und Paprika waschen und putzen. Tomaten fein würfeln, dabei die Stielansätze entfernen, die Paprika in 1 cm kleine Würfel schneiden. Chilischoten in feine Ringe schneiden. Zwiebeln, Knoblauch und Ingwer schälen, Zwiebeln und Knoblauch separat klein würfeln, Ingwer fein reiben. Die Limette waschen und vierteln.

Das Ghee in einer Pfanne erhitzen, darin die Hälfte der Zwiebeln in 2–3 Min. hell braun braten. Chilis, Paprika und Tomaten in die Pfanne geben und bei starker Hitze 5–7 Min. unter ständigem Rühren braten. Kartoffeln, Ingwer, Knoblauch und Paprikapulver zugeben. Bei schwacher Hitze 5 Min. braten, dabei ständig rühren, dann die Kartoffeln und das

DER WESTEN REZEPTE

Ein Stück Butter bringt schmelzenden Pfiff in den Gemüsebrei.

Gemüse mit einem Kartoffelstampfer musig zerdrücken. 8 EL Wasser, Garam Masala und 3 EL Butter dazugeben, salzen. Die Butter gut unter die Masse rühren. Zitronensaft und Koriandergrün ebenfalls unterrühren, dann den Gemüsebrei in einer Schale warm halten.

Die Brötchen längs halbieren und die Schnittflächen mit der restlichen Butter bestreichen. Mit der Schnittfläche nach unten in die Pfanne legen und bei mittlerer Hitze in 2–3 Min. goldgelb rösten. Das Gemüse in 4 Portionen teilen und mit je 1 Brötchen, den übrigen gehackten Zwiebeln und Limettenvierteln servieren.

Knusperfäden

Sev – beliebter Snack

200 g Kichererbsenmehl
1 TL Ajowan
1 TL Chilipulver
Salz
Öl zum Frittieren

Das Mehl in einer Schüssel mit Ajowan, Chilipulver und Salz mischen. Mit 2 EL Öl und so viel Wasser mischen, dass ein geschmeidiger, weicher Teig entsteht.

Das Öl in einem Topf oder der Fritteuse erhitzen. Den Teig durch eine Siebkelle oder eine Spätzlepresse ins heiße Öl pressen, so dass 3–4 cm lange Fäden entstehen. Die Teigfäden in 1–3 Min. goldbraun ausbacken, herausnehmen und auf Küchenpapier abtropfen lassen. Abgekühlt als Aperitif-Knabberei reichen.

TIPP

Salzige Knabbereien wie *Sev* werden in Indien rund um die Uhr geknuspert. Fertige Mischungen (z. B. von dem Hersteller Haldiram) mit gerösteten Nüssen, Kichererbsen, frittierten Kartoffel- oder Teigchips, Rosinen und Gewürzen gibt es in indischen Lebensmittelgeschäften.

Frisch vom Straßenhändler gemixt, sind *Bhel Poori* am Mumbai Beach der Snack Nummer 1.

Bhel Poori

Snack aus Mumbai

4 abgekühlte Pooris (s. Seite 40)
1 große, gegarte Kartoffel
1 kleine Zwiebel
1 kleine Tomate
6 EL Knusperfäden (s. links)
6 EL gepuffter Reis (Asienladen)
150 g abgetropfte Kichererbsen (Dose)
2 EL gehacktes Koriandergrün
1 TL Chaat Masala (s. Seite 227)
Salz
150 g Joghurt
5 EL Tamarinden-Chutney (s. Seite 19)
oder Minz-Chutney (s. Seite 30)

Die Poories zerbröckeln, Kartoffel und Zwiebel schälen und würfeln. Die Tomate würfeln. Alles mit Knusperfäden, gepufftem Reis, Kichererbsen, Koriandergrün, Chaat Masala und Salz mischen. Auf einem Teller anrichten, mit Joghurt und Tamarinden- oder Minz-Chutney beträufeln und sofort servieren.

Erdnüsse werden im Südosten Gujarats (v. a. im Surat-Gebiet) und in Maharashtra in großen Mengen angebaut; die ungerösteten Nüsse werden vor ihrer Verarbeitung meist in etwas Öl gebraten.

Linsen und Bohnen *sind in den Augen der Bewohner der kargen Wüstenregionen Gujarats und Rajasthans Gemüse – getrocknet halten sie sich in Dürrephasen, ersetzen frisches Grün und sind als Eiweißlieferanten ideales, gut lagerbares Grundnahrungsmittel. Mais findet man in der indischen Küche selten, und die Rajasthanis behaupten von sich, nur sie verstünden ihn zuzubereiten.*

DER WESTEN REZEPTE

Erdnuss-Dal
nach Surat-Art

Surati Dal – aus Gujarat

Zubereitungszeit: 35 Min.
Pro Portion ca.: 220 kcal

Zutaten für 4 Personen:
3 Tomaten
125 g rote Linsen (Masoor Dal)
2 EL geröstete, gesalzene Erdnüsse
1–2 grüne Chilischoten
2 TL Jaggery
1/2 TL Kurkuma
1/4 TL Chilipulver
Salz
2 EL Ghee
1 TL braune Senfkörner
8 frische Curryblätter
1 Prise Asafoetida
1–2 EL Zitronensaft
2 EL gehacktes Koriandergrün

Die Tomaten kreuzweise einritzen, mit heißem Wasser
überbrühen und häuten. Die Linsen in ein Sieb geben und
kurz mit kaltem Wasser abbrausen (Steinchen oder Hül-
sen aussortieren). Linsen in einem Topf mit 400 ml Wasser und den Tomaten zum Kochen bringen, dann bei
schwacher Hitze 20–25 Min. kochen, dabei immer wieder
umrühren.

Inzwischen die Erdnüsse hacken. Chilischoten waschen
und ebenfalls hacken. Beides mit Jaggery, Kurkuma- und
Chilipulver zu den Linsen geben. Vorsichtig salzen und
weitere 5 Min. kochen.

Das Ghee in einer kleinen Pfanne erhitzen, Senfkörner
und Curryblätter hineingeben. Wenn die Senfkörner zu
springen anfangen, Asafoetida zugeben, einmal kurz
durchrühren, dann sofort unter die Linsen mischen. Den
Zitronensaft unterrühren. Das Koriandergrün zum Servieren über die Linsen streuen.

Scharfes Maisgemüse

Makki Ki Sabzi – aus Rajasthan

Zubereitungszeit: 35 Min.
Pro Portion ca.: 595 kcal

Zutaten für 4 Personen:
500 g Maiskörner (TK)
1 Zwiebel
4 EL Öl
1/2 TL Kreuzkümmelsamen
3 EL Ingwer-Knoblauch-Paste (s. Seite 227)
1/2 TL Kurkuma
1 TL gemahlener Koriander
1/4 TL Chilipulver
Salz
100 g Sahne
2 EL gehacktes Koriandergrün

Die Maiskörner antauen lassen. Die Zwiebel schälen und
fein würfeln. Das Öl in einem Topf erhitzen, darin Kreuzkümmel und Zwiebel 2–3 Min. braten, bis die Zwiebel
gebräunt ist. Ingwer-Knoblauch-Paste zugeben und
1 Min. unter Rühren weiterbraten.

Kurkuma, Koriander- und Chilipulver mit 100 ml Wasser
mischen und in die Pfanne gießen. Offen bei starker Hitze
5 Min. kochen lassen, bis das Wasser fast vollständig verdampft ist. Den angetauten Mais zugeben und 3 Min.
kochen lassen, dabei regelmäßig umrühren. 350 ml Wasser dazugießen, salzen und zugedeckt bei schwacher Hitze
10–12 Min. köcheln lassen.

Die Sahne zum Mais gießen und offen nochmals bei mittlerer Hitze in 3–5 Min. leicht einkochen lassen. Mit Koriandergrün bestreut servieren. Dazu passen Buchweizen-
Chapatis (s. Seite 40).

Dal Bati Churma *ist das berühmteste und sicher ungewöhnlichste Gericht Rajasthans: Linsen (Dal), die mit in flüssiger Butter eingeweichten Brötchen (Bati) gegessen werden; die restlichen Brötchen gibt es anschließend zerbröckelt, mit Zucker und Nüssen gemischt als Dessert (Churma) serviert.*

Fünf-Linsen-Dal

Panchmela Dal – aus Rajasthan (im Bild unten)

Zubereitungszeit: 50 Min.
Einweichzeit: 1 Std.
Pro Portion ca.: 340 kcal

Zutaten für 4 Personen:
150 g Linsen (je 50 g Urad Dal, Toor Dal und
Masoor Dal)
50 g halbierte Kichererbsen (Channa Dal)
50 g geschälte halbierte Mungobohnen (Moong Dal)
2 grüne Chilischoten
1/2 TL Kurkuma
2 Zwiebeln, 3 Tomaten, 4 EL Ghee, 2 Gewürznelken
1/2 TL Kreuzkümmelsamen, 1 Prise Asafoetida
2 TL Ingwer-Knoblauch-Paste (s. Seite 227)
2 TL gemahlener Koriander
1/2–1 TL Chilipulver, 1/4 TL Garam Masala, Salz
3 EL gehacktes Koriandergrün

Die Hülsenfrüchte verlesen, kalt abspülen, dann mit Wasser bedeckt 1 Std. in einer Schüssel einweichen.

Die Chilischoten waschen und hacken, mit Kurkuma, Hülsenfrüchten und 800 ml Wasser in einen Topf geben und zugedeckt bei mittlerer Hitze 40–50 Min. kochen lassen, bis die Hülsenfrüchte weich sind.

Inzwischen die Zwiebeln schälen und hacken. Tomaten waschen und fein würfeln, dabei die Stielansätze entfernen. Das Ghee in einer Pfanne erhitzen, Nelken, Kreuzkümmel und Asafoetida zugeben, 30 Sek. in der Pfanne rühren, dann Zwiebeln zugeben.

Sobald die Zwiebeln leicht gebräunt sind, die Ingwer-Knoblauch-Paste, Tomaten, das Koriander- und das Chilipulver sowie Garam Masala zugeben. Salzen und bei starker Hitze 5 Min. rühren, bis die Masse trockener wird und sich von den Pfannenrändern zurückzieht. Die Tomatenmasse unter die Hülsenfrüchte rühren, nochmals mit Salz abschmecken und mit Koriandergrün bestreuen.

Wüstenbrötchen

Bati (im Bild links)

Zubereitungszeit: 30 Min.
Backzeit: 20 Min.
Pro Stück ca.: 235 kcal

Zutaten für 8 Stück:
200 g Ghee
300 g Chapati-Mehl (Atta)
1/2 TL Backpulver
1/2 TL gemahlene Fenchelsamen, Salz

Das Ghee in einem Topf schmelzen und leicht abkühlen lassen. Das Mehl mit Backpulver, Fenchel und etwas Salz mischen. 150 g Ghee mit dem Mehl mischen und mit beiden Händen zu Krümeln verarbeiten. Dann nach und nach gerade so viel Wasser zugeben, dass ein fester Teig entsteht.

Den Backofen auf 200° vorheizen. Teig 10 Min. zugedeckt beiseite stellen, dann in 8 Portionen teilen und jede Portion zu einem kleinen Ball formen. Etwas Ghee auf ein Backblech streichen, die Brötchen darauf legen und im Ofen (Mitte, Umluft 180°) in 15–20 Min. goldbraun backen. Etwas abkühlen lassen, dann noch warm in das restliche flüssige Ghee setzen, mit etwas Ghee überträufeln. 4 der Brötchen warm zum Dal servieren (die restlichen 4 Brötchen werden für das Dessert, die Variante unten, gebraucht).

Brötchen-Crumble – Churma (im Bild oben)
Die übrigen 4 abgekühlten Brötchen fein zerbröckeln und in eine Schüssel geben. 2 EL Pistazien grob hacken. 2 EL Ghee erhitzen, darin 2 EL Mandelblättchen hellbraun braten, 5 EL Zucker, 2 Prisen Kardamom, 2 EL Rosinen und die Pistazien dazugeben, gut verrühren und zu den Brötchen geben. Alles gut vermischen und servieren.

DER WESTEN REZEPTE

Kicherbsenklößchen in scharfer Sauce

Besan Ke Gatte – aus Rajasthan

Zubereitungszeit: 1 Std.
Garzeiten: 35 Min.
Pro Portion ca.: 490 kcal

Zutaten für 4 Personen:
350 g Kichererbsenmehl
1 Prise Soda (Apotheke), Salz
1 Stück frischer Ingwer (6 cm)
4 EL getrocknete Bockshornkleeblätter
300 g Joghurt
3 EL Öl
3 TL Kreuzkümmelsamen
1 TL Chilipulver
1–2 grüne Chilischoten
4 EL Ghee
3 Gewürznelken
2 Stück Zimtrinde
2 Lorbeerblätter
1 große Prise Asafoetida
3 TL gemahlener Koriander
1/2 TL Kurkuma
1/2 TL Garam Masala
2 EL gehacktes Koriandergrün

Das Kichererbsenmehl mit Soda und 1/2 TL Salz mischen. Ingwer schälen, die Hälfte fein reiben, den Rest beiseite legen. Die Bockshornkleeblätter fein zerreiben.

70 g Joghurt in einer Schüssel mit 3 EL Öl, 1 1/2 TL Kreuzkümmel, 1/2 TL Chilipulver, geriebenem Ingwer, Bockshornkleeblättern und 150 ml warmem Wasser verquirlen. Das Mehl zugeben und zu einem festen Teig kneten, falls nötig, noch etwas warmes Wasser zugeben. Den Teig in 8 Portionen teilen und zu Strängen von 1 1/2 cm Ø rollen.

Wasser in einem großen Topf zum Kochen bringen und salzen. Inzwischen die Teigstränge in 2 cm lange Stücke schneiden. Die Teigstücke in das sanft kochende Wasser geben und offen 20 Min. köcheln lassen. Mit einem Schaumlöffel aus dem Wasser heben, abtropfen lassen und zugedeckt beiseite stellen, das Kochwasser aufbewahren.

Die Chilischoten fein hacken. Das Ghee in einem Topf erhitzen. Darin den übrigen Kreuzkümmel, Nelken, Zimt und Lorbeerblätter bei mittlerer Hitze rösten, bis sie zu knistern beginnen. Asafoetida zugeben und einmal kräftig durchrühren. Die Hitze reduzieren, restlichen Joghurt zugeben, mit Koriander, Kurkuma, übrigem Chilipulver und Salz würzen, die grünen Chilis und 400 ml Kochwasser unterrühren. Zugedeckt bei schwacher Hitze 5 Min. köcheln lassen.

Die Kichererbsenklößchen in die Sauce einlegen und 10 Min. köcheln lassen. Den übrigen Ingwer in feine Streifen schneiden. Garam Masala vorsichtig unterrühren, mit Koriandergrün und Ingwerstreifen bestreuen und servieren.

Variante: Frittierte Teigtropfen – Pakora

Die Kichererbsenklößchen schmecken auch gut in dem Süßen Joghurt-Curry (s. Seite 89); so werden sie in Rajasthan und Gujarat unter dem Namen *Besan Ke Gatte Dahiwala* serviert. Überhaupt ist die Kombination aus Kichererbsenteig in Joghurtsauce äußerst beliebt – schmeckt ja auch toll.

Für *Dahi Pakora* – Frittierte Kichererbsentropfen in Joghurtsauce – aus Gujarat 350 g Kichererbsenmehl mit 1 TL Backpulver, je 1 TL Garam Masala und gemahlenem Kreuzkümmel, 1/2 TL Kurkuma, 2 EL zerriebenen getrockneten Bockshornkleeblättern, 1 TL Salz und etwas frisch gemahlenem schwarzem Pfeffer mischen. Das Ganze mit 350 ml heißem Wasser gut verrühren. Den Teig 10–15 Min. stehen lassen. Öl in einem Topf oder der Fritteuse erhitzen. Mit einem Teelöffel oder den Fingern einzelne Teigtropfen ins Öl gleiten lassen und darin in 4–5 Min. goldbraun ausbacken. So portionsweise den ganzen Teig verarbeiten. Die Teigtropfen anschließend in das Joghurt-Curry (s. Seite 89) einlegen.

Die Tropfen können natürlich auch so als kleine Snackknabberei, eventuell mit einem Chutney zum Dippen, gegessen werden.

DER WESTEN REZEPTE

Gujarati-Thali in höchster Vollendung. Zu einem Gericht gehört frittiertes Gemüse und jede Menge scharfe Gewürze. Gegessen wird, wie in ganz Indien, mit der rechten Hand. Die Linke bleibt am besten unter dem Tisch.

Die Tempel von Palitana werden von Jains aus dem ganzen Land besucht. In den Tempeln werden die Wegbereiter des Jain-Glaubens verehrt, allen voran Adinath. Ihm begegnet man im halbdunklen Inneren der marmornen Gebäude: eine elfenbeinweiße Figur mit funkelnden Diamant-Augen.

Gujarat
Land der weißen Pilger

Jains verzichten nicht nur strikt auf jeden Fleischkonsum, sie lehnen auch alles ab, was unter der Erde wächst. Und höchstes Verdienst erlangt ein Jain durch Fasten – im Extremfall bis zum Tod. In Palitana wird deshalb mit höchstem Bedacht gegessen, weil Nahrungsmittel auch etwas Heiliges sind.

Mumbai ist die Stadt der Genießer, in der Essen ein Freizeitvergnügen darstellt. Mumbai ist schön, extravagant und reich. Den Reichtum verdankt es nicht zuletzt einer Glaubensgemeinschaft, zu deren Grundsätzen diszipliniertes Arbeiten und striktes Einhalten von Essensgeboten gehören: den Jains. Sieben Millionen Jains leben in Indien, ein Teil davon in Mumbai, die meisten nördlich im Gliedstaat Gujarat. Hier wurde Gandhi geboren, und zu seinen Ehren ist Alkohol im ganzen Staat strikt verboten. Doch allzu asketisch leben auch die Gujarati nicht. Das Land versorgt die Bewohner mit Gemüse aller Art und mit Weizen. Und das Gujarati-*Thali* ist in ganz Indien berühmt. *Thali* ist eigentlich die Bezeichnung für ein Metall-Tablett. Der Name ist, auch auf jenes Essen übergegangen, das in kleinen metallenen Töpfchen oder inzwischen aber direkt auf diesem Tablett serviert wird.

Heiligtum zwischen Himmel und Erde

Die Felder Gujarats erstrecken sich über weite Ebenen. Im Süden erhebt sich wie eine Barriere gegen das Meer eine mächtige Gebirgskette. Dorthin wandern Jain-Pilger in ihrer typischen weißen Kleidung oft mehrere Tage lang. Viele sind barfuss, manche so gebrechlich, dass man ihnen keine hundert Meter mehr zutraut. Aber ihr Ziel zieht sie unwiderstehlich an. Dieses Ziel befindet sich auf dem Gipfel des mächtigen Bergs Shetrunji, hoch über dem Ort Palitana. Dort wurden im Laufe der Jahrhunderte 863 Tempel errichtet. Diese Tempelstadt zwischen Himmel und Erde bildet eines der bedeutendsten Jain-Heiligtümer in ganz Indien.

Im rosa Licht des frühen Tages erklimmen die Pilger die 3309 Stufen zu den heiligen Stätten. Durch ein Tor betreten sie die Anlage wie zu einer anderen Welt. Man geht über Steinplatten, die von tausenden Fußsohlen poliert worden sind, vorbei an Tempeln und Tempelchen, die von fein ziselierten Steinmetzarbeiten überzogen sind. Im Zentrum erhebt sich der Adinath-Tempel, in dessen halbdunklem Inneren die marmorne Statue des ersten der 24 Thirtankaras, der 24 Wegbereiter oder Propheten des Jain-Glau-

GUJARAT REPORTAGE

Erfrischungen finden die Jain-Pilger in den *Dharamshalas* und auf den Straßen, wo frischer Joghurt angeboten wird.

bens, thront. Aus funkelnden Edelsteinaugen sieht er auf die Gläubigen herab, die sich vor ihm verbeugen und ihre Gebete murmeln.

Reis für Pilger und Arme

Vor dem Tempel, unter einem Sonnenschutz, stehen einfache, hellblaue Tischchen. Vor diesen lassen sich die Gläubigen nieder, und mit einer Hand voll Reis formen sie auf den Tischplatten die Symbole des Thirtankaras, an den sich ihr Anliegen richtet. Später wird der Reis eingesammelt, gereinigt und für die Armen gekocht.
Die Pilger schlafen und essen in 125 *Dharamshalas*. Die Gaststätten dieser Pilgerherbergen wetteifern untereinander um die beste Jain-Küche. Shankar, Koch in einer dieser Gaststätten, ist stolz darauf, dass neben den regulären Gästen auch zahlreiche Mönche und Nonnen ihr Essen bei ihm holen. Und tatsächlich: Kaum haben er und seine Gehilfen die Gerichte in große Töpfe gegossen und diese auf eine Theke zwischen Küche und Speisesaal gewuchtet, betreten zwei heilige Männer den *Dharamshala*. Kahlköpfig der eine; sein Zunge stochert gierig in den Zahnlücken, während er den Inhalt der Töpfe begutachtet. Der andere, klein und mit wirrem, grauem Haar, wartet geduldig, bis die Köche seine rot, schwarz und weiß lackierten Essensgefäße füllen. Nach den Mönchen finden sich die eigentlichen Gäste ein. Ihren Körperformen nach zu schließen sind sie keine Asketen. Auf einfache Blechteller werden die Gerichte geschöpft. Aber in Indien kommt es nicht darauf an, woraus gegessen wird, sondern wie vollkommen die Gerichte und ihre Zusammenstellung sind – eine ausgewogene Mischung aller Aromen von scharf, sauer und bitter bis süß, Konsistenzen und Garmethoden, und rein vegetarisch: knusprig frittierte Kichererbsenkrapfen, gedämpfte Grießküchlein, süß abgeschmecktes Joghurt-Curry und chili-scharfes *Dal*, verschiedene Gemüsegerichte, etwas frisch aufgeschnittene Gurke gesellen sich zu dampfendem Reis. Und worauf bei einem richtigen Gujarati-*Thali* keiner verzichten will: eine kleine Süßigkeit in Form eines in Sirup getränkten Teigkringels.

Pappadums sind eher frittiert oder geröstet als Vorspeise oder Snack, der mit Dip serviert wird, bekannt. Als Curry gekocht, erinnern sie nicht nur optisch an Nudeln.

Asafoetida oder Teufelsdreck dient als Ersatz für Knoblauch und ist daher als Würze in der Küche der Jains hochwillkommen; ihr Glaube mit den strengsten vegetarischen Regeln ganz Indiens verbietet den Genuss von Knoblauch und Zwiebeln. Sie fürchten nämlich, der schlechte Atem nach Verzehr von Zwiebelgewächsen könnte die von ihnen verehrte Gottheit Adinath beleidigen.

Pappadum-Curry

Papad Ki Sabzi – aus Rajasthan

Zubereitungszeit: 25 Min.
Pro Portion ca.: 195 kcal

Zutaten für 4 Personen:
6 Pappadum-Fladen
2 kleine Zwiebeln
2 Knoblauchzehen
6 EL Joghurt
1/2 TL Kurkuma
3 TL gemahlener Koriander
1/2–1 TL Chilipulver, Salz
2 EL Öl
1/2 TL Kreuzkümmelsamen
2 EL gehacktes Koriandergrün

Die Fladen jeweils in 6 dreieckige Stücke brechen, dazu am besten zuerst mit einem spitzen Messer eine Bruchkante anritzen und den Fladen dann an dieser durchbrechen. Die Zwiebeln schälen, in feine Streifen schneiden.

Den Knoblauch schälen und in den Joghurt pressen. Kurkuma, Koriander und Chilipulver mit dem Joghurt mischen und mit Salz abschmecken.

Das Öl in einer Pfanne oder im Wok erhitzen. Den Kreuzkümmel mit den Zwiebeln unter Rühren braun anbraten. Die Joghurtmischung und 100 ml Wasser zugeben und unter Rühren bei mittlerer Hitze 5–10 Min. kochen lassen, bis das Öl anfängt sich an der Oberfläche abzusetzen.

Die Pappadumstücke in die Sauce geben, eventuell noch etwas Wasser zugeben und 10 Min. köcheln lassen, bis die Pappadums weich sind. Das Koriandergrün über das fertige Gericht streuen.

Süßes Joghurt-Curry

Kadhi – aus Gujarat

Zubereitungszeit: 25 Min.
Pro Portion ca.: 130 kcal

Zutaten für 4 Personen:
500 g Joghurt
2 grüne Chilischoten
3 EL Kichererbsenmehl
1 1/2 TL Jaggery
1 Prise Kurkuma
8–10 Curryblätter
2 TL Öl
1/4 TL Bockshornkleesamen
1/2 TL braune Senfkörner
1/2 TL Kreuzkümmelsamen
1 getrocknete Chilischote
1 Prise Asafoetida

Den Joghurt mit 700 ml Wasser 2–3 Min. rühren, bis er schön schaumig ist. Die grünen Chilischoten waschen und in feine Ringe schneiden. Die Hälfte davon mit Kichererbsenmehl, Jaggery und Kurkuma gut unter den Joghurt rühren.

Joghurt in einen Topf oder Wok geben und bei starker Hitze unter Rühren 10–15 Min. kochen lassen.

Inzwischen die Curryblätter waschen und abtrocknen. Das Öl in einer Pfanne erhitzen, Bockshornkleesamen, Senfkörner, Kreuzkümmel und die in Stücke gebrochene Chilischote mit den Curryblättern zugeben und unter Rühren 1 Min. braten. Asafoetida zugeben und nochmals 5 Sek. rühren.

Die Gewürzmischung in den Joghurt rühren und bei schwacher Hitze 3 Min. köcheln lassen. Zum Servieren mit den restlichen Chiliringen bestreuen. *Kadhi* am besten mit einem Gemüsegericht zu Reis servieren.

Auberginen-Püree

Baingan Bharta – aus Rajasthan (im Bild unten)

Zubereitungszeit: 25 Min.
Garzeit: 1 Std.
Pro Portion ca.: 195 kcal

Zutaten für 4 Personen:
2 große Auberginen (ca. 700 g)
500 g Tomaten, 2 Zwiebeln
2 Knoblauchzehen
1 Stück frischer Ingwer (2 cm)
1–2 grüne Chilischoten
1 1/2 TL gemahlener Koriander
1 TL gemahlener Kreuzkümmel
1/2 TL Kurkuma, 7 EL Öl
Salz, 1 TL Garam Masala, 2 EL Zitronensaft
3 EL gehacktes Koriandergrün

Den Ofen auf 180° vorheizen. Die Auberginen waschen, längs vierteln, die Viertel wieder zusammensetzen und locker in Alufolie einschlagen. Die Auberginenpäckchen auf dem Rost im Backofen (Mitte, Umluft 160°) 1 Std. backen. Herausnehmen und abkühlen lassen.

Inzwischen die Tomaten waschen und fein würfeln, dabei die Stielansätze entfernen. Zwiebeln, Knoblauch und Ingwer schälen und getrennt fein würfeln. Die Chilischoten in feine Ringe schneiden.

Die abgekühlten Auberginenviertel häuten, das Fleisch ganz fein hacken. Die Tomaten mit Koriander, Kreuzkümmel und Kurkuma mischen.

Das Öl in einer Pfanne oder Wok erhitzen, darin die Zwiebeln goldgelb anbraten, Chilis, Ingwer und Knoblauch zugeben, 30 Sek. braten, dann die Tomaten zugeben. Alles 5 Min. braten. Auberginenmus zugeben, salzen und alles offen bei mittlerer Hitze 5–8 Min. unter häufigem Rühren braten. Mit Garam Masala und Zitronensaft abschmecken und das Koriandergrün unterrühren. Mit Brot servieren oder abgekühlt als Relish zu saucenlosen Grill- oder Tandoori-Gerichten reichen.

Scharfes Zwiebelgemüse

Kande Ki Sabzi – aus Rajasthan (im Bild oben)

Zubereitungszeit: 25 Min.
Pro Portion ca.: 200 kcal

Zutaten für 4 Personen:
400 g Gemüsezwiebeln
300 g rote Zwiebeln
2 Knoblauchzehen
1 Stück frischer Ingwer (3 cm)
5 EL Joghurt
1 TL Chilipulver, 1/2 TL Kurkuma
2 TL gemahlener Koriander, 6 EL Öl
3/4 TL Kreuzkümmelsamen, Salz

Die Zwiebeln schälen und längs achteln. Den Knoblauch und den Ingwer schälen, hacken und im Mörser zu einer Paste verarbeiten. Den Joghurt gut mit dem Chilipulver, Kurkuma, Koriander und 100 ml Wasser verrühren.

Das Öl in einer Pfanne oder im Wok erhitzen. Darin den Kreuzkümmel unter Rühren ca. 30 Sek. anrösten. Die Knoblauch-Ingwer-Paste zugeben und 1 Min. weiterrühren. Dann die Joghurtmischung zugeben, Hitze eventuell leicht reduzieren und unter Rühren 5–7 Min. braten, bis die Flüssigkeit fast verdampft ist.

Die Zwiebeln zugeben, salzen, alles gut mischen und nochmals 100 ml Wasser unterrühren. Zugedeckt bei schwacher Hitze 10 Min köcheln, dann weitere 3–5 Min. offen kochen lassen. Die Zwiebeln sollten weich sein, aber nicht zu weich und dürfen auf keinen Fall zerfallen. Mit Roti (s. Seite 40) und eventuell einem Fleischgericht oder etwas Joghurt servieren.

Variante: »Geräuchertes« Auberginenpüree
Das Originalrezept sieht vor, dass das Auberginenpürree »geräuchert« wird; dazu wird ein kleines Ton- oder Keramikschälchen (notfalls tut es auch ein Löffel) in das fertige Gericht gesetzt, in das man ein Stück glühende Kohle legt; diese wird mit 1 TL flüssigem Ghee übergossen und der Topf sofort mit einem Deckel fest verschlossen. Nach 5 Min. kann der Topf geöffnet und das Gericht serviert werden. Es schmeckt wirklich unvergleichlich und lässt sich gut beim sommerlichen Grillen ausprobieren.

DER WESTEN REZEPTE

Etwas Zucker *gehört in viele Speisen Gujarats, und kein Thali wird ohne eine süße Kleinigkeit oder Knabberei serviert. Kein Wunder, denn Zuckerrohr gedeiht in Hülle und Fülle und daraus wird Rohzucker – Jaggery oder Gur genannt – gewonnen.*

Süßsaurer Kürbis

Sambhariya Kaddu – aus Gujarat
(im Bild unten)

Zubereitungszeit: 45 Min.
Pro Portion ca.: 160 kcal

Zutaten für 4 Personen:
600 g Kürbis (geputzt gewogen, z .B. Moschus-
oder Hokkaidokürbis)
1 Stück frischer Ingwer (2 cm)
2 EL Ghee
1 Lorbeerblatt
1/2 TL Kreuzkümmelsamen
1 getrocknete Chilischote
je 1/2 TL Kurkuma, gemahlener Koriander und
gemahlener Fenchel
Salz
2 EL Jaggery
1 TL Amchoor-Pulver (getrocknete Mango)
2 EL Tamarindenextrakt (s. Seite 226)
1/2 TL Garam Masala
3 EL gehacktes Koriandergrün

Den Kürbis putzen und in 3 cm große Würfel schneiden.
Den Ingwer schälen und fein hacken.

Das Ghee in einer Pfanne oder im Wok erhitzen, Lorbeerblatt und Kreuzkümmel zugeben und 1 Min. unter Rühren rösten. Den Kürbis mit dem Ingwer zugeben und
2 Min. unter Rühren anbraten. Chilischote grob zerbrechen und mit Kurkuma, Koriander, Fenchel und Salz
zugeben, 3–5 Min. unter Rühren weiterbraten.

Jaggery, Amchoor, Tamarindenextrakt und 1/8 l Wasser
unter den Kürbis rühren und zugedeckt bei schwacher
Hitze 15–20 Min. garen. Dabei ab und zu umrühren,
eventuell etwas Wasser nachgießen. Garam Masala vorsichtig unterrühren, eventuell mit etwas Jaggery und
Tamarindenextrakt abschmecken und 2 weitere Min.
ziehen lassen. Das Koriandergrün darüber streuen und
mit *Chapatis* (s. Seite 40) servieren.

Korianderwürziges Auberginengemüse

Surati Baingan Aloo Nu Shak (im Bild oben)

Zubereitungszeit: 35 Min.
Garzeit: 30 Min.
Pro Portion ca.: 130 kcal

Zutaten für 4 Personen:
1 große Aubergine
2 große Kartoffeln, 2 Tomaten
1 Knoblauchzehe
1 Stück frischer Ingwer (2 cm)
2 EL Öl, 1/2 TL braune Senfkörner
1 Prise Asafoetida
1/4 TL Chilipulver, 1/4 TL Kurkuma
3 TL gemahlener Koriander
1 EL Jaggery, Salz
3 EL Tamarindenextrakt (s. Seite 226)
2 EL gehacktes Koriandergrün

Die Aubergine längs halbieren und in 1 cm breite Stücke
schneiden. Die Kartoffeln schälen, quer halbieren und
längs achteln. Die Tomaten waschen und fein würfeln,
dabei die Stielansätze entfernen. Knoblauch und Ingwer
schälen und ganz fein würfeln.

Das Öl in einer Pfanne oder im Wok erhitzen, die Senfkörner dazugeben und 30 Sek. unter Rühren braten,
Asafoetida dazugeben. Wenn die Senfkörner zu knistern
beginnen, die Tomaten zugeben und 3–5 Min. kochen lassen, dann Knoblauch, Ingwer, Chilipulver, Kurkuma,
gemahlenen Koriander und Jaggery unterrühren.

Die Aubergine und die Kartoffeln mit 200 ml Wasser in
die Pfanne geben und salzen, alles gut durchrühren. Zugedeckt bei schwacher Hitze 20–25 Min. garen. Dann den
Deckel abnehmen, Tamarindenextrakt zugeben und
5–7 Min. bei mittlerer Hitze garen, dabei ab und zu
umrühren. Die Flüssigkeit sollte fast verdampft sein.
Koriandergrün unter das Gemüse mischen. Mit *Chapatis*
(s. Seite 40) und einem frischen Salat servieren.

Eiergerichte gelten als Leidenschaft fast aller Parsen, und auf Cholesterin wird dabei nicht geachtet. So kann man schon einmal ein Rührei aus 12 Eiern zum Frühstück serviert bekommen.

Keine Ente *ist der »Bombay Duck«, sondern ein Fisch, der an den Küsten Maharashtras gefangen wird; zum Wasservogel wurde der Fisch namens Bombil wohl durch ein Missverständnis seitens der britischen Kolonialherren. Beliebt ist ein Rührei mit geräuchertem oder gebratenem, klein zerteiltem Bombil, der am Ende unter die Eiermasse gemischt wird. Als gute Alternative zu Bombay Duck schmeckt geräucherte Makrele.*

DER WESTEN REZEPTE

Rührei auf Parsenart

Akoori – Parsenspezialität

Zubereitungszeit: 25 Min.
Pro Portion ca.: 180 kcal

Zutaten für 4 Personen:
6 Eier
Salz
2 kleine Zwiebeln
2 Knoblauchzehen
1 große Tomate
1–2 grüne Chilischoten
2 EL Ghee oder Öl
1/4 TL Kurkuma
1/4 TL gemahlener Kreuzkümmel
4 EL gehacktes Koriandergrün

Die Eier in einer Schüssel mit etwas Salz gut verquirlen. Die Zwiebeln und den Knoblauch schälen und getrennt fein hacken. Die Tomate waschen und vierteln, dabei Stielansatz und Kerne entfernen und das Fleisch fein würfeln. Die Chilischoten in feine Ringe schneiden.

Das Ghee oder Öl in einer Pfanne oder im Wok erhitzen, darin die Zwiebeln in 2–3 Min. goldbraun braten. Knoblauch zugeben und ganz kurz weiterbraten, dann die Chilis, Tomate und die Gewürze zugeben und bei starker Hitze 1 Min. unter Rühren braten.

Pfanne vom Herd nehmen, die Eier in die Pfanne gießen, Koriandergrün darüber streuen. Pfanne wieder auf den Herd stellen und die Eier bei schwacher Hitze unter Rühren stocken und leicht bräunen lassen. Am besten auf geröstetem, leicht gebuttertem Toast servieren.

Variante:
Wenn es frischen, jungen Knoblauch gibt, wird etwas mehr davon mit Grün genommen; versuchen Sie diese Variante mit 1 ganzen in feine Scheiben geschnittenen jungen Knoblauchknolle, 4 in feine Ringe geschnittenen Frühlingszwiebeln, 2–3 gehackten grünen Chilischoten und 1 cm fein gewürfeltem frischem Ingwer – alles 2 Min. anbraten, dann 8 verquirlte Eier zugeben und salzen.

Eier in Tomatensauce

Tamata Per Eda – Parsenspezialität

Zubereitungszeit: 20 Min.
Garzeit: 30 Min.
Pro Portion ca.: 210 kcal

Zutaten für 4 Personen:
1 kg reife Tomaten
4 kleine Zwiebeln
3 Knoblauchzehen
1 Stück frischer Ingwer (2 cm)
2–3 grüne Chilischoten
3 EL Ghee
1/2 TL Kurkuma
1/2 TL gemahlener Kreuzkümmel
1 TL Paprikapulver, edelsüß
3 EL gehacktes Koriandergrün
Salz, 1 TL Zucker
1 TL Weißweinessig
4 Eier

Die Tomaten waschen, fein würfeln, dabei die Stielansätze entfernen. Zwiebeln, Knoblauch und Ingwer schälen, die Zwiebeln in feine Streifen schneiden, Knoblauch und Ingwer fein reiben. Die Chilischoten fein hacken.

Das Ghee in einer Pfanne erhitzen, darin die Zwiebeln in 1–2 Min. hellbraun braten. Knoblauch, Ingwer, Chilis, Kurkuma, Kreuzkümmel und Paprika zugeben und alles 1–2 Min. unter Rühren braten. Die Tomaten und das Koriandergrün zugeben, salzen und bei schwacher Hitze offen 20–25 Min. köcheln lassen, dabei gelegentlich umrühren. Wenn die Tomatensauce sämig eingekocht ist, Zucker und Essig unterrühren.

Die Tomatensauce mit einem Löffel glatt streichen und 4 Mulden eindrücken. Die Eier aufschlagen und in diese Mulden gleiten lassen, salzen. Einen Deckel auf die Pfanne legen und die Eier in 5–7 Min. stocken lassen. Mit *Rotis* oder *Chapatis* (s. Seite 40) servieren.

Variante:
Als sommerliche Variante bei hohen Temperaturen schmeckt die Tomatensauce auch lauwarm oder kalt mit eingelegten hart gekochten Eierhälften.

95

DER WESTEN REZEPTE

Gedämpfter Korianderfisch im Bananenblatt

Patra Ni Machi – Parsenspezialität (im Bild)

Zubereitungszeit: 25 Min.
Garzeit: 20 Min.
Pro Portion ca.: 355 kcal

Zutaten für 4 Personen:
800 g Seezungenfilets (oder Kabeljau, Seelachs)
4 Knoblauchzehen
1 Stück frischer Ingwer (4 cm)
150 g frisches Kokosnussfleisch (s. Seite 225)
2–3 grüne Chilischoten
1 1/2 Bund Koriandergrün, 1/2 Bund Minze
1/2 TL Kurkuma, 1 TL gemahlener Kreuzkümmel
6–8 EL Zitronensaft
1/2 TL Zucker, 3 TL Öl, Salz
3–4 Bananenblätter (ersatzweise Alufolie)

Den Fisch waschen, trockentupfen und in 8 gleich große Stücke schneiden. Den Knoblauch und den Ingwer schälen und reiben. Kokosfleisch ebenfalls fein reiben. Die Chilischoten grob hacken. Das Koriandergrün und die Minze waschen, abtrocknen, von der Minze die Blättchen abzupfen und mit dem Koriandergrün (Blätter und Stängel) grob hacken.

Alle diese Zutaten bis auf den Fisch mit Kurkuma, Kreuzkümmel, Zitronensaft, Zucker und Öl in den Mixer geben und fein pürieren, mit Salz abschmecken. Die Masse gleichmäßig auf den Fischstücken verteilen und mit einem Löffel leicht andrücken.

Die Bananenblätter waschen und mit einem Geschirrtuch glänzend reiben. Die Blätter in 8 quadratische Stücke von 20 cm Länge schneiden. Die Blattstücke kurz in heißes Wasser tauchen, so werden sie biegsamer und lassen sich leichter verarbeiten. Die Fischstücke jeweils auf 1 Stück Bananenblatt legen und das Blatt darüber falten, die Seiten nach oben einschlagen und mit Küchengarn zu einem Päckchen binden.

Die Päckchen in einen Dämpfeinsatz legen, in einen großen Topf mit heißem Wasser setzen und die Fischpäckchen in 20 Min. gar dämpfen. Alternativ lassen sich die Päckchen auch auf einem geölten Blech im vorgeheizten Backofen bei 180° (Mitte, Umluft 160°) in 20–25 Min. garen. Mit Limettenachteln zu Reis servieren.

Stockfischfrikadellen

Sookha Machi Na Cutlets – aus Mumbai

Zubereitungszeit: 45 Min.
Einweichzeit: 12 Std.
Pro Portion ca.: 615 kcal

Zutaten für 4 Personen:
600 g Stockfisch
4 Scheiben Toastbrot
3 Zwiebeln
2 grüne Chilischoten
2 Knoblauchzehen
3 Eier
1/2 TL Kurkuma
1/2 TL Paprikapulver, edelsüß
1 1/2 TL Kreuzkümmelsamen
3 EL gehacktes Koriandergrün
1 EL getrocknete Bockshornkleeblätter
Salz, Pfeffer
Mehl und Semmelbrösel zum Arbeiten
Öl zum Braten

Den Fisch in kaltes Wasser legen und mindestens 12 Std. wässern, dabei das Wasser mehrmals wechseln. Fisch aus dem Wasser nehmen, die Haut abziehen und die Gräten mit einer Pinzette entfernen. Das Fleisch ausdrücken und in grobe Stücke schneiden, anschließend im Mixer grob zerkleinern.

Den Toast 10 Min. in Wasser einweichen, dann ausdrücken und zerzupfen. Die Zwiebeln schälen und grob hacken. 3 EL Öl erhitzen, Zwiebeln darin in 4–5 Min. knusprig braun braten, abkühlen lassen. Die Chilischoten fein hacken, Knoblauch schälen und fein zerhacken.

Alles mit 1 Ei, Kurkuma, Paprikapulver und Chilis, Kreuzkümmel, Koriandergrün und zerriebenen Bockshornkleeblättern mischen und mit beiden Händen zu einem möglichst homogenen Teig mengen. Salzen und pfeffern.

Die übrigen Eier verquirlen und in einen tiefen Teller geben. Mehl und Semmelbrösel ebenfalls in tiefe Teller füllen. Die Fischmasse zu 6–8 flachen Plätzchen formen, in Mehl drücken, dann in Ei und anschließend in Semmelbröseln wenden. Das Öl ca. 1 cm hoch in einer Pfanne erhitzen und die Frikadellen darin von beiden Seiten in je 2–3 Min. goldbraun braten. Als Snack mit Koriander-Chutney (s. Seite 30) oder als Hauptmahlzeit mit Salat reichen.

97

Beide Gerichte können auch mit größeren Lammstücken mit Knochen (z. B. zerteilten Haxen oder Rücken) zubereitet werden.

Zwei Jagdgerichte *aus den Rezeptbüchern der Maharadschas von Rajasthan. Die ehemaligen Krieger und Jäger liebten es einfach und deftig-würzig, ließen sich dann aber auch gerne von der feinen Küche der muslimischen Herrscher am Hof von Delhi inspirieren: Das weiße Fleisch zeigt deutliche Parallelen zu nordindischen Korma-Gerichten.*

DER WESTEN REZEPTE

Rotes Fleisch

Laal Maas – aus Rajasthan

Zubereitungszeit: 15 Min.
Marinierzeit: 1 Std.
Garzeit: 1 1/4 Std.
Pro Portion ca.: 700 kcal

Zutaten für 4 Personen:
1 kg Lammfleisch (aus der Schulter oder Keule)
3 Zwiebeln
2 Knoblauchzehen
1 Stück frischer Ingwer (3 cm)
1–2 TL Chilipulver
1/2 TL Paprikapulver, edelsüß
1/2 TL gemahlene Gewürznelken
3/4 TL Kurkuma
1 TL gemahlener Koriander, Salz
250 g Joghurt
3 EL Öl
2 EL gehacktes Koriandergrün

Das Fleisch in 4 cm große Würfel schneiden (wie für Gulasch). Die Zwiebeln schälen, längs halbieren und in dünne Scheiben schneiden. Den Knoblauch schälen, 1 Zehe fein würfeln. Den Ingwer schälen und reiben. Die übrige Knoblauchzehe zum Ingwer pressen.

Die Ingwer-Knoblauch-Masse mit den übrigen Gewürzen und 1/2 TL Salz mischen und gut mit dem Joghurt verrühren. Das Fleisch mit dem Joghurt mischen und zugedeckt 1 Std. im Kühlschrank marinieren.

Das Öl in einer großen Pfanne oder im Wok erhitzen. Den gewürfelten Knoblauch darin kurz anbraten, dann das Fleisch samt Marinade zugeben. Bei schwacher Hitze zugedeckt 1 1/4 Std. köcheln lassen, dabei nach und nach ca. 200 ml Wasser zugeben. Koriandergrün vor dem Servieren über das Fleisch streuen. Dazu passen möglichst warme Hirse-*Chapatis* (s. Seite 40).

Variante:
Rotes Fleisch, aber auch das Lamm mit ganzen Gewürzen (s. Seite 102) wurde und wird teilweise auch heute noch gerne mit Wild zubereitet, z. B. mit Hirsch oder Antilope. Wer will, ersetzt das Lammfleisch einmal durch Reh, Hirsch oder Wildschwein – eine sicherlich interessante Alternative zum üblichen Wildragout.

Weißes Fleisch

Safed Maas – aus Rajasthan

Zubereitungszeit: 25 Min.
Garzeit: 1 Std. 25 Min.
Pro Portion ca.: 1025 kcal

Zutaten für 4 Personen:
50 g Mandeln
1 kg Lammfleisch (aus der Keule)
30 g Cashewnusskerne
1 Stück frischer Ingwer (2 cm)
200 g Joghurt
1 TL gemahlener weißer Pfeffer
6 EL Ghee
6 grüne Kardamomsamen
4 Gewürznelken
3 Stücke Zimtrinde
400 ml Lammfond (Glas)
Salz
2 getrocknete Chilischoten
100 g Sahne
1 TL Zitronensaft

Die Mandeln mit heißem Wasser überbrühen. Nach einigen Min. die Kerne aus den Schalen drücken. Das Fleisch in 4 cm große Stücke schneiden. Mandeln und Cashewnüsse mit 100 ml Wasser im Mixer zu einer Paste pürieren.

Den Ingwer schälen, in feine Streifen schneiden und mit Joghurt und Pfeffer verrühren. Ghee in einem Bräter erhitzen. Die Kardamomsamen leicht anquetschen und mit den Nelken und dem Zimt 1 Min. im heißen Ghee unter Rühren anrösten. Fleisch zugeben und in 1–2 Min. ganz leicht anbraten, Joghurt, Lammfond und 200 ml Wasser zugeben, salzen. Zugedeckt bei schwacher Hitze 1 Std. 10 Min. garen, dabei ab und zu umrühren. Die Sauce sollte bis auf etwa ein Viertel einkochen.

Den Backofen auf 180º (Umluft 160º) vorheizen. Die Chilischoten in grobe Stücke brechen, dabei entkernen. Mit der Nusspaste unter das Fleisch mischen und unter Rühren bei starker Hitze 2 Min. kochen lassen. Sahne und Zitronensaft einrühren und den Topf mit aufgelegtem Deckel im Ofen (Mitte) 15 Min. nachgaren lassen. Mit *Chapatis* (s. Seite 40) oder *Naan* (s. Seite 39) servieren.

99

Lamm-Linsen-Topf

Dhansak – Parsenspezialität

Einweichzeit: 1 Std.
Zubereitungszeit: 35 Min.
Garzeiten: 1 1/4 Std.
Pro Portion ca.: 520 kcal

Zutaten für 6 Personen:
250 g gemischte Hülsenfrüchte (z. B. 100 g Toor Dal
und je 50 g Moong, Masoor und Channa Dal)
800 g Lammfleisch ohne Knochen (Schulter oder
Keule)
3 EL Ingwer-Knoblauch-Paste (s. Seite 227)
1 große Zwiebel
je 1/2 TL braune Senfkörner, Bockshornkleekörner
und weiße Mohnsamen
2 Stück Zimtrinde, 3 Gewürznelken
5 grüne Kardamomkapseln
2 getrocknete Chilischoten, 1/2 Lorbeerblatt
1/2 TL Kurkuma, 1 1/2 TL gemahlener Kreuzkümmel
Öl, 1 EL Bockshornkleeblätter
1/2 TL abgeriebene unbehandelte Orangenschale
(falls erhältlich: getrocknete, geriebene Schale)
Salz, schwarzer Pfeffer
150 g Kürbis (z. B. Moschuskürbis)
1 lange, schmale Aubergine
150 g frischer (Wurzel-)Spinat
3 EL gehacktes Koriandergrün

Die Hülsenfrüchte verlesen und 1 Std. in kaltem Wasser
einweichen.

Das Fleisch in 4 cm große Stücke schneiden und mit der
Ingwer-Knoblauch-Paste mischen. Die Zwiebel schälen
und hacken. Die ganzen Gewürze im Mörser fein zerstoßen und mit Kurkuma und Kreuzkümmel mischen.

Das Öl in einem Topf oder Bräter erhitzen, darin die
Zwiebel goldgelb braten, das Fleisch zugeben und rundherum braun anbraten. Die Gewürzmischung dazugeben
und unter Rühren 3 Min. weiterbraten, dann 1/4 l Wasser,
zerriebene Bockshornkleeblätter und die Orangenschale
zugeben. Salzen und pfeffern und bei schwacher Hitze
zugedeckt 50 Min. kochen lassen.

Nach 20 Min. in einem zweiten Topf die Hülsenfrüchte
mit 1 l Wasser aufsetzen und zugedeckt bei schwacher
Hitze 20 Min. köcheln lassen, gelegentlich umrühren.

Inzwischen den Kürbis schälen und in 1 cm große Würfel
schneiden. Die Aubergine putzen, längs vierteln und in
1 cm breite Stücke schneiden. Den Spinat waschen und
grob hacken. Das Gemüse zu den Linsen geben, salzen
und weitere 10 Min. köcheln lassen.

Das Linsen-Gemüse in ein Sieb abgießen und kurz
abtropfen lassen, dann zum Fleisch geben und gut unterrühren. Offen 10–15 Min. kochen lassen, eventuell etwas
Wasser nachgießen. Die Sauce sollte dick und sämig sein.
Koriandergrün über das fertige Gericht streuen. Mit Reis
und eventuell einem frischen Salat servieren.

Würzige Lammkoteletts

Masale Minen Chapiyoon – Sindhi-Spezialität
(im Bild)

Zubereitungszeit: 30 Min.
Marinierzeit: 2 Std.
Pro Portion ca.: 680 kcal

Zutaten für 4 Personen:
2–3 grüne Chilischoten, 2 Knoblauchzehen
1 Stück frischer Ingwer (2 cm)
1/2 Bund Koriandergrün, 6 Zweige frische Minze
4 EL Zitronensaft, 5 EL Öl
1 Prise Chilipulver, 2 TL gemahlener Koriander
1 TL gemahlener Kreuzkümmel
Salz, schwarzer Pfeffer
8 Lammkoteletts (à ca. 100 g)

Die Chilischoten grob hacken, Knoblauch und Ingwer
schälen und fein hacken. Das Koriandergrün und die
Minze waschen, abtrocknen und grob hacken. Alles mit
dem Zitronensaft, 3 EL Öl und den Gewürzen im Mixer
pürieren. Mit Salz und Pfeffer abschmecken.

Die Koteletts mit kaltem Wasser abspülen und trockentupfen, beidseitig mit der Gewürzpaste bestreichen. Zugedeckt 2 Std. marinieren.

Das restliche Öl in einer Pfanne erhitzen und die Koteletts
darin beidseitig in jeweils 3–5 Min. knusprig braun braten. Am besten mit einem Gemüsegericht oder frischen
Tomaten- und Gurkenscheiben und Zwiebelringen servieren. Im Sommer lassen sich die Koteletts auch wunderbar
auf dem Holzkohlegrill zubereiten.

DER WESTEN REZEPTE

Huhn mit Aprikosen

Jardaloo Ma Murgh – Parsenspezialität
(im Bild)

Zubereitungszeit: 25 Min.
Garzeit: 1 Std. 10 Min.
Pro Portion ca.: 480 kcal

Zutaten für 4 Personen:
2 Hähnchenschenkel und 2 Hähnchenbrüste
(mit Knochen)
2 große Zwiebeln
1 Stück frischer Ingwer (3 cm)
2 Knoblauchzehen
3 Tomaten
3 EL Ghee
4 Stücke Zimtrinde
8 Gewürznelken
3 braune Kardamomkapseln
3–4 getrocknete Chilischoten
1/4 TL Kurkuma
1 1/2 TL gemahlener Kreuzkümmel, Salz
400 ml Hühnerbrühe oder -fond
200 g getrocknete Aprikosen
2 EL gehacktes Koriandergrün

Die Hähnchenkeulen im Gelenk durchschneiden, die Brüste längs halbieren und die Haut abziehen. Das Fleisch kalt abspülen und trockentupfen. Zwiebeln schälen und in feine Streifen schneiden. Ingwer und Knoblauch schälen und fein hacken. Die Tomaten mit heißem Wasser übergießen, häuten und klein würfeln, dabei die Stielansätze entfernen.

Das Ghee in einem Topf oder Bräter erhitzen. Darin die Zwiebeln hellbraun dünsten, Zimtrinde, Nelken, Kardamom, Chilischoten, Ingwer und Knoblauch zugeben und 1–2 Min. unter Rühren braten. Die Fleischstücke zugeben, Kurkuma und Kreuzkümmel darüber stäuben und 3–5 Min. unter Rühren rundherum leicht anbraten. Tomaten unterrühren, salzen, Brühe zugeben. Zugedeckt bei schwacher Hitze 50 Min. köcheln lassen.

Inzwischen die Aprikosen mit heißem Wasser übergießen und 15 Min. ziehen lassen. Dann das Wasser abgießen und die Aprikosen zum Fleisch geben. Weitere 20 Min. bei schwacher Hitze zugedeckt kochen lassen. Das Koriandergrün über das fertige Gericht streuen. Mit warmen *Chapatis* (s. Seite 40) oder Reis servieren.

Lamm mit ganzen Gewürzen

Khade Masale Ka Maas – aus Rajasthan

Zubereitungszeit: 20 Min.
Garzeit: 1 Std. 20 Min.
Pro Portion ca.: 545 kcal

Zutaten für 4 Personen:
1 kg Lammhaxen (vom Metzger in je 2–3 Stücke teilen lassen)
3 Zwiebeln, 4 Knoblauchzehen
1 Stück frischer Ingwer (3 cm)
3 Tomaten
1/4 TL schwarze Pfefferkörner
6 EL Öl
3 Stücke Zimtrinde
4 grüne Kardamomkapseln
2 braune Kardamomkapseln
6 Gewürznelken
2 Lorbeerblätter
3–4 getrocknete Chilischoten
1 TL gemahlener Kreuzkümmel
1 TL gemahlener Koriander
1/4 TL Kurkuma
150 g Joghurt, Salz

Die Lammhaxen kalt abspülen und trockentupfen. Die Zwiebeln schälen und in feine Streifen schneiden. Knoblauch und Ingwer schälen und fein hacken. Die Tomaten waschen und klein würfeln, dabei die Stielansätze entfernen. Die Pfefferkörner grob zerstoßen.

Das Öl in einem Topf oder Bräter erhitzen. Darin die Zwiebeln glasig dünsten. Zimtrinde, Kardamom, Nelken, Lorbeerblätter, Chilischoten und Pfefferkörner dazugeben und unter Rühren 2–3 Min. braten. Das Fleisch, Knoblauch und Ingwer dazugeben, Kreuzkümmel, Koriander und Kurkuma darüber streuen und 1 Min. anbraten. Joghurt und Tomaten unterrühren und salzen. Zugedeckt bei schwacher Hitze 1 Std. 20 Min. schmoren, dabei ab und zu etwas Wasser angießen; die Sauce sollte bei Garzeitende sämig eingekocht sein. Mit *Naan* (s. Seite 39) oder *Chapatis* (s. Seite 40) servieren.

DER **WESTEN** REZEPTE

Safran-Kardamom-Joghurt

Shrikhand – aus Gujarat und Rajasthan
(im Bild oben)

Zubereitungszeit: 10 Min.
Kühlzeiten: 4 Std.
Pro Portion ca.: 310 kcal

Zutaten für 4 Personen:
600 g Joghurt (10 % Fettgehalt, z. B. griechischer Joghurt)
2 EL Milch
1/4 TL Safranfäden
5 EL Jaggery
1/8 TL gemahlener Kardamom
2 EL Mandelblättchen

Ein Sieb mit einem sauberen, dünnen Tuch auslegen. Den Joghurt hineingeben, das Sieb über eine Schüssel hängen. Den Joghurt 3 Std. in den Kühlschrank stellen, damit die Molke abfließen kann.

Die Milch erwärmen, den Safran darin 10 Min. auflösen, dann Jaggery dazugeben und unter Rühren auflösen. Zusammen mit dem Kardamom unter den abgehangenen Joghurt mischen, in Schälchen verteilen und für 1 weitere Std. im Kühlschrank kühl stellen.

Die Mandelblättchen in einer Pfanne ohne Fett hellgelb rösten, vom Herd nehmen und abkühlen lassen, anschließend über den Joghurt streuen und servieren.

Mangosahne

Aamphal – aus Maharashtra (im Bild unten)

Zubereitungszeit: 10 Min.
Kühlzeit: 1 Std.
Pro Portion ca.: 220 kcal

Zutaten für 4 Personen:
1–2 reife Mangos (ca. 350 g)
150 g Sahne, 3 TL Zucker
Mark von 1 Vanilleschote
2 EL gehackte Pistazienkerne

Die Mangos schälen und die Frucht vom Stein schneiden. Im Mixer oder mit dem Pürierstab fein pürieren.

Die Sahne mit dem Zucker und Vanillemark steif schlagen. Das Mangopüree vorsichtig unter die Sahne heben. 1 Std. zugedeckt kühl stellen. In Schälchen verteilen und mit den Pistazien bestreuen. Wer will, serviert die Creme mit einigen dünnen Mangospalten garniert.

Variante: Mango-Reisauflauf

Die Mangosahne lässt sich hervorragend zu einem Auflauf verarbeiten. Als »Zarda-e-Aamba«« bekommt man diese Muslimspezialität in Hyderabad serviert. Dazu 250 g Reis mit wenig Salz kochen (s. Seite 227). Fertigen Reis noch warm mit 1 EL Ghee mischen und abkühlen lassen. Gleichzeitig 1/4 l Milch mit 4 EL Zucker und 2 TL Mehl kurz aufkochen, offen bei schwacher Hitze in 25–30 Min. unter häufigem Rühren einkochen lassen. 1/4 TL Safran darin auflösen, abkühlen lassen und vorsichtig mit der Mangosahne mischen. Den Ofen auf 180° vorheizen, eine Auflaufform einfetten, darin abwechselnd Reis und Mangosahne einschichten. Auf die obere Schicht Reis 1–2 EL Ghee träufeln und den Auflauf im Ofen (Mitte, Umluft 160°) 15–20 Min. backen.

Indische Mangos

Die Mangosaison beginnt in Indiens Westen und Norden Ende Mai, Anfang Juni. Die goldgelben, länglichen, hoch aromatischen Alphonso-Mangos sind dann der Spitzenreiter unter den über 300 Sorten, die es in Indien gibt. Man findet diese Mangosorte manchmal auch hier zu Lande in Asienshops. Richtig reif schmecken sie honigsüß, duften intensiv, geben schon auf leichten Druck weich nach und zergehen auf der Zunge – dann sind sie ideal für dieses Dessert. Ersatzweise bekommt man Alphonso-Mangos auch als Mangopüree in Dosen; es ist den meist harten und eher säuerlichen Mangos aus dem Supermarktangebot vorzuziehen.

Rajasthan
Das Erbe der Maharadschas

Die Paläste Rajasthans repräsentieren nicht selten eine exotische Mischung aus orientalischem Baustil und europäischer Lebensart. Oft können sie noch mit Original-Inventar aufwarten.

Maharadscha Harshvardhan Singh tätschelt den Kopf der belgischen Dogge, die sich neben seinem Korbstuhl niedergelassen hat und ihr Herrchen mit feuchten, braunen Augen anhimmelt. In der anderen Hand hält der Maharadscha einen Gin Tonic. Der Blick wandert über den See. Vom gegenüberliegenden Ufer ist das Meckern von Ziegen zu hören. Eine Gestalt im leuchtend roten Sari treibt die Herde die nackte, gelbliche Uferböschung hinauf.

»Früher standen hier Wälder«, erklärt der Maharadscha lakonisch, »seit der Unabhängigkeit wurde alles abgeholzt. Tiger gibt es natürlich auch nur noch sehr selten.« Wenigstens, fügt Harshvardhan Singh an, sei die Gegend ideal, um Vögel zu beobachten. Die Frau im Sari hat ihre Tiere inzwischen auf eine Kuppe getrieben, wo sich eine Hütte schwarz gegen den dunkler werdenden Himmel abhebt.

Den Palast der Winde, den Hawa Mahal, ließ der Herrscher von Jaipur, Pratap Singh, 1799 als Tribüne für die Damen des Hofes bauen. Die selbstbewussten Frauen von heute, wie Maharana Pria Darsani Kumari, lassen sich nicht mehr einschließen.

Adelige Gastgeber

Indien ist seit 1947 eine Demokratie. 1948 haben auch die Maharadschas von Rajasthan ihre Regierungsgewalt eingebüßt. Aber die Titel tragen sie noch immer mit Stolz, und den Lebensstil versuchen sie ebenfalls aufrechtzuerhalten. Zusammen mit seiner Frau und seinen Eltern bewohnt der Nachfahre der 830 Jahre alten Dynastie jener von Dungarpur einen kleinen, aber feinen Palast am Ufer des Sees: inmitten eines Parks alter Bäume, abgeschirmt vom Lärm und Staub der Stadt. Doch ganz wie damals ist es dennoch nicht. Seit 1993 beherbergt der Udai Bilas Palace vor allem zahlende Gäste. Er ist einer von Rajasthans zahlreichen Heritage-Hotels, zu denen viele Maharadscha-Paläste geworden sind. »Wir waren immer schon begnadete Gastgeber«, erklärt Harshvardhan Singh. Der Schritt zum Hotelier sei nur klein gewesen. Und notwendig, könnte man ebenso gut sagen. Den Grundstein zum Udai Bilas Palace hat der Ur-Ur-Großvater Harshvard-

Moderner Luxus und alte Pracht verbinden sich in den Heritage-Hotels von Rajasthan.

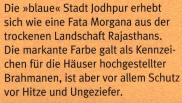

Die »blaue« Stadt Jodhpur erhebt sich wie eine Fata Morgana aus der trockenen Landschaft Rajasthans. Die markante Farbe galt als Kennzeichen für die Häuser hochgestellter Brahmanen, ist aber vor allem Schutz vor Hitze und Ungeziefer.

In Udaipur gehören Elefanten zum Straßenbild wie Rikschas und Händler. Die Dickhäuter bedienen sich hin und wieder von den Auslagen der Stände, was die friedliche Koexistenz jedoch nicht weiter stört.

hans, Maharawal Udai Singh II, gelegt. Seine Regierungszeit endete 1898 – in der Blütezeit des *Raj*, der britischen Kolonialherrschaft über Indien. Der Palast ist ein Spiegelbild dieser Epoche: ein indisches Märchenschloss mit Versatzstücken wie aus der Londoner Bond Street. Zwiebeltürmchen und überdachte Balkons außen, Art déco innen. Und wie eine Zuckerbäckerarbeit erhebt sich der Ek Thambia, der Ein-Säulen-Palast, aus einem kleinen Bassin im Zentrum des Innenhofs. Seine Balkons werden von vollbusigen Tänzerinnen und Musikerinnen aus grünlichem Stein bevölkert. Ihre schlangenschlanken Finger trommeln auf *Tablas* und zupfen die Saiten von langhalsigen *Sitars*. Ein marmorner Baldachin überdacht die oberste Etage. Von der Decke hängen bunte Kugeln aus belgischem Glas – der letzte Schrei von Anno dazumal. Heute gurren dort die Tauben. Zu Maharadscha Maharawals Zeiten dürfte anderes Liebesgeflüster zu hören gewesen sein.

Dinner mit Tiger

Nicht nur der Erbauer hat dem Palast seinen Stempel aufgedrückt. Zeugnisse seiner Leidenschaft hat vor allem der Großvater von Harshvardhan und letzter regierender Fürst von Dungarpur, Maharawal Lakshman Singh, hinterlassen. Seine Jagdtrophäen hängen in allen Gesellschaftsräumen des Palasts, im Speisesaal blicken die erlegten Tiere aus glasigen Augen gleich zu mehreren Dutzend von den Wänden. Das könnte einem den Appetit verderben, wäre das Essen weniger überzeugend. Doch was aus der Küche von Pria Darsani Kumari, der Ehefrau von Harshvardhan Singh, kommt, lässt einen sogar die Diener ertragen, die in ihren militärischen Uniformen eher wie Leibwächter aussehen.

Die Küche der Maharadschas von Rajasthan ist von zweierlei geprägt: einerseits vom kargen Wüstenklima. An die Stelle von frischem Gemüse, Fisch oder Früchten treten Getreide und Linsen, Milchprodukte und Fleisch. Hauptsächlich Brote wie *Rotis*, *Pooris* und *Parathas* kommen in Rajasthan auf den Tisch. Oder das berühmte *Dal Bati Churma*: kugelige Brötchen, die, zur einen Hälfte in Ghee getränkt, mit *Dal* serviert werden. Die andere Hälfte der Bällchen wird mit Zucker und Nüssen zerstossen und als Dessert gereicht (die Rezepte dazu finden Sie auf Seite 82).

Die Herrscher Rajasthans, die Rajputen, waren ein kriegerisches Völkchen und sind heute noch stolz darauf, dass sie sich weder den Moguln haben unterwerfen müssen noch den Briten. Doch seit es nichts mehr zu kämpfen und zu regieren gibt, haben sich viele Maharadschas der pazifistischen Kunst des Kochens verschrieben, geben Kochbücher heraus und bemühen sich darum, das Erbe der fürstlichen Kochkunst zu wahren. Immerhin verweisen gewisse Fleischrezepte noch auf eine Zeit, als man jagenderweise durch die eigenen Ländereien schweifte und am offenen Feuer opulente Picknicks veranstaltete. Aus dieser Zeit stammt beispielsweise *Lal Maas*, rotes Fleisch, das lange gegart, früher sogar im Erdofen eingegraben wurde. Heute landen im Topf allerdings keine Gazellen, sondern Lammfleisch.

Paläste für Gäste

Apropos selber kochen: Die Hausherrin des Palastes von Dungarpur legt nicht etwa selbst Hand an Topf und Kelle. Dafür gibt es Personal, das die Maharana mit unnachahmlicher Souveränität dirigiert, einer Fürstin wahrhaft würdig. So wie Pria Darsani Kumari sehen auch die Abkömmlinge andere nobler Rajputen-Geschlechter die Küchenarbeit. Schließlich wäre es auch kaum angebracht, wenn etwa das Oberhaupt des Hauses von Mewar, der weißbärtige Patriarch Shriji Arvind Singh, eigenhändig eine Zwiebel hackte. Denn Arvind Singh ist noch immer der Inbegriff eines Maharadschas, der in seinen Palästen von Udaipur in alter Pracht und modernem Luxus residiert. Zwar hat auch Arvind Singh seine politische Macht verloren. Er hat die politische jedoch rechtzeitig in wirtschaftliche Größe umfunktioniert, indem er sein architektonisches Erbe zu einer Luxushotel-Gruppe umgewandelt hat: Ihr Herzstück ist der berühmte Lake Palace, der jedoch inzwischen zur Taj-Hotelgruppe gehört. Mit dem Shiv Niwas Palace, dem Fateh Prakash und dem Gajner Palace in der Thar-Wüste gehören dem weißbärtigen Arvind Singh aber noch immer drei Heritage-Luxushotels. Hinzu kommen eine Reihe so genannter Royal Retreats, mit der Bezeichnung Lustschlösschen würde man wohl den Nagel auf den Kopf treffen. Andere Maharadschas eifern dem cleveren Arvind Singh nach, ohne wahrscheinlich je die Größe und Ausstrahlung des Tycoons zu erlangen. Doch will man das Maharadscha-Dasein authentisch erleben, sind der Palast von Dungapur, sind die Kochkünste von Pria Darsani Kumari die richtige Adresse.

Kochen für Maharadschas und Gäste. Die Chefs der Heritage-Hotels beherrschen oft noch die Kochkunst des feudalen Rajasthans.

Der Osten
Anglophil und bengalisch

Kalkutta ist eine schillernde Stadt und zudem eine
freundliche, deren Haltung sich nicht verändert hat, seit ihr
Gründer, der Engländer Job Charnock, 1690 die
schlammigen Stufen eines Landungsstegs am Hooghly hinauf-
geklettert ist: Jede Kultur ist willkommen, sofern sie der
Küche Kalkuttas eine Bereicherung ist.

Kalkutta:
Britisches Erbe, bengalische Geheimnisse

Wer bestellen möchte, klingelt: Die Sitten in den Clubs von Kalkutta sind noch immer »very british«.

Mit etwas zittriger Hand stellt der alte Kellner die Tassen und die Teekanne auf die Glasplatte des Tischchens. Noch ist es angenehm kühl auf der Veranda des Calcutta Clubs. Die letzten Ausläufer des Monsuns haben den Himmel bewölkt. Manchmal klatschen dicke Tropfen auf die weiße Treppe, die auf einen gepflegten Rasen hinabführt. Aus der großen Halle des Clubhauses, das die Dimension einer fürstlichen Villa besitzt, dringen gedämpft die Gespräche von Mitgliedern, die sich wie im eigenen Wohnzimmer in den Klubsesseln eingerichtet haben, eine Tasse Tee oder einen frühen Drink vor sich.

Club-Atmosphäre in Kalkutta

Der Kellner trägt eine weiße Uniform, die jedoch wie er selbst in die Jahre gekommen ist. Sein dunkles Gesicht ist von tiefen Falten durchfurcht, und eine Hornbrille mit dicken Gläsern sitzt auf seiner schmalen Nase. Es ist ein freundliches und aufmerksames Gesicht, wenn die Freundlichkeit auch nicht von allen seinen Kunden erwidert wird. Diese behandeln den alten Mann eher wie einen Diener, den man persönlich besitzt, als wie einen Kellner. Aber das ist im Indien der Kasten nichts Ungewöhnliches, und wer hier in einem der Sessel, an der Bar oder an den Spieltischen Platz nehmen darf, an denen um Beträge gespielt wird, welche der Alte sein Lebtag nicht verdienen wird, gehört einer Elite der Stadt an. 4000 Mitglieder zählt der Club, der 1907 gegründet wurde, in der Zeit also, als Kalkutta das Machtzentrum des *Raj*, des britischen Imperiums in Indien, war, bevor die Verwaltung 1911 nach Delhi verlegt wurde.

Der ehrwürdige Club ist keineswegs der einzige in dieser Stadt, die durch Mutter Teresas Wirken den unvorteilhaften Ruf einer Armen- und Hungerkolonie erworben hat. Elegante Country Clubs mit riesigen Golfplätzen schließen sich ans Zentrum an, in dem Taxifahrer, Buschauffeure, Riksha-Kulis, Heerscharen von Fußgängern und alle anderen Verkehrsteilnehmer sich durch zu enge, löchrige Straßen quälen und erbarmungslos um jeden Meter, um jede Lücke ringen. Eine Kakophonie von unzähligen Hupen über dem Bass von brummenden Motoren erfüllt diese Stadt. Dagegen kämpfen die Rikscha-Kulis mit ihren hellen Glocken an, die Händler und Imbissverkäufer, die auch noch den letzten Quadratmeter unbefahrenen Asphalts zu Verkaufsflächen gemacht haben, mit ihren Stimmen.

Ein Hybrid: die anglo-indische Küche

In den Clubs bleibt nicht nur der Lärm ausgeschlossen. Wie das Victoria Memorial, das sich strahlend weiß in einem weitläufigen Park zwischen Stadt und dem Hooghly-Fluss erhebt und wie durch ein Wunder vom Zerfall verschont geblieben ist, wirken auch die Clubs wie Inseln, auf denen die Zeit stehen geblieben ist. Nicht nur die Verhaltensregeln aus britischer Zeit sind weitgehend bewahrt worden, in der Küche des Calcutta Clubs wird zu den Mahlzeiten überdies recht Unindisches angerichtet: Steaks mit dicker Sahnesauce, Erbsen mit Möhren und Pommes frites wie aus einem europäischen Kochbuchklassiker der 60er-Jahre, Tomatenrosette und Petersilensträußchen inklusive – kein Wunder, denn die Köche beziehen ihr Wissen über westliche Gerichte aus genau solch einem Kochbuch. Die Briten, die Kalkutta aufgebaut haben, hinterließen ihre Spuren. Doch nicht immer sind sie so einfach auszumachen wie auf den garnierten Tellern des Calcutta oder anderer Clubs. Manche ehemals typisch britischen Gerichte sind so sehr indisiert worden, dass man kaum ihren Ursprung erraten würde. In dieser Hinsicht gehört *Akoori*, ein Rührei, zu den einfacheren Gerichten. Ihm verleihen indische Gewürze eine deutlich andere Note als dem Klassiker des englischen Frühstücks.

Britische Essgewohnheiten und Zutaten haben sich hier zu Lande zu jenem Hybrid gewandelt, dem man gemeinhin unter der Bezeichnung

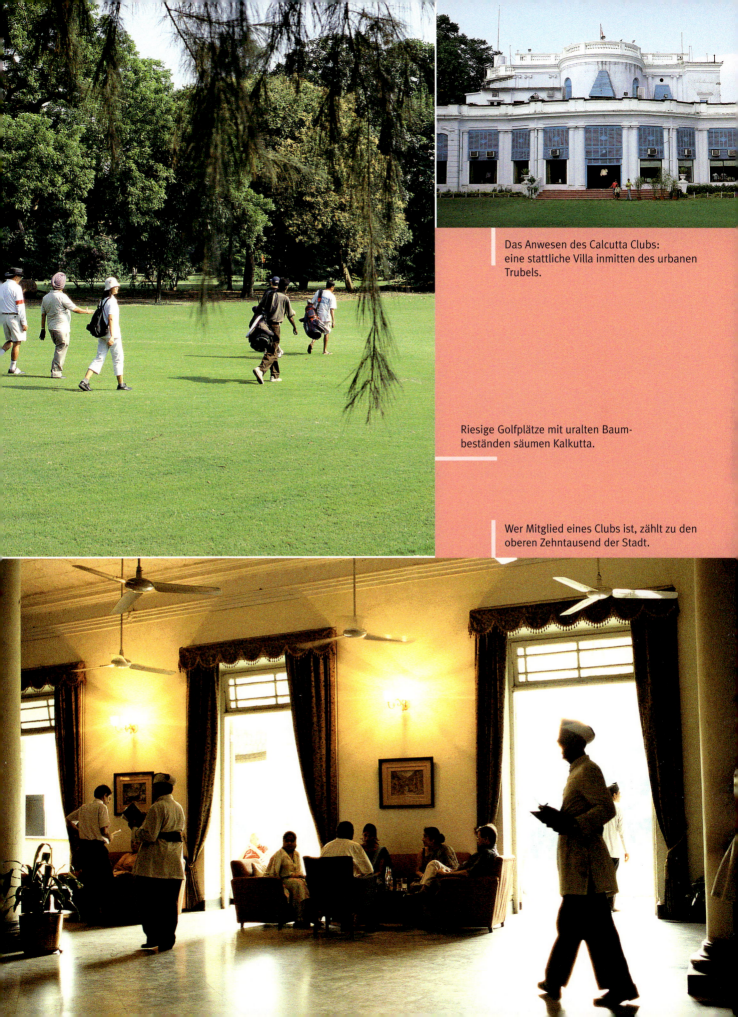

Das Anwesen des Calcutta Clubs: eine stattliche Villa inmitten des urbanen Trubels.

Riesige Golfplätze mit uralten Baumbeständen säumen Kalkutta.

Wer Mitglied eines Clubs ist, zählt zu den oberen Zehntausend der Stadt.

DER OSTEN REPORTAGE

»anglo-indische Küche« begegnet. Und was wäre diese Küche ohne Curry? Bereits 1802 hat Curry sich als fester Bestandteil auf der Menükarte der Europäer in Kalkutta etabliert. Die »Britisher«, wie die in Indien lebenden Briten genannt werden, bezeichneten bald alles, was auf der Zunge und im Gaumen brannte, als Curry. Für die daheim Gebliebenen, die auch einmal den Hauch des Orients spüren wollten, wurde schließlich das Currypulver erfunden.

Doch Kalkutta sah sich nicht allein britischen Einflüssen ausgesetzt. Zu den westlichen Besuchern gehörten Portugiesen, Franzosen und Holländer. Aus dem Osten kamen Chinesen und Malaien. Und auch Armenier und Juden haben die Stadt und ihre Speisepläne bereichert. Alle diese Einflüsse stießen auf den fruchtbaren Boden der bengalischen Küche. Zwei Dinge prägen diese maßgeblich: Zum einen wachsen im Umland Gemüse und Früchte in fast unbegrenzten Mengen – darunter nimmt die Banane einen besonderen Platz ein. Zum andern gehören Fisch und Krustentiere zu den festen Bestandteilen der bengalischen Küche.

Bengalisch speisen fast privat

Aber es ist gar nicht so leicht, diese Küche kennen zu lernen. Kochen ist in Westbengalen so sehr Privatangelegenheit, dass selbst in Kalkutta kaum ein wirklich gutes bengalisches Restaurant zu finden ist. Unter Eingeweihten ist »Kewpie's« inzwischen ein Begriff. In der Allenby Road, in einem ruhigeren Wohnviertel zwischen Kolonialvillen und Apartmenthäusern für eine gehobene Mittelschicht, sticht zwar der leuchtend rote Schriftzug sogleich ins Auge. So richtig nach Restaurant sieht das Haus dennoch nicht aus. Die Fensterläden sind geschlossen. Der Eingang ist schmal und von einer normalen Haustür nicht zu unterscheiden. Doch schon im Korridor stolpert man über Tische, an denen Rücken an Rücken, Ellbogen an Ellbogen, Gäste über Schalen voller Köstlichkeiten sitzen. Jeder Raum der ehemaligen Wohnung der Familie Das Gupta wird bis auf den letzten Zentimeter ausgenutzt. Kellner mit Tabletts, auf denen sich Platten und Schälchen türmen, bewegen sich wie Jongleure zwischen den Tischen, während Rahki Das Gupta die Bestellung aufnimmt.

Zu viele Autos, zu enge Straßen: Kalkutta lebt ständig am Rande des Verkehrskollapses.

114

Die alten Kolonialvillen findet man immer seltener im Stadtbild. Sie müssen modernen Mietskasernen weichen.

Das Wirken von Mutter Teresa hat auf das Elend in Kalkutta aufmerksam gemacht. Ihre Ordensschwestern sind jedoch nicht die einzigen, die sich um die Armen kümmern.

Der Hooghly, ein Nebenfluss des Ganges, ist die Lebensader Kalkuttas. Die gigantische, 450 Meter lange Howrah-Brücke verbindet Kalkutta seit 1943 mit dem gegenüberliegenden Stadtteil Howrah. 60 000 Fahrzeuge und Hunderttausende von Fußgängern überqueren sie täglich.

»Kewpie's« ist nicht nur bezüglich der Speisen ein außergewöhnliches Lokal. Das »Personal« kümmert sich mit mütterlichem Charme um die Gäste, so dass man sich ganz wie zu Hause fühlt.

Zur besonderen Atmosphäre von »Kewpie's« trägt auch der Charakter einer Privatwohnung bei. Der ist erhalten geblieben, obwohl fast keine Ecke ungenutzt bleibt, um Gäste zu platzieren.

»Kewpie's« befindet sich in einem gehobenen Wohnviertel von Kalkutta. Das Restaurant hat sich zu einem wahren Pilgerort für Liebhaber der bengalischen Küche gemausert. Es dürfte wohl das einzige Restaurant der Stadt sein, in dem bengalische Küche in Reinkultur serviert wird.

DER OSTEN REPORTAGE

Rahki ist die Tochter von Minakshie Das Gupta, deren Spitzname Kewpie dem Restaurant den Namen gegeben hat. Kewpie hat sich nicht nur als begnadete Köchin, sondern auch als Autorin des ersten bengalischen Kochbuchs auf Englisch hervorgetan. Die Kochleidenschaft hat Kewpie an ihre Tochter vererbt, die 1998 begonnen hat, ihr Elternhaus in ein Restaurant umzufunktionieren – Zimmer für Zimmer mit steigender Gästezahl. Etwas von der Intimität eines privaten Heims ist geblieben, und Rahki achtet auch darauf, dass die typisch bengalischen Essensregeln eingehalten werden: Jedes Gericht sollte mit etwas Reis separat gegessen werden, damit die Geschmacksnuancen erhalten bleiben. Das Festmahl beginnt mit Reis, einigen grünen Chilis, Salz und einem Stück Zitrone. Dann folgt ein leicht bitteres Gemüsegericht, *Shukto*, das den Magen auf die folgenden Speisen vorbereitet. In einem irdenen Schälchen stellt der Kellner dann ein köstliches *Dal* mit einer süßlichen Note auf den Tisch. Hinzu kommen frittierte Gemüse, dann die milden und endlich die schon etwas schärfer gewürzten, aber noch immer vegetarischen Gerichte, die den Übergang zu Fisch und Krustentieren schaffen. Die Abfolge ist wiederum ähnlich: zuerst leicht, dann immer kräftiger in Geschmack und Schärfe; ein Höhepunkt sind die mit einer Senfpaste bestrichenen, in Bananenblätter eingewickelten, gedämpften Fische.

Inzwischen stapeln sich die Tonschalen, und es ist fast unmöglich, sich noch an eine Ordnung halten zu wollen, zumal die meisten Gerichte eigentlich nach einer Wiederholung verlangen würden. Aber das Ritual nimmt unbarmherzig seinen Lauf: Ein Hühner- und ein Lamm-Curry wollen auch noch probiert werden. Tomaten-Chutney, mit *Pappadums* und anschließend *Misti Doi*, ein mit Palmzucker gesüßter Joghurt, schließen das Mahl beinahe ab. Denn das Letzte, was man sich in den Mund schiebt, ist ein zu einer kleinen Pyramide geformtes *Paan*, ohne die auf der Straße übliche Betelnuss allerdings, so dass man nicht in die Verlegenheit gerät, den roten Saft irgendwohin ausspucken zu müssen.

Gourmet-Küche à la Indien

Nach einem solchen Essen glaubt man die Geschichte über den französischen Botschafter Daridan gerne, der in den 1960er-Jahren gegenüber seinem bengalischen Gastgeber in Kalkutta geäußert haben soll, dass einzig die chinesische und die bengalische Küche es mit der französischen aufnehmen könnten. Der Franzose hätte es auch anders formulieren können: Unter den europäischen Küchen findet sich mit Ausnahme der französischen nichts, was sich mit der bengalischen in punkto Ausgeklügeltheit vergleichen ließe.

Dabei sind Bengalen äußerst sparsame Leute, daran gewohnt, dass Natur oder Eroberer einem augenblicklich buchstäblich alles entreißen können. Alles, was durch die Hände einer gewissenhaften Hausfrau geht, fließt in die Gerichte ein oder hat zumindest einen anderen Gebrauchswert. Zum Beispiel die Banane, die den Hindus Symbol von Prosperität und Reichtum ist: Bei ihr werden nicht nur die Frucht, sondern auch Blüte und Staude gekocht. Und das gilt besonders auch für die Fische, die von Kopf bis Schwanzspitze verzehrt werden – ein frittierter Fischkopf etwa verleiht dem bengalischen *Muro Dal* erst seine besondere Würze.

Nicht selten sind die Fischgenießer auch Mitglied des einen oder andern Clubs, lassen es sich nach der Golf- oder Whistparty mit Roasted Chicken und Chips gut gehen, legen aber beim sonntäglichen Mittagsmahl zu Hause größten Wert auf eine ganz bestimmt festgelegte Geschmacksnote und eine korrekte Speisenfolge. Kalkutta ist eben beides: weltoffen und traditionsbewusst, anglophil und bengalisch.

Serviert wird das Essen in Gefäßen aus ungebranntem Ton, die anschließend auf dem Müll landen.

DER OSTEN REZEPTE

Bhaji – knusprige Gemüsekrapfen kennt man als Straßensnack

in ganz Indien; in Westbengalen gehört Gemüse, pur oder in Teig gehüllt und frisch frittiert, zu jedem traditionellen Menü. Sogar Gemüseschalen, z. B. von Kartoffeln oder Kürbis, finden so Verwendung.

Frittierte Auberginen

Begun Bhaja (im Bild links)

Zubereitungszeit: 20 Min.
Marinierzeit: 30 Min.
Bei 6 Personen pro Portion ca.: 70 kcal

Für 4–6 Personen:
2 möglichst kleine Auberginen
1 TL Salz
1 TL Kurkuma
200 ml Senföl zum Frittieren

Die Auberginen waschen und längs vierteln. Salz und Kurkuma mischen und gut in die Schnittflächen der Auberginen einreiben. 30 Min. stehen lassen, dann das ausgetretene Wasser mit einem Küchenpapier abtupfen.

Das Öl in einer tiefen Pfanne oder im Wok erhitzen. Die Auberginen darin in 5–7 Min. rundherum braun frittieren, auf einem Küchenpapier abtropfen lassen und heiß servieren.

Traditionell werden die Auberginen mit *Dal* zu Reis serviert, bevor das Gemüse oder Fischgericht aufgetragen wird.

Varianten:
Auf diese Art lassen sich auch dünne Kartoffelscheiben – mit oder ohne Schale – oder Kartoffeln, die mit einer Juliennescheibe in hauchdünne Stifte geschnitten wurden, frittieren.
Ein leckerer Knuspersnack sind auch frittierte Kartoffelschalen: Sie werden in hauchdünne Streifen geschnitten und mit feinen Zwiebelstreifen, etwas Salz und Kurkuma in viel Öl knusprig braun gebraten.

Frittierte Gemüsekrapfen

Beshon Bhaja (im Bild rechts)

Zubereitungszeit: 30 Min.
Bei 6 Personen pro Portion ca.: 220 kcal

Für 4–6 Personen:
250 g Kichererbsenmehl
1 TL Chilipulver
1/2 TL Kurkuma
1 TL Schwarzkümmel
1 TL Salz
1 TL Öl
400 g verschiedene Gemüse (z. B. Kartoffeln, Gemüsezwiebeln, Auberginen, Zucchini, Blumenkohl oder Paprika)
Öl zum Frittieren

Das Kichererbsenmehl in einer Schüssel gut mit den Gewürzen und dem Salz mischen. Das Öl und ca. 300 ml Wasser zugeben – der Teig sollte dickflüssig sein, damit er gut an dem Gemüse haftet.

Die Gemüse waschen und putzen. Kartoffeln mit der Schale in ganz dünne Scheiben, Zwiebeln in dünne Ringe, Auberginen und Zucchini ebenfalls in dünne Ringe schneiden, Blumenkohl in kleine Röschen brechen und Paprika in 1 cm breite Streifen schneiden.

Das Öl in einem Wok oder in der Fritteuse erhitzen. Die Gemüsestücke nacheinander durch den Teig ziehen und ins heiße Öl geben. In 4–5 Min. goldgelb frittieren, dabei zwischendurch vorsichtig wenden. Auf Küchenpapier abtropfen lassen und heiß servieren. Genießt man die Gemüsekrapfen als Snack, passt hier hervorragend eine *Raita* (s. Seite 30) zum Dippen.

Variante:
In Nordindien weit verbreitet: Der Teig für die *Bhajas* wird statt mit Zwiebelsamen mit Ajowan oder getrockneten Bockshornkleeblättern gewürzt.

Frittierte Erbsenplätzchen

Matarshutir Kachori – aus Westbengalen
(im Bild)

Zubereitungszeit: 50 Min.
Pro Stück ca.: 110 kcal

Für 20 Stück:
250 g Weizenmehl
4 EL Ghee
Salz
2 grüne Chilischoten
500 g grüne Erbsen (frisch oder TK)
1 TL gemahlener Kreuzkümmel
3/4 TL Garam Masala
Öl zum Frittieren

Mehl in eine Schüssel geben, mit 2 EL Ghee und 1/2 TL Salz mischen, 100 ml Wasser dazugeben und alles 10–15 Min. mit den Händen oder den Knethaken des Handrührgeräts zu einem geschmeidigen Teig kneten. Zu einer Kugel formen und mit einem feuchten Tuch abgedeckt 15 Min. ruhen lassen.

Inzwischen Chilischoten fein hacken und mit den Erbsen (TK-Erbsen antauen lassen) im Mixer oder mit dem Pürierstab pürieren. 2 EL Ghee in einer Pfanne erhitzen, darin die Erbsen bei schwacher Hitze unter Rühren 2–3 Min. braten. Mit Kreuzkümmel, Garam Masala und Salz würzen, abkühlen lassen.

Erbsenfüllung in 20 Portionen teilen, den Teig nochmals durchkneten, zu 20 Kugeln formen und leicht flach drücken. Die Kugeln in den Handballen einer Hand legen und leicht auseinander drücken, je 1 Portion Erbsen darauf geben und den Teig darüber fest zusammendrücken. Mit der Hand zu einem flachen Plätzchen von ca. 10 cm Ø formen.

Das Öl in einem Topf oder einer Fritteuse erhitzen, die Plätzchen einzeln mit einem Schaumlöffel ins Fett geben und herunterdrücken. Sobald der Fladen Blasen wirft, vorsichtig wenden und in ca. 15 Sek. goldgelb ausbacken. Aus dem Fett nehmen, auf Küchenpapier abtropfen lassen. So nacheinander die übrigen Fladen ausbacken. Schmeckt als Beilage zu *Dal* oder Gemüsegerichten oder als Snack mit Tamarinden-Chutney (s. Seite 19).

Frittierte Hackfleisch-Crêpes

Pantaras – anglo-indische Spezialität

Zubereitungszeit: 1 Std.
Pro Portion ca.: 520 kcal

Für 4 Personen:
2 Zwiebeln, 1 grüne Chilischote
3 EL Ghee
300 g Lamm- oder Rinderhackfleisch
1/2 TL Garam Masala
Kurkuma, Salz
2 EL gehacktes Koriandergrün (nach Belieben)
4 Eier
60 g Mehl
125 ml Milch
Semmelbrösel zum Wenden
Öl zum Frittieren

Die Zwiebeln schälen und hacken. Chilischote in feine Ringe schneiden. 1 1/2 EL Ghee in einer Pfanne oder im Wok erhitzen, darin die Zwiebeln hellbraun anbraten. Hackfleisch mit Chili, Garam Masala und 2 Prisen Kurkuma dazugeben und unter Rühren in 3–5 Min. krümelig und braun braten, salzen und das Koriandergrün untermischen.

2 Eier mit 1 EL Mehl in einem tiefen Teller verquirlen und beiseite stellen. Übriges Mehl mit etwas Salz, der Milch und 2 Eiern in eine Schüssel geben und zu einem dünnflüssigen Teig verrühren. Etwas Ghee in einer Pfanne erhitzen, ein Viertel des Teiges hineingeben und zu einem goldgelben Crêpe ausbacken, dabei einmal wenden. So nacheinander insgesamt 4 Crêpes backen. Die Hackmasse gleichmäßig längs auf den Crêpes verteilen, die linke und die rechte Seite der Crêpes einschlagen und von unten zu einer festen Rolle aufrollen.

Semmelbrösel in einen Teller geben. Öl 2 cm hoch in einer Pfanne erhitzen. Die Crêpesrollen erst in der Eier-Mehl-Mischung, anschließend in den Semmelbröseln wenden, ins heiße Öl geben und rundherum hellbraun braten. Herausnehmen und sofort servieren. Dazu schmeckt ein frischer Salat oder eine Gurken- oder Tomaten-Raita (s. Seite 30).

DER OSTEN REZEPTE

Etwas Zucker rundet viele Gerichte v. a. in Westbengalen und Gujarat ab. Verwendet wird dabei Jaggery oder Gur, Rohzucker, der aus Zuckerrohr oder Dattelpalmensaft gewonnen wurde.

Fischköpfe *gelten den Westbengalen als Spezialität; sie werden in viel Öl scharf angebraten und anschließend in Linsen- oder Gemüsegerichten mitgekocht. Die Röststoffe des Fisches geben dabei nicht nur einen feinen Geschmack ab – nichts liebt man in Bengalen mehr, als einen Fischkopf genüsslich auszulutschen.*

DER OSTEN REZEPTE

Dal mit Kokosnuss und Rosinen

Narkel Cholar Dal – aus Bengalen

Zubereitungszeit: 1 Std.
Bei 6 Personen pro Portion ca.: 265 kcal

Für 4–6 Personen:
1 EL Rosinen
250 g halbierte Kichererbsen (Channa Dal)
1 TL Kurkuma
1/4 TL Chilipulver
2 grüne Chilischoten
2 EL Jaggery
1 TL gemahlener Koriander
1 TL gemahlener Kreuzkümmel
2 TL Garam Masala, Salz
2 EL Ghee
2 Lorbeerblätter
80 g Kokosflocken

Die Rosinen in etwas heißem Wasser einweichen. Die Kichererbsen gut verlesen und kalt waschen. Mit Kurkuma, Chilipulver und 1 l Wasser in einen Topf geben und zugedeckt bei schwacher Hitze 30 Min. kochen lassen.

Die Chilischoten waschen, in feine Ringe schneiden und mit dem Jaggery, Koriander, Kreuzkümmel und 1 TL Garam Masala unter die Linsen rühren. Nach Geschmack salzen und weitere 5–10 Min. kochen lassen, bis die Linsen sehr weich sind.

Inzwischen das Ghee in einer kleinen Pfanne erhitzen. Lorbeerblätter und übriges Garam Masala zugeben, einmal durchrühren, Kokosflocken zugeben und unter Rühren in 2–3 Min. ganz leicht braun rösten. Den Pfanneninhalt gut unter die Kichererbsen mischen, Rosinen abgießen und ebenfalls einrühren.

Fischkopf-Dal

Muro Dal – aus Bengalen

Zubereitungszeit: 15 Min.
Garzeiten: 45 Min.
Bei 6 Personen pro Portion ca.: 330 kcal

Für 4–6 Personen:
350 g halbierte, geschälte Mungbohnen (Moong Dal)
je 3/4 TL Chilipulver und Kurkuma
200 g Abschnitte von Süßwasserfischen
(große Köpfe, Schwanzenden)
5 EL Ghee
3 grüne Chilischoten
3/4 TL gemahlener Koriander
1 TL gemahlener Kreuzkümmel
Salz
1/2 TL Panch Phoran
1 TL Jaggery
1 TL Garam Masala

Die Mungbohnen gut verlesen. Einen Topf oder Wok erhitzen und die Bohnen darin unter Rühren anrösten, bis sie duften und leicht bräunen. Abkühlen lassen, abbrausen, mit Chili, Kurkuma und 1,2 l Wasser in einen Topf geben. Zugedeckt 30 Min. kochen lassen, bis die Bohnen fast weich sind.

Inzwischen die Fischabschnitte unter kaltem fließendem Wasser säubern und gut trockentupfen. 3 EL Ghee in einer Pfanne erhitzen und die Fischstücke darin in 8 Min. knusprig braun braten, leicht abkühlen lassen und in große Stücke brechen. Die Chilischoten waschen und in Ringe schneiden. Beides mit Koriander und Kreuzkümmel unter das Dal rühren. Die Bohnen salzen und in weiteren 10–15 Min. breiig kochen.

Übriges Ghee in einem Pfännchen erhitzen, Panch Phoran zugeben und unter Rühren braten, bis die Gewürze zu knistern und springen beginnen. Den Pfanneninhalt mit dem Jaggery unter die Bohnen rühren, 2 Min. kochen lassen. Zuletzt das Garam Masala unterrühren und nochmals 2 Min. köcheln lassen. Mit Reis servieren.

123

Links: Mangos sind sicherlich das beliebteste Obst. Für Pickles und Chutneys werden sie in unreifem Zustand wie Gemüse verarbeitet.
Rechts: Kürbisse auf dem Gemüsemarkt von Kochi.

Landwirtschaft bedeutet in Indien nach wie vor schwere Handarbeit, die vor allem von Frauen erledigt wird.

Gemüse
Niemals ohne

»Ahimsa«, die Unverletzbarkeit eines Lebewesens, ist in den meisten Religionsgemeinschaften Indiens oberstes Gebot.

Ein mehr oder weniger strikter Vegetarismus ist für gläubige Buddhisten, Jains oder Hindus meist selbstverständlich. Sicherlich gibt es neben diesen religiösen Gründen für fleischlose Kost auch ökonomische Ursachen: Wo Gemüse im Überfluss vorhanden und Arbeitsvieh im Ackerbau unverzichtbar ist, werden Kühe und Rinder zwangsläufig heilig.

Doch aus der Not wurde viel mehr als eine Tugend gemacht: Gemüse gehört in Indien zu jeder Mahlzeit. Die Zubereitungsweisen sind ebenso vielfältig wie die zur Verfügung stehenden Gemüsesorten. Das Angebot variiert je nach Jahreszeit und klimatischen Gegebenheiten der jeweiligen Anbauregion. So wartet man im Norden und Westen sehnsüchtig auf den Winter, der saftige Möhren und frisches *Saag* bringt – der Sammelbegriff *Saag* umfasst dabei eine riesige Bandbreite an grünem Blattgemüse von Spinat über Bockshornklee bis zu Senfblättern – oder freut sich im Süden auf den herbstlichen Erntesegen an Kürbissen in unterschiedlichsten Farben und Formen.

Solange die Gemüse Saison haben, werden sie frisch zubereitet: Als Salat, gedünstet, gedämpft, gebraten oder frittiert, in Sauce oder in Teig ausgebacken kommen sie täglich auf den Tisch. Dazu wird ein *Dal* serviert, das für die Eiweißversorgung in einer vegetarischen Kost sorgt.

Konservieren für die karge Zeit

Mit Chutneys und Pickles wird die Zeit zwischen zwei Ernteperioden überbrückt. Chutneys aus rohen oder gekochten Zutaten sind meist begrenzt haltbare Würzrelishs für den sofortigen Verbrauch, die als Ergänzung einfach zu Reis oder anderen Gerichten gereicht werden. Pickles oder *Achars*, wie sie in Indien genannt werden, sind dagegen richtige Konserven, die Obst, Gemüse, aber auch Fleisch und Fisch durch viel Gewürze, Säure, Salz und/oder Öl haltbar machen. Früher wurden beliebte Zutaten wie grüne unreife Mangos, Zitronen, Zwiebeln oder Chilis lediglich in der Sonne getrocknet und dann mit Gewürzen in Öl eingelegt. Heute kocht man sie oder kombiniert beide Arten der Konservierung.

INFO GEMÜSE

Auf dem Markt von Udaipur wird Gemüse in Hülle und Fülle angeboten: Chilis gehören aber immer in den Korb.

Salate – die frische Ergänzung

Obst-Chaat – kleiner Snack für zwischendurch
Frisches Obst wie Ananas, Papayas, Guaven, Orangen, Granatäpfel oder Äpfel einfach in gewünschter Menge und Zusammenstellung schälen und in mundgerechte Stücke schneiden, etwas Steinsalz und soviel Chaat Masala (s. Seite 227) darüber streuen, wie jeder persönlich mag.

Tomaten-Gurken-Salat – Chachumber
1/2 TL Kreuzkümmelsamen ohne Fett in einer Pfanne rösten. 2 Zwiebeln schälen, mit 2 Tomaten und 1/4 Gurke in grobe Würfel schneiden, mit abgekühltem Kreuzkümmel, 3–4 TL grob gehacktem Koriandergrün, 2 EL Zitronensaft, Salz und Pfeffer mischen und kurz durchziehen lassen.

Knackige Nussrohkost – Surati Saalad
Eine Variante von *Chachumber* aus der Region Surat in Gujarat: 1 TL halbierte Kichererbsen (Channa Dal) 5 Std. in Wasser einweichen. 1/4 Gurke mit 2 Tomaten fein würfeln. Mit je 2 EL gehackten, gerösteten Erdnüssen, Kokosflocken, 1 EL Sesamsamen und 1–2 gehackten grünen Chilischoten mischen. In einer Pfanne 1 EL Öl erhitzen, darin die abgetropften Linsen unter Rühren 2 Min. rösten, 1 Prise Asafoetida zugeben, 30 Sek. weiterrühren, unter den Salat mischen. Mit Salz und Zucker abschmecken.

Südindischer Rohkostsalat – Kosumalli
1 fein geriebene Möhre, je 1 kleine, gewürfelte Gurke und Tomate mit 1 gehackten grünen Chilischote, 2 EL Zitronensaft und nach Belieben 2 EL frisch geriebenem Kokosfleisch (ersatzweise Kokosflocken) mischen. 3/4 TL braune Senfsamen, 1/2 TL Kreuzkümmelsamen, 6–8 Curryblätter und 1 Prise Asafoetida in 2 EL heißem Öl unter Rühren 1 Min. braten. Mit dem Salat mischen und salzen.

Süßes Mango-Chutney

Chetnim doce de Manga – aus Goa
(im Bild unten)

Zubereitungszeit: 30 Min.
Pro Portion ca.: 145 kcal

Zutaten für 4 Personen:
1 große reife Mango, 1 rote Chilischote
100 g Zucker, 1 Knoblauchzehe
1 Stück frischer Ingwer (2 cm)
4 EL Weißweinessig, Salz

Die Mango schälen, das Fruchtfleisch vom Stein schneiden und klein würfeln. Die Chilischote in feine Ringe schneiden. Beides mit dem Zucker und 200 ml Wasser bei mittlerer Hitze in 10–15 Min. zugedeckt weich kochen.

Den Knoblauch und den Ingwer schälen und fein hacken, mit dem Essig dazugeben, salzen und offen weitere 5 Min. köcheln lassen. Abkühlen lassen.

Süßsaures Tomaten-Chutney

Tomato Khajoor Chutney – aus Westbengalen
(im Bild oben rechts)

Zubereitungszeit: 20 Min.
Garzeiten: 35 Min.
Pro Portion ca. 105 kcal

Für 4 Personen:
500 g reife Tomaten (ersatzweise 400 g stückige Tomaten aus der Dose)
2 Knoblauchzehen, 1 Stück frischer Ingwer (2 cm)
1/2 TL Kurkuma, 1/2 TL Chilipulver
3/4 TL gemahlener Kreuzkümmel
8 EL Weißweinessig, 2 EL Öl, 1 TL braune Senfkörner
Salz, 10 getrocknete Datteln, Zucker

Die Tomaten waschen, heiß überbrühen, häuten und ohne Stielansätze in kleine Stücke schneiden. Den Knoblauch und den Ingwer schälen, fein würfeln und mit Kur-

kuma, Chili, Kreuzkümmel und 6 EL Essig mischen. Das Öl in einer Pfanne erhitzen, darin die Senfkörner braten, bis sie knistern, die Essigmischung zugeben und unter Rühren köcheln lassen, bis der Essig fast völlig verdampft ist. 2 EL Essig nachgießen, kurz umrühren, dann die Tomaten zugeben und salzen. Bei schwacher Hitze in 20–25 Min. einköcheln lassen.

Die Datteln entsteinen und in kleine Stücke schneiden, zum Chutney geben und weitere 10 Min. köcheln lassen. Mit Zucker und eventuell nochmals etwas Essig abschmecken, abkühlen lassen.

Zitronen-Pickles

Nimbu-Achar (im Bild oben links)

Zubereitungszeit: 20 Min.
Ruhezeit: 1 Woche
Insgesamt ca.: 655 kcal

Für 1 Glas von ca. 1 l Inhalt:
10 möglichst dünnschalige unbehandelte Zitronen
Salz, 2 TL Kurkuma, 1 Stück frischer Ingwer (2 cm)
6 Knoblauchzehen, 100 ml Öl
1 TL braune Senfkörner
1/2 TL Bockshornkleesamen
6 getrocknete Chilischoten, 1 Prise Asafoetida

Die Zitronen heiß abwaschen. In einem Topf mit je 1 TL Salz und Kurkuma bestäuben, mit Wasser bedecken und zum Kochen bringen. 8–10 Min. kochen lassen. Zitronen in ein Sieb abgießen, kalt abspülen und abkühlen lassen.

Ingwer schälen und fein würfeln. Knoblauch schälen und halbieren. In einem Topf das Öl erhitzen, darin die Senfkörner anrösten, Bockshornkleesamen, übriges Kurkumapulver, Ingwer, Knoblauch und Chilischoten zugeben, unter Rühren 2 Min. braten. Vom Herd nehmen, Asafoetida und 80 g Salz unterrühren.

Die Zitronen abtrocknen, erst längs, dann quer in 8 Stücke schneiden und in ein sauber ausgespültes, verschließbares Glas schichten. Die Mischung über die Zitronen geben und gut mischen. Das Glas verschließen, kühl stellen und 1 Woche durchziehen lassen, dabei jeden Tag einmal den Glasinhalt durch Drehen des Glases mischen. Hält im Kühlschrank mehrere Wochen.

DER OSTEN REZEPTE

Bittergurken oder Karela sind mit ihrer runzlig-warzigen Schale unverkennbar. Sie sollten prall und tief grün, auf keinen Fall gelblich sein.

In der ayurvedischen Lehre werden Bittergurken aufgrund ihrer reinigenden Wirkung auf Blut, Leber und Galle geschätzt. Um den intensiv bitteren Geschmack zu mildern, müssen sie auf jeden Fall gekocht werden. Ein ganz einfaches Rezept hierfür: in dünne Scheiben schneiden, mit Salz und etwas Chilipulver würzen und anschließend frittieren.

Gemischtes Bitteres Gemüse

Shukto – aus Westbengalen

Zubereitungszeit: 25 Min.
Garzeit: 20 Min.
Pro Portion ca.: 105 kcal

Für 4 Personen:
1 Kartoffel
1 kleine Aubergine
1 grüne Kochbanane
1 Bittergurke
3 Drumsticks
1 EL braune Senfkörner
1 Stück Ingwer (2 cm)
2 EL Senföl
1/2 TL Panch Phoran
1/2 TL gemahlener Kreuzkümmel
3 EL Milch
1 TL Zucker

Die Kartoffel schälen und in 2 cm große Würfel schneiden. Die Aubergine waschen, putzen, längs vierteln und in 1 cm große Stücke schneiden. Die Banane schälen und in 1/2 cm breite Scheiben schneiden. Die Bittergurke waschen und in dünne Scheiben schneiden. Die Drumsticks waschen und in 2 cm lange Stücke schneiden.

Senfkörner mahlen oder im Mörser fein zerstoßen. Ingwer schälen, hacken, mit Senf und 2 EL Wasser im Mörser pürieren. Das Öl in einer tiefen Pfanne oder im Wok erhitzen, darin das Gemüse unter Rühren 2 Min. braten. Alle Gewürze und Senf-Ingwer-Paste zugeben und einige Sek. weiterbraten. Salzen und 200 ml Wasser zugeben, zugedeckt bei mittlerer Hitze 20 Min. kochen lassen.

Milch und Zucker zugeben und offen 3–5 Min. bei schwacher Hitze gar ziehen lassen. *Shukto* wird innerhalb eines Bengali-Menüs nur mittags serviert.

Spinat-Mischgemüse

Palong Sager Ghanto – aus Westbengalen

Zubereitungszeit: 55 Min.
Pro Portion ca.: 335 kcal

Für 4 Personen:
500 g Spinat (ersatzweise gehackter TK-Spinat)
1 kleine Aubergine
1 kleiner weißer Rettich
1 große fest kochende Kartoffel
2–3 grüne Chilischoten
150 g Kokosnussfleisch (s. Seite 225)
6 EL Öl
1/4 TL Panch Phoran
200 g grüne Erbsen (frisch oder TK)
1 TL Kurkuma
1/4 TL Paprikapulver, edelsüß
2 TL gemahlener Kreuzkümmel
1 1/2 TL gemahlener Koriander
Salz
1/2–1 TL Zucker

Den Spinat waschen, putzen, in einen Topf geben und bei starker Hitze in 2–5 Min. zusammenfallen lassen. Abkühlen lassen, ausdrücken und fein pürieren. TK-Spinat auftauen lassen.

Die Aubergine waschen und putzen, den Rettich und die Kartoffel schälen, alles in 1 cm große Würfel schneiden. Die Chilischoten in feine Ringe schneiden. Das Kokosnussfleisch fein reiben.

Das Öl in einem Topf erhitzen, darin Aubergine, Rettich und Kartoffel bei mittlerer Hitze unter Rühren in 8–10 Min. hellbraun anbraten, dann das Gemüse herausnehmen.

Panch Phoran ins heiße Öl geben und 30 Sek. unter Rühren anrösten. Spinat, Erbsen und die übrigen Gewürze zugeben, gut mischen und zugedeckt bei schwacher Hitze 5 Min. köcheln lassen, eventuell etwas Wasser dazugeben. Die angebratenen Gemüse, Chilis und 100 ml Wasser dazugeben, salzen und alles zugedeckt bei schwacher Hitze 15 Min. köcheln lassen. Kokosnussfleisch unterrühren, mit Zucker abschmecken, weitere 5 Min. offen köcheln lassen und mit Reis servieren.

Grüne Chilis geben den meisten Gerichten Bengalens sanfte Schärfe. Wie viel man sich davon gönnt, ist Geschmackssache.

Mohnkartoffeln

Alu Posto – aus Westbengalen
(im Bild unten)

Zubereitungszeit: 40 Min.
Pro Portion ca.: 285 kcal

Für 4 Personen:
750 g fest kochende Kartoffeln
1 Zwiebel
2–3 grüne Chilischoten
5 EL weiße Mohnsamen
4 EL Senföl
1 TL Kurkuma
1/4 TL Paprikapulver, edelsüß
Salz

Kartoffeln waschen, schälen und in 2 cm große Würfel schneiden. Die Zwiebel schälen, längs halbieren und in feine Streifen schneiden. Die Chilischoten in feine Ringe schneiden. Den Mohnsamen im Mörser mit 6 EL Wasser fein reiben. Oder den Mohn mahlen und mit 8 EL Wasser mischen.

Das Öl in einer tiefen Pfanne oder im Wok erhitzen, die Kartoffeln hineingeben und bei mittlerer Hitze unter Rühren in 5 Min. hellbraun anbraten. Chilis, Zwiebel, Kurkuma und Paprika 2–3 Min. mitbraten, dann die Mohnpaste und 1/2 l Wasser zugeben. Salzen und zugedeckt bei mittlerer Hitze 15–20 Min. köcheln lassen, bis die Kartoffeln weich sind, dabei gelegentlich umrühren. Eventuell gegen Ende der Garzeit den Deckel abnehmen, damit Flüssigkeit verdunsten kann. Mit Reis und anderen Gemüsen oder Salat servieren.

Senf-Bohnen

Sheem Sorsé – aus Westbengalen
(im Bild oben)

Zubereitungszeit: 35 Min.
Garzeit: 25 Min.
Pro Portion ca.: 145 kcal

Für 4 Personen:
2 EL braune Senfsamen
1 TL Kurkuma
1/2 TL Paprikapulver, edelsüß
500 g breite Bohnen
2 Zwiebeln
2–3 grüne Chilischoten
3 EL Senföl

Die Senfsamen mit 4 EL warmem Wasser im Mörser fein pürieren. Oder die Körner erst mahlen und dann mit Wasser verrühren. Kurkuma, Paprika und 150 ml Wasser zugeben und 10 Min. stehen lassen.

Inzwischen die Bohnen waschen, putzen und schräg in 3 cm lange Stücke schneiden. Die Zwiebeln schälen, halbieren und längs in feine Streifen schneiden. Die Chilischoten fein hacken.

Das Öl in einer Pfanne oder im Wok erhitzen, darin die Zwiebeln hellbraun anbraten. Die Bohnen dazugeben und 3–5 Min. unter Rühren braten. Chilis und Gewürzwasser dazugeben und salzen. Alles zum Kochen bringen und offen bei mittlerer Hitze 20–25 Min. garen. Dazu passt Reis.

Variante:
Die Bohnen lassen sich auch gut durch Okraschoten oder in Scheiben geschnittene Zucchini ersetzen.

Curry von grüner Papaya

Pépér Dalna (im Bild)

Zubereitungszeit: 1 Std.
Pro Portion ca.: 135 kcal

Für 4 Personen:
600 g grüne Papaya (Gemüse-Papaya aus dem Asienladen)
1–2 grüne Chilischoten
1 Fleischtomate
3 EL Ghee
1 Lorbeerblatt
1/4 TL Schwarzkümmel
1 1/4 TL gemahlener Koriander
1/2 TL gemahlener Kreuzkümmel
1/4 TL Kurkuma
Salz
1/2 TL Zucker

Die Papaya schälen, kurz kalt abspülen, längs vierteln, die weißen Kerne herausschneiden und das Fleisch in schmale Scheibchen schneiden. Die Chilis fein hacken. Die Tomate waschen, fein würfeln, dabei den Stielansatz entfernen.

Ghee in einer Pfanne oder im Wok erhitzen, darin das Lorbeerblatt und den Schwarzkümmel 30 Sek. unter Rühren braten. Papaya, Tomate und die übrigen Gewürze zugeben, Salz und Zucker unterrühren, 5 Min. bei schwacher Hitze braten, dabei gelegentlich umrühren. Dann 100 ml Wasser und die Chilis zugeben und offen 15–20 Min. weitergaren, ab und zu umrühren.

Auberginen in Joghurtsauce

Doi Begun – aus Westbengalen

Zubereitungszeit: 40 Min.
Marinierzeit: 30 Min.
Pro Portion ca.: 190 kcal

Für 4 Personen:
2 schmale Auberginen (ca. 500 g)
Kurkuma, Salz
2 EL Ghee
250 g Joghurt
1/2 TL Zucker
1/4 TL Chilipulver
2 TL gemahlener Kreuzkümmel
Öl zum Braten

Die Auberginen waschen, putzen und in 1 cm breite Scheiben schneiden. 2 Prisen Kurkuma mit etwas Salz mischen, Auberginen damit einreiben und 30 Min. stehen lassen.

Das ausgetretene Wasser von den Auberginen tupfen. Reichlich Öl in einer Pfanne oder im Wok erhitzen und die Auberginen darin portionsweise jeweils 2–3 Min. von beiden Seiten braten, bis sie leicht gebräunt und weich sind. Herausnehmen und auf Küchenpapier abtropfen lassen.

Das Öl aus der Pfanne entfernen und das Ghee darin erhitzen. Joghurt, Zucker und Chilipulver mischen, mit Salz abschmecken, in die Pfanne geben und gut verrühren. Die Auberginen in die Sauce legen und bei schwacher Hitze offen 10 Min. köcheln lassen. Vor dem Servieren mit Kreuzkümmel bestreuen. Mit Reis oder *Chapatis* (s. Seite 40) servieren.

Gut 20–30 cm lang können indische Papayas werden. Die unreifen, grünen, die wie Gemüse verwendet werden, bekommt man als Importware (meist aus Thailand) im Asienladen.

DER OSTEN REZEPTE

Trockenes Kartoffel-Rettich-Gemüse

Mulor Ghanto – aus Westbengalen

Zubereitungszeit: 55 Min.
Pro Portion ca.: 160 kcal

Für 4 Personen:
1 großer weißer Rettich (ca. 500 g)
2 große fest kochende Kartoffeln
5 EL Öl
Salz
3/4 TL Schwarzkümmel
1/2 TL Kurkuma
1/4 TL Chilipulver
1/4 TL Paprikapulver edelsüß
1/4 TL Garam Masala

Den Rettich und die Kartoffeln schälen, längs halbieren und beides in ca. 1 cm große Würfel schneiden.

In einer Pfanne oder im Wok 3 EL Öl erhitzen, darin die Kartoffeln unter Rühren in 3–5 Min. leicht hellbraun braten, salzen und herausnehmen.

Das übrige Öl in der Pfanne erhitzen, darin den Schwarzkümmel ca. 30 Sek. rösten, den Rettich dazugeben und unter gelegentlichem Rühren bei mittlerer Hitze 3–5 Min. anbraten. Kurkuma, Chilipulver und Paprika darüber stäuben, die Kartoffeln zugeben, salzen und zugedeckt bei schwacher Hitze 25–30 Min. schmoren. Dabei gelegentlich umrühren, eventuell hin und wieder je 1–2 EL Wasser zugeben. Kurz vor Garzeitende Garam Masala unterrühren. Wer will, kann das Gemüse mit Joghurt servieren.

Weißkohl-Curry

Bandhakopir Dalna – aus Westbengalen (im Bild)

Zubereitungszeit: 1 Std.
Pro Portion ca.: 170 kcal

Für 4 Personen:
500 g Weißkohl
2 Kartoffeln
2 Tomaten
1 Stück frischer Ingwer (2 cm)
3 EL Öl
1 TL Kurkuma
1/2 TL Chilipulver
1 1/2 TL gemahlener Kreuzkümmel
1 TL gemahlener Koriander, Salz
100 g grüne Erbsen
1 EL Ghee
2 Lorbeerblätter
1/2 TL Garam Masala

Den Kohl waschen, den Strunk entfernen und den Kohl in feine Streifen schneiden. Die Kartoffeln schälen und in 1 cm große Würfel schneiden. Die Tomaten waschen, fein würfeln, dabei die Stielansätze entfernen. Den Ingwer schälen und fein würfeln.

Das Öl in einem Topf erhitzen, darin die Kartoffelwürfel in 8 Min. unter Rühren hellbraun braten, herausnehmen. Den Kohl ins verbliebene Öl geben und 3 Min. anbraten. Kurkuma, Chilipulver, Kreuzkümmel, Koriander und den Ingwer dazugeben, salzen. Die Kartoffeln und Tomaten unterheben und 50 ml Wasser zugeben. Zugedeckt bei schwacher Hitze 15 Min. köcheln lassen; sollte das Gemüse zu trocken werden, eventuell etwas Wasser zugeben. Die Erbsen zugeben und weitere 5–7 Min. köcheln lassen.

Das Ghee in einer kleinen Pfanne erhitzen, darin die Lorbeerblätter 2 Min. unter Rühren braten, Garam Masala darüber stäuben, kurz weiterbraten und dann das Ganze unter den Kohl rühren. Das Curry mit Reis oder *Parathas* (s. Seite 40) servieren.

Das geduldige Auspalen von Erbsen kann man sich zum Glück sparen, wenn im Weißkohl-Curry einfach Tiefkühlerbsen verwendet werden.

Wer kann, macht während »Durga Puja« frei. Vor den *Pandals* werden Buden und Bühnen aufgebaut. Unterhaltung und Leckereien wie *Pao Bhaji* begegnen einem in der ganzen Stadt auf Schritt und Tritt.

Durga tötet Mahishasura: Obwohl jedes Mal dasselbe Geschehen dargestellt wird, unterscheiden sich die vielen *Pandals*, die man während des Festes aufbaut, im Charakter des Dargestellten erheblich voneinander.

Durga Puja
Ein bengalisches Festessen

Bhog ist eine kulinarische Besonderheit während Durga Puja. Es darf nur von einem oder einer Brahmin, Angehöriger der Priesterkaste, gekocht werden. Khichuri, ein risottoähnliches Gericht mit Reis und Linsen ist die beliebteste Bhog-Variante, auch wegen der gelben Farbe, der Farbe von Sonnenschein und Wohlstand.

Bei »K. C. Das«, dem altehrwürdigen Sweet-Shop im Herzen von Kalkutta, herrscht Hochbetrieb. Nebst den üblichen Kunden, die sich ihren Alltag mit einer Kleinigkeit versüßen, stehen in diesen Tagen besonders viele Menschen Schlange, um sich schachtelweise mit *Rossogollas*, *Rossomalai* oder *Misti Doi* einzudecken – nicht für sich selbst, sondern als Geschenke für Verwandte und Freunde. Denn es ist *Durga Puja*, das wichtigste Fest der Bengalen, das Fest der Mutter Durga.

Das Gute siegt über das Böse
Durga verkörpert das Gute, das über das Böse siegt. Überall in Kalkutta ist sie während des bengalischen Monats *Aswin* – zwischen September und Oktober – zu sehen: als achtarmige Göttin auf einem Löwen reitend, ihr zur Seite ihre Kinder Ganesh, Saraswati and Lakshmi und ihr zu Füßen der besiegte Bösewicht Mahishasura. Monate vorher haben Bildhauer die Statuen geschaffen. Sie sind alle aus Lehm, bemalt in pastellenen Farbtönen und mit viel, viel Blattgold, eingekleidet in leuchtende Stoffe. Die Figurengruppen übertreffen sich in Ausstattung und Größe, wie die *Pandals*, in denen sie ausgestellt werden. *Pandals* entstehen zu *Durga Puja* in sämtlichen Vierteln Kalkuttas. Es sind Verehrungsstätten aus Bambusgerüsten und Leinwand, Holz und Pappe. Manchmal nehmen sie überraschende unindische Formen an. So ist ein Trevi-Brunnen-*Pandal* ebenso verbürgt wie ein *Pandal* in Form eines Kinderkopfes, den die Last des Lernens zum Weinen bringt.

Oftmals stehen die *Pandals* in eigentlichen Vergnügungsparks, wo Schauspieler und Sänger auftreten, fliegende Händler ihr Glück versuchen und sich Essenstände aneinander reihen. Wer es sich nur ein wenig leisten kann, isst auswärts und verbringt die Zeit in oder um einen der *Pandals*. Viele *Pandals* sind von Bier- und Schnapsfirmen gesponsert. Kein Wunder, während *Durga Puja* fließt auch reichlich Alkohol. Ganze Eventmanagement-Unternehmen haben sich inzwischen der Sache angenommen, organisieren für ihre Auftraggeber das perfekte Fest. Dazu gehört die Information der Presse – die Zeitungen berich-

DURGA PUJA REPORTAGE

Ende und Höhepunkt des Festes zugleich: Die Statuen werden dem Hooghly übergeben.

ten täglich über besondere *Pandals* – bis hin zur Zubereitung der Festgerichte.

Eine Stadt im Ausnahmezustand
Während *Durga Puja* ist Kalkutta sozusagen im Ausnahmezustand – in einem sehr positiven Sinn allerdings. Es ist eine fröhliche, ausgelassene Zeit. Aber das sind Feste in Indien im Allgemeinen. Obwohl jedes Fest religiöse Bezüge aufweist, herrscht vor allem Ausgelassenheit. Ob während *Holi* im Frühling, wenn man sich mit Pulver und Flüssigkeiten in allen Farben des Regenbogens eindeckt, um sich gegenseitig zu bemalen, oder während *Diwali*, dem Lichterfest, wenn auf dem Ganges und anderen Flüssen des Landes abertausende brennende Kerzen dahintreiben, stets sind es Anlässe für Freude. Und stets spielt das Essen eine besondere Rolle dabei. Das Ende von Durga Puja wird in einer gemütvollen, pompösen Aktion begangen. Am Abend des letzten Tages fahren Lastwagen, beladen mit den Figurengruppen aus den *Pandals* zum Hooghly-Ufer – in atemberaubendem Tempo, hupend und mit einer johlenden Schar auf dem Ladedeck. Jeder Trupp will der Erste sein am Fluss. Aber schon staut sich dort der Verkehr. Unter Trommeln und Pfeifen und unter schrillen Rufen der Verehrung für die Göttermutter werden die Statuengruppen auf nackte, schwitzende Schultern geladen und zu einem der Landungsstege gebracht. Polizisten sorgen mit harschen Befehlen und Schlagstöcken dafür, dass nicht alle gleichzeitig die glitschigen Treppen zum Ufer hinabsteigen, wo bereits Dutzende, ja Hunderte von Durgas, das rosafarbene Gesicht dem verblassenden Himmel zugewandt, in der braunen Brühe des Hooghly der See entgegenschwimmen. Weihrauch umnebelt die Sinne. Eine Frau bläst auf einer Muschel einen langen, traurigen Abschiedston. Ein Mädchen im blauen Sari schlägt apathisch einen Gong. Auf dem Hooghly fährt ein zweistöckiges, mit Lichtergirlanden verziertes Ausflugsboot flussaufwärts, und noch mehr Durgas werden zu Wasser gelassen, bis die Dunkelheit hereinbricht und *Durga Puja* für dieses Jahr endgültig vorbei ist.

137

Bananenblüte im Päckchen

Mochar Paturi – Spezialität aus Westbengalen (im Bild rechts)

Zubereitungszeit: 1 1/4 Std.
Ruhezeit: 1 Std.
Garzeiten: 35 Min.
Pro Portion ca.: 240 kcal

Für 4 Personen:
1–2 Bananenblüten (ca. 900 g), Salz
3–4 grüne Chilischoten, 1 EL braune Senfkörner
1 EL weiße Mohnsamen, 1/2 TL Kurkuma
1/4 TL Paprikapulver, edelsüß
130 ml Senföl, 1 TL Zucker
1 Bananenblatt
Zahnstocher

Die Bananenblüten waschen – zum weiteren Verarbeiten Gummihandschuhe tragen. Die äußeren, harten Blätter entfernen, ebenso die winzigen unreifen Bananen. Nur der innere, weiße Blütenkern ist verwendbar; diesen vierteln und in dünne Streifen schneiden. Die Streifen 1 Std. in 1 l kaltes Wasser mit 1 EL Salz legen.

Streifen aus dem Wasser nehmen, kalt abspülen und in einem Topf mit Wasser bedecken. Zugedeckt 15–20 Min. kochen lassen, bis die Blüten weich sind, dann in ein Sieb abgießen, abtropfen lassen, gut ausdrücken und grob hacken. Chilischoten grob hacken und mit Senf- und Mohnsamen, Kurkuma, Paprika und 3 EL warmem Wasser zu einer feinen Paste pürieren (oder im Mörser zerreiben). Mit 100 ml Senföl, Salz und Zucker mischen.

Den Backofen auf 180° vorheizen. Das Bananenblatt waschen, mit einem Geschirrtuch glänzend reiben und quer in 4 gleich lange Streifen schneiden. Die Bananenblüten mit dem Würzöl mischen. Je 1 Bananenblatt kreuzweise über 1 anderes legen, die Hälfte der Blütenmasse darauf geben, die vier Seiten nach oben zusammenschlagen und das Päckchen mit 1 Zahnstocher verschließen. Den Rest ebenso verarbeiten.

Restliches Öl in einer ofenfesten Pfanne erhitzen, die Päckchen darin beidseitig je 3 Min. anbraten. Die Pfanne in den Ofen (Mitte, Umluft nicht empfehlenswert) stellen und die Päckchen 15 Min. garen. Die Päckchen zum Servieren öffnen. Dazu passen Reis und ein Fischgericht.

Senffisch im Bananenblatt

Maacher Paturi – Spezialität aus Kalkutta (im Bild links)

Zubereitungszeit: 1 1/4 Std.
Garzeit: 25 Min.
Pro Portion ca.: 470 kcal

Für 4 Personen:
1 kg Fischfilet (z. B. Zander oder Lachs)
2 EL Zitronensaft, Salz
je 50 g braune und gelbe Senfkörner
2–3 grüne Chilischoten, 1 TL Kurkuma
1 1/2 TL Zucker, 150 ml Senföl
3–4 Bananenblätter (ersatzweise Alufolie)
Zahnstocher

Den Fisch kalt abspülen, trockentupfen, in 4 gleiche Stücke schneiden, mit Zitronensaft beträufeln und leicht salzen.

Die Senfkörner mit 5 EL Wasser im Mörser fein zerreiben (oder trocken in einer Mühle mahlen und anschließend mit Wasser mischen), kurz quellen lassen. Die Chilischoten fein hacken, mit der Senfmasse, Kurkuma, Zucker, etwas Salz und 100 ml Öl mischen.

Die Bananenblätter waschen, mit einem Geschirrtuch gut abreiben. Die Blätter in 8 Streifen von etwa 10 cm Länge schneiden. Die Blattstücke kurz in heißes Wasser tauchen, damit sie sich leichter verarbeiten lassen.

Den Ofen auf 180° vorheizen. Je 2 Blattstücke kreuzweise übereinander legen und 1 Stück Fisch in der Mitte platzieren. Die Senfmasse gleichmäßig auf den Fischstücken verteilen, die Blätter nach oben über den Fisch klappen und mit 1 Zahnstocher feststecken.

Das restliche Öl in einer ofenfesten Pfanne erhitzen, darin die Bananenpäckchen von unten 3–5 Min. anbraten. Die Pfanne in den Ofen (Mitte, keine Umluft) stellen, den Fisch in 20–25 Min. fertig garen. Herausnehmen, kurz durchziehen lassen, öffnen und mit Reis servieren.

TIPP

Wer keine Bananenblätter bekommt, packt den Fisch einfach in Alufolie und legt diese auf ein Blech im Ofen.

DER OSTEN REZEPTE

Panch Phoran ist das wichtigste Gewürz Westbengalens. Übersetzt heißt es 5 Gewürze. Es enthält Schwarzkümmel, braune Senfkörner, Fenchel-, Bockshornklee- und Kreuzkümmelsamen.

Einfach geschmacklos *finden die Bengalen Meeresfisch und bevorzugen Süßwasserfische aus Flüssen und Seen: z. B. den großen karpfenähnlichen Rohu, die immer lebend angebotenen kleinen, golden schimmernden Kois oder als besondere Spezialität Hilsa, der möglichst nur außerhalb der Brutzeit gefangen werden darf.*

DER OSTEN REZEPTE

Fisch in Joghurtsauce

Maacher Doi Maach – aus Westbengalen

Zubereitungszeit: 40 Min.
Pro Portion ca.: 355 kcal

Für 4 Personen:
1 Karpfen (ca. 1 kg, vom Fischhändler in
4–6 Koteletts schneiden lassen)
2 EL Rosinen (nach Belieben)
2 Zwiebeln
2 EL Ghee
1 Lorbeerblatt
3 TL Ingwer-Knoblauch-Paste (s. Seite 227)
1/2 TL Kurkuma
1–1 1/2 TL Chilipulver
1/4 TL Garam Masala
150 g Joghurt
Salz, 1 TL Zucker
Öl zum Braten

Den Fisch waschen und trockentupfen. Die Rosinen in
etwas heißem Wasser einweichen. Öl in einer Pfanne oder
im Wok erhitzen und die Fischkoteletts darin portionsweise in je 2–3 Min. pro Seite leicht braun braten. Herausnehmen und auf Küchenpapier abtropfen lassen.

Die Zwiebeln schälen und fein hacken. Ghee erhitzen, das
Lorbeerblatt einige Sek. darin anbraten, Zwiebeln zugeben
und unter Rühren hellbraun braten. Ingwer-Knoblauch-
Paste und die übrigen Gewürze zugeben. Unter Rühren
braten, bis die Masse dunkler wird. Dann den Joghurt
sowie 150 ml Wasser zugeben.

Die Joghurtsauce mit Salz und Zucker abschmecken und
offen bei mittlerer Hitze 5 Min. ganz sanft köcheln lassen.
Den Fisch und nach Belieben die abgegossenen Rosinen
in die Sauce geben. Bei schwacher Hitze in weiterer
15 Min. gar ziehen lassen. Mit Reis servieren.

Scharfes Fischcurry mit Kartoffeln und Blumenkohl

Maacher Alu Phulkopir Jhol

Zubereitungszeit: 55 Min.
Ruhezeit: 30 Min.
Pro Portion ca.: 170 kcal

Für 4–6 Personen:
500 g festfleischiges Fischfilet (z. B. Seelachs,
Rotbarsch oder Kabeljau)
1 1/2 TL Kurkuma, Salz
2 Kartoffeln
1 kleiner Blumenkohl
6 EL Senföl
2 Lorbeerblätter
1 TL gemahlener Kreuzkümmel
1 1/2 TL gemahlener Koriander
1/8 TL Panch Phoran
3–4 grüne Chilischoten

Die Fischfilets waschen, trockentupfen und in 6–8 große
Stücke schneiden. Mit Kurkuma und etwas Salz einreiben
und zugedeckt 30 Min. kühl stellen.

Die Kartoffeln schälen und längs achteln. Den Blumenkohl waschen, putzen und in Röschen brechen. 4 EL Öl in
einer Pfanne oder im Wok erhitzen, darin die Fischfilets
beidseitig in 2 Min. leicht braun braten. Aus dem Öl
heben und auf Küchenpapier abtropfen lassen. Restliches
Öl in die Pfanne zum Bratöl geben. Darin portionsweise
Kartoffeln und Blumenkohl bei mittlerer Hitze unter
Rühren 3 Min. braten, herausnehmen.

Das verbliebene Bratöl stark erhitzen, Lorbeerblätter hineingeben und anrösten, die übrigen Gewürze zugeben,
kurz durchrühren, dann mit 3/4 l Wasser aufgießen. Kartoffeln und Blumenkohl zugeben, salzen und zugedeckt
bei schwacher Hitze 15 Min. kochen lassen.

Die Chilischoten waschen, in feine Ringe schneiden, zum
Gemüse geben und weitere 5 Min. garen. Dann den Fisch
einlegen und offen bei schwacher Hitze in 10 Min. fertig
garen. Mit Reis servieren.

141

Garnelen in der Kokosnuss

Chingri Daab – aus Westbengalen (im Bild)

Zubereitungszeit: 20 Min.
Garzeit: 1 Std.
Bei 6 Personen pro Portion ca.: 285 kcal

Für 4–6 Personen:
1 grüne unreife Kokosnuss (Trinkkokosnuss)
3 EL braune Senfkörner
1 kg geschälte rohe Garnelen
250 g Zwiebeln
Fleisch von 1 Kokosnuss (s. Seite 225)
1 TL Kurkuma
4 EL Senföl, Salz

Den Backofen auf 175° vorheizen. Das untere Ende der grünen Kokosnuss gerade abschneiden, so dass die Kokosnuss auf der Schnittfläche aufrecht stehen kann. Das obere Ende als Deckel abschneiden. Das Kokosnusswasser abgießen und als erfrischenden Drink genießen.

Senfkörner mahlen und mit 5 EL heißem Wasser mischen. Die Garnelen waschen, falls nötig, die Darmfäden am Rücken herausschneiden und große Exemplare in mundgerechte Stücke schneiden.

Die Zwiebeln schälen und längs in feine Streifen schneiden, das Kokosfleisch fein reiben. Beides mit den Garnelen, Senfpaste, Kurkuma und Senföl mischen, salzen.

Die Garnelen in die Kokosnuss füllen, den Deckel auflegen und die Nuss im Ofen (Umluft 150°) 1 Std. garen. Im dekorativen Nuss-Topf servieren – am besten zu Reis.

TIPP

Sollte keine grüne Kokosnuss zu finden sein, kann auch ein sauber gespülter Tonblumentopf genommen werden, den man in Alufolie einschlägt. So ist das Loch im Boden abgedichtet und man hat gleichzeitig einen Deckel. Allerdings geht schon etwas vom besonderen Kokosgeschmack verloren.

Garnelen-Kokos-Curry

Chingri Malai – aus Westbengalen

Zubereitungszeit: 25 Min.
Pro Portion ca.: 395 kcal

Für 4 Personen:
500 g geschälte rohe Garnelen
2 Zwiebeln
2 EL Ghee
1 Lorbeerblatt
2 TL Kurkuma
1/2 TL Chilipulver
1 TL Garam Masala
400 ml Kokosmilch (Dose)
1 TL Zucker, Salz

Die Garnelen waschen, falls nötig, die schwarzen Darmfäden am Rücken der Garnelen mit einem scharfen Messer entfernen.

Die Zwiebeln waschen, grob hacken und im Mixer pürieren. Das Ghee in einer Pfanne oder im Wok erhitzen, das Lorbeerblatt darin unter Rühren 1 Min. braten. Die Zwiebelmasse und die übrigen Gewürze zugeben, 2 Min. weiterbraten, dabei ständig rühren. 1/4 l Kokosmilch zugießen, Zucker zugeben, salzen und bei starker Hitze offen 5 Min. kochen lassen.

Die Garnelen in die Sauce geben und zugedeckt bei schwacher Hitze 10 Min. garen. Die restliche Kokosmilch zugießen und bei mittlerer Hitze offen weitere 5 Min. köcheln lassen. Dazu passt Reis oder *Pooris* (s. Seite 40).

DER OSTEN REZEPTE

> Die Zubereitung der Betelhappen folgt immer demselben Prinzip: Die Betelnüsse werden zerteilt, einige Betelblätter übereinandergelegt, mit Kalkpaste und Zitronensaft bestrichen, anschließend mit Gewürzen und den Nuss-Stücken bestreut und dann zusammengefaltet.

> Zu säuberlichen Stapeln aufgeschichtet werden Betelblätter auf fast allen indischen Märkten angeboten.

Paan Masala
davor und danach

Betelkauen ist in vielen Ländern Südostasiens verbreitet. In Indien genießt man Betel aromatisch verpackt als anregenden Digestif.

Die erste Begegnung mit *Paan* lässt in Indiens Städten nicht lange auf sich warten. Rote Flecken auf dem Straßenpflaster und an Mauern geben Rätsel auf und lassen dunkle Ahnungen aufkommen. Wenn dann plötzlich ein Passant in unmittelbarer Nähe einen Schwall roter Flüssigkeit ausspuckt, heißt es Ruhe bewahren: Hier handelt es sich nicht um einen Notfall, sondern um ein ganz normales indisches Alltagsritual.

Betelkauen, eine verbreitete Gewohnheit

Paan zu kauen ist in ganz Indien verbreitet. Geschlechterübergreifend frönt man dieser Leidenschaft rund um die Uhr. *Paan*, so erklären die einen, rege den Appetit an und sei deshalb vor dem Essen zu kauen. Andere halten es mit der Theorie, es sei verdauungsfördernd und damit ideal als Digestif. Selbst aphrodisierende Effekte werden dem *Paan* zugeschrieben. Wissenschaftlich bewiesen ist jedenfalls, dass Betelnüsse, die Früchte der Arecapalme, Alkaloide enthalten, die anregen ohne zu berauschen. In Maßen genossen macht es jedenfalls nicht süchtig, wie immer wieder behauptet wird.

Krönender Abschluss

Betel ist in erster Linie ein Genussmittel, das als appetitliches Päckchen, als so genanntes *Paan Masala*, fertig gefaltet an jeder Straßenecke bei einem *Paan-Wallah* zu bekommen ist. Bei vornehmen Diners wird es als krönender Abschluss in eigens dafür bestimmten silbernen Dosen serviert.

Paan ist dabei die Bezeichnung für das Betelblatt, in das eine Mischung mit Betelnüssen (*Supari*) gewickelt wird. Die herzförmigen Betelblätter stammen allerdings nicht wie die Nuss von der Betelpalme, sondern von einer zur Familie der Pfeffergewächse gehörenden Schlingpflanze. Zubereitet werden die Betelbissen immer nach dem gleichen Prinzip: Ein Blatt wird mit etwas Kalkpaste und Zitronensaft bestrichen. Darauf kommt eine Mischung aus zerstoßenen Gewürzen wie Nelken, Kardamom, Fenchel, Kampfer oder Minze, süßem oder scharfem Chutney und

PAAN MASALA BETEL REPORTAGE

Als appetitliche kleine Kegel werden die Betelbissen den Kunden präsentiert. Oft werden sie noch mit Zuckerwerk, Blütenblättern oder sogar Silberfolie verziert.

zu guter Letzt grob zerteilte Betelnüsse. Diese ähneln sowohl im Aussehen wie im Geschmack Muskatnüssen. Die Blätter werden nun kunstvoll über der Mischung zu einem Dreieck zusammengefaltet. Und so wird das Ganze in den Mund befördert. Leicht angekaut, gibt es über längere Zeit würzig-aromatischen Saft ab, der Mundraum und Speichel tief-rot färbt. Bei den meistens angebotenen *Mitha-Paan*-Päckchen (diese sind mit einer süßen Mischung gefüllt) ist das völlig unbedenklich.
Vorsicht ist dagegen bei *Saadha-Paan* geboten. Ihm wird Tabak zugesetzt – und der ist vor allem in dieser konzentrierten Form tatsächlich gesundheitsschädigend.

Indische Digestifs
Zur Verdauung werden neben den *Paan-Masala*-Päckchen auch *Masala Supari*, also Mischungen aus Betelnüssen mit Gewürzen, gereicht. Wer keinen Geschmack an Betel findet, greift auf die Fenchel-Gewürzmischung zurück. Beide Gewürzmischungen sind leicht selbst zu machen.

Betelnuss-Masala
Für 4 Personen aus 3 grünen Kardamomkapseln die schwarzen Samen brechen. Mit 1/2 TL weißen Mohnsamen, 1 EL Melonenkernen, 4 EL Kokosflocken, 1 EL Fenchelsamen und 3 Gewürznelken in einer Pfanne ohne Fett 2–3 Min. unter Rühren rösten. 1 TL Ghee in einer Pfanne erhitzen, darin 2 EL Betelnüsse in Stückchen 1–2 Min. rösten, abkühlen lassen und mit den übrigen Zutaten mischen. Mit 1 Prise Muskatnuss würzen. Das *Masala* wird nach dem Essen als Digestif zerkaut.

Fenchel-Masala
Für 4 Personen 3 EL Fenchelsamen in einer Pfanne ohne Fett in 2–3 Min. rösten, abkühlen lassen und mit 1 EL feinem Kandiszucker mischen. Als Munderfrischer und Verdauungshilfe zum Knabbern nach dem Essen reichen.

Fisch in scharfer Rosinensauce

Maacher Jhal – bengalische Festtagsspezialität

Zubereitungszeit: 30 Min.
Ruhezeit: 1 Std.
Pro Portion ca.: 380 kcal

Für 4 Personen:
6 kleine küchenfertige Fische (à ca. 100–120 g,
z. B. Rotbarben, Heringe oder Egli)
1/2 TL Kurkuma, Salz
1 große Zwiebel
1 Stück frischer Ingwer (2 cm)
2–3 grüne Chilischoten
5 EL Ghee
1/4 TL Schwarzkümmel
1 getrocknete Chilischote
3 EL Weißweinessig
1 TL Zucker
4 EL Rosinen
2 EL Mandelblättchen

Die Fische innen und außen mit kaltem Wasser waschen und trockentupfen. Kurkuma und etwas Salz mischen, den Fisch damit einreiben und zugedeckt 1 Std. marinieren.

Die Zwiebel und den Ingwer schälen, grob hacken und im Mörser zu einer feinen Paste zerreiben. Chilischoten in dünne Ringe schneiden.

3 EL Ghee in einer Pfanne erhitzen, darin die Fische beidseitig 2 Min. anbraten, dann herausnehmen.

Restliches Ghee zum Bratfett geben, darin Schwarzkümmelsamen und getrocknete Chilischote 30 Sek. rösten, dann die Zwiebel-Ingwer-Paste zugeben und unter Rühren 1 Min. braten. Grüne Chilis, Essig, Zucker und 1/8 l Wasser zugeben, Rosinen unterrühren und salzen, dann offen bei starker Hitze in 5 Min. einkochen lassen. Die Hitze reduzieren und die Fische wieder hineinlegen. Zugedeckt bei schwacher Hitze in 5–7 Min. gar ziehen lassen. Vorsicht, die Fische sollen nicht zerfallen. Die Mandelblättchen in einer Pfanne ohne Fett rösten und vor dem Servieren über das Gericht streuen.

Lamm mit Kichererbsen

Mangshor Ghugni – aus Westbengalen
(im Bild)

Zubereitungszeit: 1 Std.
Pro Portion ca.: 445 kcal

Für 4 Personen:
250 g Lammfleisch (aus der Keule)
2 Zwiebeln
1 Stück frischer Ingwer (3 cm)
2 Tomaten
2 fest kochende Kartoffeln
1 Dose Kichererbsen (Füllgewicht 400 g)
3 EL Ghee
2 getrocknete Chilischoten
1 1/2 TL gemahlener Kreuzkümmel
1/2 TL Kurkuma
1 TL Paprikapulver, edelsüß
1 1/2 TL Garam Masala
Salz, schwarzer Pfeffer
60 g frisches Kokosnussfleisch (s. Seite 225,
ersatzweise Kokosflocken)
1/2 TL Zucker

Das Lammfleisch in ca. 2 cm große Würfel schneiden. Die Zwiebeln schälen und würfeln, den Ingwer schälen und fein würfeln. Die Tomaten waschen, achteln, dabei die Stielansätze entfernen. Die Kartoffeln schälen und in 1 cm große Würfel schneiden.

Die Kicherbsen in ein Sieb geben, kalt abbrausen und abtropfen lassen. Das Ghee in einem Topf erhitzen, darin die Zwiebeln gut braun anbraten. Das Fleisch und die Chilischoten zugeben und 3 Min. unter Rühren anbraten. Kreuzkümmel, Kurkuma, Paprika und 1 TL Garam Masala darüber stäuben, kurz weiterbraten, salzen und reichlich pfeffern. Dann die Kichererbsen, Tomaten, Kartoffeln und 1/4 l Wasser zugeben.

Alles zugedeckt bei mittlerer Hitze 20 Min. köcheln lassen, dabei ab und zu umrühren. Inzwischen das Kokosnussfleisch in feine Stücke schneiden und unter das Fleisch heben. Weitere 10–15 Min. garen. Mit Zucker und Salz abschmecken, 1/2 TL Garam Masala unterrrühren und mit *Pooris* (s. Seite 40) oder Reis servieren.

DER OSTEN REZEPTE

Lammkeule mit Mandelkruste

Lamb Raan – anglo-indische Spezialität
(im Bild rechts)

Zubereitungszeit: 20 Min.
Marinierzeit: 6 Std.
Garzeit: 1 3/4 Std.
Bei 8 Personen pro Portion ca.: 510 kcal

Für 6–8 Personen:
1 Lammkeule mit Knochen (ca. 1,6 kg)
4 Knoblauchzehen
1 Stück frischer Ingwer (3 cm)
1/2 unbehandelte Zitrone
2 EL weißer Mohnsamen
400 g Joghurt
2 1/2 TL gemahlener Kreuzkümmel
1 TL Chilipulver
1/2 TL gemahlener Kardamom
1 1/2 TL Garam Masala, Salz
2 Zwiebeln
400 ml Lammfond (Glas)
100 g Mandelblättchen
Pfeffer
Öl zum Braten

Die Lammkeule kalt abspülen, trockentupfen und rundherum mit einem spitzen Messer ca. 20-mal tief einstechen.

Knoblauch schälen und grob hacken, den Ingwer schälen und fein würfeln. Die Zitrone heiß waschen, abtrocknen und die Schale abreiben, den Saft auspressen. Den Mohn im Mörser grob zerstoßen. Alles mit 300 g Joghurt, Kreuzkümmel, Chilipulver, Kardamom und 1 TL Garam Masala in einen Mixer geben und fein pürieren. Salzen und die Keule damit bestreichen, dabei Joghurt in die Einschnitte drücken. Zugedeckt im Kühlschrank 6 Std. marinieren.

Den Backofen auf 180° vorheizen. Die Zwiebeln schälen und längs in feine Streifen schneiden. Öl im Bräter erhitzen, die Zwiebeln darin hellbraun anbraten. Die Lammkeule in den Bräter legen, Lammfond angießen, Bräter zudecken und die Keule im Ofen (Mitte, Umluft 160°) 1 Std. schmoren.

Inzwischen Mandeln leicht zerbröseln, mit 1/2 TL Garam Masala unter 100 g Joghurt mischen, salzen und pfeffern. Die Lammkeule aus dem Ofen nehmen, wenden und mit der Joghurt-Mandel-Masse bestreichen. Die Keule offen weitere 45 Min. garen, dabei ab und zu mit etwas Bratensaft begießen. Die Keule aus dem Ofen nehmen, vor dem Anschneiden kurz ruhen lassen und dann mit der Bratensauce servieren. Dazu passt *Naan* (s. Seite 39) oder Bengalisches Reispulao.

Bengalisches Reispulao

Ghee Bhat (im Bild links)

Zubereitungszeit: 25 Min.
Pro Portion ca.: 650 kcal

Für 4 Personen:
400 g Basmatireis
8 EL Ghee
2 Stück Zimtrinde
4 grüne Kardamomkapseln
2 Lorbeerblätter
5 Gewürznelken
2 EL Rosinen
2 Zwiebeln

Den Reis in ein Sieb geben und unter fließendem kaltem Wasser so lange abbrausen, bis das Wasser fast klar ist.

6 EL Ghee in einem Topf erhitzen, darin Zimtrinde, Kardamom, Lorbeerblätter und Nelken unter Rühren 1–2 Min. anbraten. Den Reis mit den Rosinen zugeben und weitere 2 Min. unter Rühren anschwitzen, dann 800 ml Wasser zugießen und den Reis bei ganz schwacher Hitze zugedeckt 15–20 Min. garen, eventuell auf der ausgeschalteten Herdplatte noch nachziehen lassen, bis das Wasser vollständig aufgesogen ist.

Inzwischen die Zwiebeln schälen und in schmale Ringe schneiden. Das übrige Ghee in einer Pfanne erhitzen und die Zwiebeln darin goldbraun und knusprig braten. Den Reis mit einer Gabel auflockern und die Zwiebeln mit dem Ghee vor dem Servieren darüber geben.

DER OSTEN REZEPTE

Würze brachten die indischen Hausköche in die Töpfe ihrer britischen Herrschaften, wenn beim Jalfraizi die Reste des Roastbeefs einfach indisch aufbereitet wurden.

Mulligatawny leitet sich wohl von der tamilischen Bezeichnung für »Feuerwasser« (s. Rezept Seite 164) ab. Die ungewohnte Schärfe war für die Briten etwas Neues, das sie in ihre Küche integrierten. Genauso kannte man in Indien keine Suppen auf der Grundlage von Fleisch- oder Hühnerbrühe – hier geht beides eine neue, ideale Verbindung ein. Und für alle, die es etwas mehr britisch mögen oder keine Kokosmilch zur Hand haben: einfach Sahne verwenden.

Jalfraizi

Jhal Feeraz – anglo-indische Spezialität

Zubereitungszeit: 25 Min.
Pro Portion ca.: 240 kcal

Für 4 Personen:
500 g gegarte Bratenreste von Rind oder Lamm
3 Zwiebeln
2 Tomaten
3–4 grüne Chilischoten
3 EL Öl
je 1/4 TL braune Senfkörner und Kreuzkümmelsamen
je 1/4 TL gemahlener Kreuzkümmel, Koriander
und Kurkuma
1 EL Worcestersauce
Salz, schwarzer Pfeffer

Das Fleisch in schmale Streifen schneiden, wie für
Geschnetzeltes. Die Zwiebeln schälen, halbieren und in
feine Streifen schneiden. Die Tomaten waschen und vierteln, dabei die Stielansätze entfernen. Die Chilischoten
aufschlitzen, Samen entfernen und Schoten längs in
schmale Streifen schneiden.

Das Öl in einer Pfanne oder im Wok erhitzen, darin die
Senfkörner und Kreuzkümmelsamen 30 Sek. unter Rühren braten, bis sie zu knistern beginnen. Die Zwiebeln und
die Chilis dazugeben und unter Rühren braten, bis die
Zwiebeln hellbraun sind.

Das Fleisch, die gemahlenen Gewürze, die Worcestersauce
und die Tomaten unterrühren, salzen und pfeffern und
bei mittlerer Hitze weitere 3–5 Min. unter Rühren braten,
bis das Fleisch heiß ist. Mit Reis servieren.

Mulligatawny

Hühnersuppe – anglo-indische Spezialität

Zubereitungszeit: 25 Min.
Garzeit: 50 Min.
Pro Portion ca.: 375 kcal

Für 4 Personen:
300 g Hähnchenbrustfilet
2 Zwiebeln
2 Knoblauchzehen
1 Stück frischer Ingwer (3 cm)
2 Möhren
2 Tomaten
3 EL Ghee
je 1/2 TL Chilipulver, Kurkuma, gemahlener Koriander und Kreuzkümmel sowie Garam Masala
600 ml Hühnerfond (Glas)
Salz, schwarzer Pfeffer
100 ml Kokosmilch (Dose)
3 EL Mandelblättchen
100 g gegarter Basmati-Reis (nach Belieben)
1–2 EL Zitronensaft
2 EL gehacktes Koriandergrün

Das Hähnchenfleisch in kleine Würfel von 1 cm schneiden. Zwiebeln und Knoblauch schälen und fein würfeln.
Den Ingwer schälen und fein hacken. Die Möhren
waschen, schälen und in möglichst kleine Würfel schneiden. Die Tomaten heiß überbrühen, häuten und ohne
Stielansätze fein würfeln.

Das Ghee in einem Topf erhitzen, darin die Möhren und
die Zwiebeln unter Rühren 3 Min. andünsten. Hähnchenfleisch, Knoblauch und Ingwer zugeben, mit den gemahlenen Gewürzen bestäuben und unter Rühren 30 Sek.
weiterbraten. Hühnerfond angießen, Tomaten dazugeben,
salzen und pfeffern. Die Suppe bei schwacher Hitze zugedeckt 45 Min. köcheln lassen.

Die Kokosmilch zugießen und weitere 5 Min. köcheln lassen. Mandelblättchen in einer Pfanne ohne Fett rösten.
Den Reis nach Belieben in die fertige Suppe geben, kurz
warm werden lassen. Suppe auf Teller verteilen, mit Zitronensaft beträufeln und mit Koriandergrün und Mandelblättchen bestreuen. Wer will, kann den Reis auch
getrennt kochen und zur Suppe servieren.

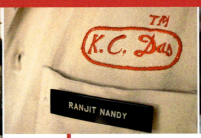

Der Gründer der Firma »K. C. Das« gilt als Erfinder der *Rosogollas*, kleiner Frischkäsebällchen in Sirup.

Für europäische Verhältnisse beschaulicher Fabrikalltag bei »K. C. Das«: Bengalische Süßigkeiten werden in Handarbeit gefertigt.

Bengali Sweets
Das süße Erbe

Mithai (Süßigkeiten) gehören zu den wenigen Lebensmitteln, die in Indien fertig gekauft werden, denn die Herstellung der Naschereien erfordert viel Zeit und Mühe.

Beinahe verloren wirkt Manjulika Das, wie sie mit leicht melancholischem Gesichtsausdruck hinter dem überdimensional breiten Schreibtisch sitzt. Über ihr an der Wand blicken ihre Vorfahren starr von ausgeblichenen Fotografien. Manjulika Das trägt schwer am Erbe dieser drei Herren.

Der Erfinder der *Rosogollas*

Urgroßvater Nobin Chandra eröffnete 1864 sein erstes Süßwarengeschäft, mit dem er zunächst Pleite ging. Zwei Jahre später legte er den Grundstein für eines der renommiertesten Familienunternehmen Indiens. Berühmt und über Kalkuttas Grenzen bekannt, wurde es allerdings erst unter ihrem Vater Krishna Chandra, dessen Namenskürzel im Firmennamen »K.C. Das« verewigt wurde. K.C., erzählt die Mittfünfzigerin stolz, ist der Erfinder der »*Rosogolla*«. *Rosogollas*, das sind kleine Frischkäsebällchen, die in Zuckersirup frittiert werden. Im ganzen Land sind sie der Inbegriff der Süßigkeiten Bengalens. *Bengali Sweets* unterscheiden sich von den übrigen indischen Süßigkeiten dadurch, dass sie meistens auf Grundlage von eingekochter Milch (*Khoya*) und/oder *Chenna*, ungepresstem Frischkäse, hergestellt werden. Typische Beispiele dafür sind *Sandesh*, gesüßter, teils aromatisierter Frischkäse, der in Modeln gepresst wird oder *Malpua*, sirupgetränkte Pfannkuchen aus dick eingekochter Milch mit Milchcremefüllung.

Das sind neben den *Rosogollas* auch die Verkaufsschlager bei »K.C. Das«. Hergestellt werden sie immer noch in Handarbeit, in Fabrikräumen, in denen Arbeiter in brodelnden Sirupkessel rühren, während Aluminiumdosen in heißen Wasserbädern sterilisiert werden. Neben strengen Hygienestandards ist auch dies eine Neuerung im indischen Süßwarengeschäft: *Rosogollas* kann man seit einiger Zeit in Dosen kaufen.

Was wird die Zukunft noch bringen? Bei dieser Frage zögert Manjulika. Vielleicht leichtere, kalorienärmere Naschereien, verwirft die Antwort aber gleich wieder: Eigentlich wollen die Bengalen ihre Sweets genau so, wie sie sind – aber eben immer in bester traditioneller Qualität.

INFO SWEETS

Schlangestehen lohnt sich:
Eine breite Auswahl an
Leckereien auf Frischkäse-
basis lockt in unter-
schiedlichsten Aromen
und Formen.

Sandesh

Süßer Frischkäse

Zubereitungszeit: 25 Min.
Ruhezeit: 30 Min.
Pro Stück ca.: 135 kcal

Zutaten für ca. 16 Stück:
3 l Vollmilch
10–12 EL Branntweinessig oder Zitronensaft
60 g Zucker

Die Milch in einen großen Topf geben und unter Rühren zum Kochen bringen. Wenn sie kocht, den Topf vom Herd nehmen, Essig auf einmal hineingießen und unterrühren. Jetzt trennt sich der Frischkäse von der gelblich grünen Molke; sollte das nicht der Fall sein, nochmals erhitzen und etwas mehr Essig oder Zitronensaft zugeben.

Die Käsemasse in ein feinmaschiges Sieb gießen und ca. 30 Sek. lang kaltes Wasser darüber laufen lassen, um alle Gerinnungsstoffe zu entfernen. Die Masse in ein sauberes Küchentuch geben, das Tuch zusammendrehen und möglichst viel Flüssigkeit aus dem Käse drücken. Das Tuch in das Sieb legen und 30 Min. abtropfen lassen.

Den Frischkäse mit den Händen zu einer geschmeidigen Masse kneten. In einen Topf geben, unter Rühren bei schwacher Hitze 5–7 Min. braten, dabei den Zucker esslöffelweise zugeben. Nur so lange braten, bis der Käse leicht krümelig, aber nicht zu trocken oder hart wird.

Die Masse auf ein Küchenbrett geben und zu einem 1 cm dicken Rechteck ausrollen. Abkühlen lassen und in gleich große Quadrate oder Rauten schneiden. Nach Belieben mit gehackten Pisazien bestreuen oder mit einem Silberblatt (*Varq*) belegen. Wer will, kann die Masse auch in Förmchen (z. B. Springerle-Backförmchen) drücken.

153

Als süchtig *nach Süßigkeiten gelten die Bengalen. Und um sich überall auf der Welt das Heimweh versüßen zu können, gibt es Rosogollas inzwischen sogar schon in Dosen zu kaufen.*

Käsebällchen in Sirup

Rosogolla – Spezialität aus Kalkutta

Zubereitungszeit: 25 Min.
Kühlzeit: 4 Std.
Pro Portion ca.: 995 kcal

Für 4 Personen:
1 1/2 l Vollmilch
6 EL Zitronensaft (oder Essig)
750 g Zucker

Die Milch in einem Topf zum Kochen bringen, dabei rühren, damit die Milch nicht anbrennt. Den Zitronensaft hineinrühren: Die Milch gerinnt, die gelbgrünliche Molke trennt sich von der flockigen Käsemasse. Den Topf vom Herd nehmen. Sollte die Gerinnung noch nicht richtig gelungen sein, weiter leicht erhitzen, eventuell noch etwas Zitronensaft oder Essig zugeben.

Ein Sieb mit einem sauberen Küchentuch auslegen, die Käse-Milch-Mischung hineingießen, dann 1 Min. mit kaltem Wasser überbrausen, um die Schwebstoffe zu entfernen. Anschließend die Enden des Tuches zusammennehmen und aus dem Beutel mit dem Käse so viel Wasser wie möglich ausdrücken. Den Beutel aufhängen, so kann noch mehr Wasser abtropfen.

Den möglichst trockenen Käse mit den Händen weich und möglichst geschmeidig kneten. Die Käsemasse in 16 Portionen teilen und zu Bällchen formen.

Zucker mit 1,2 l Wasser in einen großen Topf geben, erhitzen und den Zucker unter Rühren auflösen. Dann bei starker Hitze 5 Min. unter Rühren zu einem dünnflüssigen Sirup einkochen lassen.

Den Sirup leicht kochen lassen. 4–5 Bällchen hineinlegen und 10 Min. köcheln lassen (Achtung: nicht zu viele hineingeben, sie gehen auf!), herausnehmen und beiseite stellen. Auf diese Weise die übrigen Bällchen zubereiten, eventuell vor jeder Lage etwas Wasser nachgießen, da der Sirup immer mehr einkocht.

Wenn alle Bällchen fertig sind, wieder in den Sirup legen und mindestens 4 Std. darin auskühlen lassen. Wer will, gibt noch einige Tropfen Rosen- oder Kewra-Wasser in den Sirup. Serviert werden die Bällchen in Schälchen mit Sirup.

Varianten:

Die Grundmasse für beide Varianten besteht aus Frischkäse und Sirup, wie im Rezept links:

Käsebällchen in Safranmilch – Rasmalai

Rosogolla wie links beschrieben zubereiten. 1 l Milch bei starker Hitze unter ständigem Rühren in 15–20 Min. auf die Hälfte einkochen lassen. Darin 100 g Zucker und 1/8 TL zerriebene Safranfäden auflösen, 1/4 TL gemahlenen Kardamom unterrühren. Die Milch abkühlen lassen. Die *Rosogollas* aus dem Sirup nehmen, abtropfen lassen und in die Milch einlegen, dann zugedeckt im Kühlschrank richtig gut durchkühlen lassen. Vor dem Servieren mit 4 EL gehackten Pistazienkernen bestreuen und nach Belieben mit Silberfoliestücken (*Varq*) belegen.

Gefüllte Käsebällchen – Rajbhog

Für die Füllung 400 ml Vollmilch mit 50 g Zucker in einen Topf geben und unter Rühren bei starker Hitze auf die Hälfte einkochen lassen. 60 g gemahlene Pistazienkerne oder Mandeln mit 1/4 TL gemahlenen Kardamom hineingeben und unter Rühren weiterkochen, bis eine dicke Paste entstanden ist. Die Paste in 8 Portionen teilen. Frischkäse wie links beschrieben gut kneten und zu 8 flachen Plätzchen formen. Die Füllung darauf geben und zu runden Klößen formen. Diese Klößchen in den kochenden Sirup geben und 20 Min. köcheln lassen. In den noch warmen Sirup einige Safranfäden und 1/2 TL Rosenwasser geben, dann im Kühlschrank gut durchkühlen lassen.

DER OSTEN REZEPTE

Der Süden
In Gottes eigenem Land

In dichten Tropenwäldern wächst grünes Gold: Kardamom.
Die Gewürze haben Kerala und den Süden reich und begehrt
gemacht. Hier haben die Europäer erstmals Fuß auf dem indischen
Subkontinent gefasst. Doch während sich im Südwesten der portugiesische Einfluss bis heute erhalten hat, haben sich die Franzosen
in einer kleinen Ecke im Osten ihr Pondicherry aufgebaut.

Kerala
Reichtum durch Gewürze

Während der Kardamon-Auktion wird gewogen, gewertet und gefeilscht.

Die grünen Kardamomkapseln rinnen wie Kieselsteine durch die Finger der Händler und prasseln auf die langen Reihen der weißen Tischplatten. An die hundert Männer haben sich im hellen Auktionssaal versammelt. Es sind Vertreter der wichtigsten Unternehmen im indischen Kardamom-Handel, die sich an diesem regnerischen Tag im hoch gelegenen Thekkady eingefunden haben, mitten in der üppigen Gewürzregion des südindischen Kerala. Die Auktionen finden regelmäßig statt. Die Mengen variieren. An diesem Tag werden über 35 Tonnen des exklusiven Gewürzes versteigert, aufgeteilt in 303 Lose. Diese werden von einem Auktionator in den höchsten Tönen angepriesen, und immer wieder geht ein Angestellter durch die Reihen der Händler und teilt mit dem Schwung eines Sämannes neue Proben aus. Die Händler prüfen einzelne Kapseln zwischen den Fingern, beurteilen sie und lassen sie dann mit gleichgültiger Miene auf den Tisch rieseln, wo sich der Kardamom zu kleinen Kegeln aufhäuft.

Keralas Geschäft mit dem Kardamom
Die Händler sind ausgebuffte Profis. Sie lassen sich nicht in die Karten schauen. Der Auktionator bemüht sich oft vergebens, die Preise in die Höhe zu treiben, zum Leidwesen der Bauern, die von der Tribüne aus zuschauen. Nur bei besonders guter Qualität beginnt das Spiel von Angebot und Gegenangebot, dann klettert der Preis von 200 auf 259 Rupien pro Kilo, und das Gesicht eines der Bauern hellt sich merklich auf. In der Regel werden aber nicht mehr als etwas über 50 Rupien pro Kilogramm geboten – die Preise stehen unter Druck, seit Indien, seit Kerala Konkurrenz bekommen hat von Produzenten aus Ländern wie Guatemala.

Dennoch lohnt sich das Geschäft mit dem Kardamom – wenigstens für die großen Handelsunternehmen, welche diese Königin der Gewürze in alle Welt verschiffen. Kardamom erzielt nach Safran und Vanille noch immer die höchsten Preise auf dem Weltmarkt. Und Kerala ist und bleibt trotz aller Konkurrenz seine Heimat. Nirgends auf der Welt wächst eine bessere Qualität als in den Cardamom Hills der Western Ghats, jenes Gebirgszugs, der Kerala (im Westen) von Tamil Nadu (im Osten) trennt und der sich bis auf 2000 m über dem Meer erhebt. Zwischen 750 und höchstens 1500 m über dem Meer, wo das Laubwerk riesiger Gummibäume noch ein schützendes Dach bildet, umschwirrt von Schmetterlingen in den abenteuerlichsten Farben und von Vögeln mit leuchtendem Federkleid, gedeihen die zwei bis fünf Meter hohen Kardamombüsche. Die Kapseln wachsen direkt aus den Wurzeln hervor, werden von den Bauern in Handarbeit geerntet und zusammengetragen.

Die Suche nach dem Paradies
Die schon fast sagenhafte Bedeutung Keralas als Gewürzgarten der Welt geht zurück bis in die Antike. So sollen Mitglieder einer Kaste aus Kerala für die Mumifizierung der ägyptischen Pharaonen zuständig gewesen sein. Zu verdanken hatten sie dies ihrem Wissen um die Wirkung der Gewürze, die in der Antike als Konservierungsmittel und zu medizinischen Zwecken benutzt wurden und nicht zur Verfeinerung von Speisen. Zu Zeiten Roms wurde Pfeffer, der seinen Ursprung ebenfalls an der Malabarküste Keralas hat, mit Gold aufgewogen, und das Europa des Mittelalters und der Renaissance begehrte die schwarzen Samen heiß.

Doch das Gewürz-Eldorado blieb dem direkten Zugriff der Europäer lange verwehrt. Der Westen war auf arabische Zwischenhändler angewiesen, welche die Gewürzroute als kostbares Geheimnis hüteten. Venedig hielt das Einfuhrmonopol für Pfeffer, Kardamom, Kurkuma, Zimt oder Muskatnuss in festen Händen und verkaufte die Ware teuer. Natürlich hing der Preis von der Länge des Wegs nach Europa ab. Und der war sehr lang: Mit ihren schnittigen Schiffen, den »Daus«, segelten die arabischen Händler zuerst über das

Frischer Ingwer, getrocknete Kurkuma, Curryblätter, Pfeffer, Zimt und Chilis – ein Ausschnitt der riesigen Palette an Gewürzen, die im Süden gedeihen.

In den Lagerhallen von Kochi wartet Ingwer darauf, in alle Welt verschifft zu werden.

Rote Meer nach Mesopotamien und Arabien. Von dort transportierten lange Karawanen die Ware durch endlose Wüsten nach Ägypten, wo sie erneut in Schiffe verladen wurde und über ein piratenverseuchtes Mittelmeer nach Venedig kam.

Vasco da Gama findet den Weg

Wer also einen direkten Seeweg zu den Gewürzküsten finden würde, dem war unendlicher Reichtum sicher. Kolumbus suchte diesen Weg, indem er nach Westen segelte. Die Portugiesen setzten Kurs nach Osten, und Vasco da Gama durchbrach mit seiner Reise als Erster das arabisch-venezianische Handelsmonopol. Am 18. Mai 1497 sichtete er die Malabarküste, und was er sah, dürfte sich vom heutigen Anblick nur unwesentlich unterschieden haben: lange, von riesigen Palmen gesäumte Strände, auf denen schlanke Fischerboote auf die nächste Ausfahrt warten. Dahinter die Hänge der Western Ghats – grüner, tropischer Regenwald, von Monsumwolken verhangen.

Heute ist Kochi die wichtigste Handelsstation Keralas. Vorbei am historischen Fort stechen Containerschiffe in See. Doch ihre Ladung ist die gleiche wie einst. Gemächlich passieren die Schiffe die Ufer, an denen merkwürdige Gebilde lauern; sie gleichen Kränen, von deren Enden, wie an den Spitzen riesiger Spinnenbeine, sich Netze rhythmisch senken und heben – chinesische Fischernetze nennt man sie in Erinnerung an die Erfinder noch heute. Und während die Chinesen die Fischfangtechnik hinterlassen haben, haben die Portugiesen Kirchen gebaut, blau wie ihre heimische Keramik, die Azulejos. Später kamen Holländer, Franzosen und Briten.

Portugals Geschenk an Indien

Obwohl Kerala die Heimat der kostbarsten Gewürze ist, hatte nicht alles seinen Ursprung hier. Die Araber beispielsweise haben *Semen Foenugraeci*, Bockshornkleesamen, nach Indien gebracht. Sie sind aus der keralischen Küche ebenso wenig wegzudenken wie Kümmel, Senf oder Koriander, die auch von arabischen Händlern eingeführt worden sind. Und eine der berühmtesten Zutaten der indischen Küche stammt ebenfalls ursprünglich nicht aus Indien: Chilis. Die Portugiesen führten den heißen Stoff ein – vor gut 500 Jahren. Heute gehört Indien zu den größten Produzenten der roten Schoten, und die abgestuften Rottöne unterschiedlicher Chilis sind die dominierenden Farben auf allen Gewürzmärkten des Landes – auch in Kochi.

Die Backwaters von Kerala bilden ein weit verzweigtes Netz von Flüssen und Kanälen, auf denen einst alle Güter transportiert wurden.

Chinesische Fischernetze zeugen von den Hinterlassenschaften einstiger Einwanderer.

Ebenso die katholischen Kirchen, die von den Europäern an der Malabarküste errichtet worden sind.

Der Reichtum an Früchten scheint schier unermesslich zu sein. Bananen und Kokosnüsse spielen unter ihnen eine herausragende Rolle.

Während sich der katholische Glaube vor allem entlang der Küste etablieren konnte, leben im Hinterland Christen mit anderen Wurzeln: Anhänger des syrisch-orthodoxen Glaubens.

Vom Fisch lebt ein Großteil der Küstenbevölkerung. Doch auch die Backwaters sind reiche Fanggründe.

Motorisierte Dreirad-Rikschas sind nicht nur die beliebtesten Fortbewegungsmittel für den Personentransport, sie ersetzen ab und an auch den Lastwagen. Mit ihnen lässt sich auch einmal eine halbe Bananenstaude transportieren. Davon bleibt nichts ungenutzt.

DER SÜDEN REPORTAGE

Noch immer ist in Kochi alles auf den Handel ausgerichtet. In halbdunklen Hallen, erfüllt vom Geruch frischen Ingwers, wechseln prallvolle Säcke den Besitzer, und an der Pfefferbörse unweit der Synagoge – in Kochin leben Juden seit ihrer Vertreibung aus Palästina vor 2000 Jahren – sitzen schläfrige Händler vor Computerbildschirmen, auf denen der aktuelle Pfefferkurs angezeigt wird.

Damit die Händler etwas zu tun haben, muss die Ware von den Berghängen in die Zentren der Küste gebracht werden. Heute befördern bunt bemalte Lastwagen die Fracht über die kurvigen Gebirgsstraßen den Ebenen zu. Früher, bevor Highways und Brücken gebaut waren, wurde das letzte Wegstück auf Schiffen zurückgelegt, welche die verschlungenen Wasserstraßen der Backwaters befuhren, eines Fluss-, Seen- und Kanalsystems, das sich über mehrere hundert Meilen erstreckt.

Fahrt auf den Backwaters

Diese einstigen Transportschiffe, die langen, schmalen »Kettuvalam« aus dem harten Holz des Jackfruit-Baums, befahren die Backwaters noch immer. Doch heute befördern sie Touristen. Auf blütenweiß bespannten Matratzen oder in bequemen Korbsesseln lassen sie sich an ausgedehnten Reisfeldern vorbei schippern und an Dörfern, die ganz dicht ans Wasser gebaut sind. Fischer werfen auf den Seen ihre Netze aus wie in biblischen Zeiten. Man hört das rhythmische Klatschen nasser Kleider gegen Stein, noch bevor man die Frauen sieht, die knietief im Wasser stehen, einen Berg Wäsche vor sich. Dann passiert man einen vermeintlichen Tempel, aus dessen Lautsprecher Gebete und Hymnen plärren, die einen bis zur nächsten Biegung begleiten. Der Tempel entpuppt sich als Kirche der syrisch-orthodoxen Gemeinde, Christen, die lange vor Vasco da Gama im südlichen Indien Fuß gefasst hatten.

Am, im und auf dem Wasser spielt sich alles Leben ab. Und kaum anderswo in Indien wird so sehr darauf geachtet, die Umwelt zu schonen, wie hier. So glaubt man sich tatsächlich im Land Gottes, wenn der bootseigene Koch beginnt, das Abendessen aufzutragen. Auf einem einfachen Herd im Heck des Schiffes hat er den ganzen Nachmittag gewerkelt und ein Menü mit zwölf Gängen kreiert. Wobei man nicht eigentlich von Gängen sprechen kann, denn es gibt keine wirkliche Speisefolge. Natürlich kommt Fisch auf den Tisch. In Kerala ist man um Fischrezepte nicht verlegen: *Meen Varathathu* – gebratener Fisch – oder *Meen Molee* – Fisch in milder Kokossauce – sind nur zwei aus einer ganzen Reihe würziger Fischgerichte. Und auch in den Rezepten spiegeln sich das Geben und Nehmen des Handels über Kulturen hinweg. So hat das *Mopla Biriyani*, die keralische Variante eines Reisgerichts mit Lammfleisch, muslimische Wurzeln und schwelgt in Gewürzen. Schweinefleisch wiederum ist dank den Europäern in Südindien gang und gäbe. Und was wäre das *Era Kozhambu*, das Garnelencurry, ohne Portugals Vermächtnis, die Chilis.

Eigenes und Fremdes verbinden sich in Südindien zu einer leichten, würzigen Küche. Sie kommt im Vergleich zu der manchmal fast überladenen Gewürzdichte nordindischer Gerichte mit wenigen Zutaten aus und zeichnet sich eher durch klare, zurückhaltende Schärfe aus: Grüne Chilis werden hier perfekt mit frischem mildem Kokosfleisch ausbalanciert; und nirgends in Indien werden Curryblätter so gerne verwendet wie hier. Fast jedes Gericht bekommt durch schwarze Senfkörner eine eigene Note, so dass man sich am Ende selbst wie ein Gott fühlt – wie Gott in seinem eigenen Land.

Die drei Streifen auf der Stirn und der Dreizack in der Hand kennzeichnen diesen Pilger als Jünger des Gottes Shiva.

163

Tomaten-Feuerwasser

Rasam – aus Tamil Nadu (im Bild oben)

Zubereitungszeit: 50 Min.
Pro Portion ca.: 145 kcal

Für 4 Personen:
4 EL rote Linsen (Masoor Dal)
4 Tomaten
2 grüne Chilischoten
1 Stück frischer Ingwer (1 cm)
1/2 TL Kurkuma, Salz
1 Portion Grundgewürzpaste (s. unten)
1 EL Ghee, 1/2 TL braune Senfkörner
8 Curryblätter
1 Prise Asafoetida
1 EL gehacktes Koriandergrün (nach Belieben)

Linsen verlesen und in einem Sieb kurz unter kaltem Wasser abbrausen. Die Tomaten heiß überbrühen, häuten, grob würfeln, dabei die Stielansätze entfernen. Die Chilischoten waschen, in Ringe schneiden, den Ingwer schälen und fein hacken. Alles mit den Linsen, 3/4 l Wasser und Kurkuma in einen Topf geben, kurz aufkochen lassen, salzen und dann bei schwacher Hitze zugedeckt 30 Min. kochen lassen.

Die Gewürzpaste unterrühren und weitere 5 Min. kochen. Inzwischen das Ghee in einer kleinen Pfanne erhitzen, Senfkörner, Curryblätter und Asafoetida zugeben und unter Rühren braten, bis die Senfkörner zu springen beginnen, dann sofort unter die Linsen rühren. 1/4 l Wasser zugeben und nochmals offen 5 Min. köcheln lassen.

Die Suppe eventuell mit Salz abschmecken und nach Belieben mit Koriandergrün bestreut servieren.

Rasam wird oft in Gläsern als Aperitifsuppe serviert oder zu den typischen Frühstückssnacks wie *Vadai* oder *Dosas*.

Südindisches Gemüse-Dal

Sambhar – aus Tamil Nadu (im Bild unten)

Zubereitungszeit: 50 Min.
Pro Portion ca.: 310 kcal

Für 4 Personen:
200 g rote Linsen (Masoor Dal)
1 kleine Aubergine, 1 kleine rote Paprikaschote
1 Drumstick (ersatzweise 4 Okraschoten)
1 kleine Kartoffel, 2 Tomaten, 2 Zwiebeln
2 EL Sesamöl, 1/2 TL braune Senfkörner
10 Curryblätter
1 Prise Asafoetida, 1/2 TL Kurkuma
1 EL Tamarindenextrakt (s. Seite 226), Salz
1 Portion Grundgewürzpaste (s. unten)
je 1 Prise Zimt- und Nelkenpulver
3 EL gehacktes Koriandergrün

Die Linsen verlesen, kalt abbrausen und in 3/4 l Wasser in 20 Min. weich kochen, salzen.

Inzwischen die Gemüse waschen und putzen, Auberginen und Paprika in 2 cm große Würfel, Drumstick in 4 cm lange Stücke schneiden. Kartoffel schälen und in 1 cm große Würfel schneiden. Tomaten würfeln, dabei den Stielansatz entfernen. Zwiebeln schälen, grob hacken.

Sesamöl in einem Topf erhitzen, Senfkörner unter Rühren braten, bis sie zu springen beginnen. Curryblätter, Asafoetida, Kurkuma und Zwiebeln 1 Min. mitbraten. Dann alle Gemüse, 3/4 l Wasser und Tamarindenextrakt zugeben, salzen und zugedeckt bei schwacher Hitze 15–20 Min. kochen, bis die Gemüse fast weich sind.

Linsen mit Sud, Gewürzpaste, Zimt- und Nelkenpulver zum Gemüse geben, offen bei mittlerer Hitze 5 Min. köcheln lassen. Das Koriandergrün unter das *Sambhar* mischen und mit Reis servieren.

Grundgewürzpaste

Beide Gerichte basieren auf dieser Paste, die sich in größerer Menge herstellen und in einem Schraubglas im Kühlschrank aufbewahren lässt: 2 EL Sesamöl erhitzen, darin 4–6 grob zerbrochene getrocknete Chilischoten, 8 schwarze Pfefferkörner, 3 TL Korianderkörner, 1 TL Kreuzkümmelsamen, 1/2 TL Bockshornkleesamen und 1 1/2 EL Urad-Linsen (Urad Dal) unter Rühren 1–2 Min. rösten. Mit etwas Öl (oder, falls man es sofort verwendet, mit Wasser) im Mörser oder Mixer zur Paste pürieren.

DER SÜDEN REZEPTE

Bananenchips

Etheka Varathathu – aus Kerala (im Bild oben)

Zubereitungszeit: 25 Min.
Bei 6 Personen pro Portion ca.: 105 kcal

Für 4–6 Personen:
5–6 kleine grüne, unreife Bananen
Öl (falls möglich Kokosnussöl)
zum Frittieren
Salz

Die Bananen schälen (dazu Gummihandschuhe anziehen) und in möglichst dünne, gleichmäßige Scheiben schneiden.

Das Öl in einem Topf erhitzen (zur Hitzeprobe den Stiel eines Holzkochlöffels hineinhalten, wenn sich Bläschen daran bilden, ist es heiß genug). Darin die Bananen portionsweise in 1–2 Min. hellbraun braten, 1 TL Salz zugeben, umrühren und die Bananen goldbraun fertig frittieren. Aus dem Öl heben und auf Küchenpapier abtropfen lassen. Abgekühlt in eine luftdichte Dose geben. So halten sich die Chips ca. 1 Woche.

Variante:
Statt grünen Bananen lassen sich auch Kochbananen verwenden. Für zusätzliche Würze neben dem Salz noch 1/2 TL Kurkuma ins Öl geben.

Frittierte Bananen

Etheka Appam – aus Kerala (im Bild unten)

Zubereitungszeit: 30 Min.
Pro Portion ca.: 375 kcal

Für 4 Personen:
200 g Weizenmehl
50 g Reismehl
1/2 TL Backpulver
1 EL Zucker
4 nicht zu reife Bananen
Öl zum Frittieren

Beide Mehlsorten, Backpulver und Zucker mischen, mit 300–350 ml Wasser zu einem dicken Teig anrühren.

Die Bananen schälen, einmal längs und einmal quer halbieren. Das Öl in einem Topf oder in der Fritteuse erhitzen. Die Bananen durch den Teig ziehen und portionsweise im heißen Öl in 3–5 Min. goldbraun ausbacken, dabei wenden. Aus dem Öl nehmen, auf Küchenpapier abtropfen lassen und möglichst heiß servieren.

Süße Kochbananenchips

Sharkara Puratti – aus Kerala (im Bild Mitte)

Zubereitungszeit: 45 Min.
Bei 6 Personen pro Portion ca.: 280 kcal

Für 4–6 Personen:
4 grüne, unreife Kochbananen
Öl zum Frittieren
Salz
250 Jaggery
1/2 TL gemahlener Ingwer
1/2 TL gemahlener Kreuzkümmel
3 EL Reismehl
2 EL Zucker

Die Bananen schälen und in 1 cm dicke Scheiben schneiden. Öl in einem Topf erhitzen. Die Bananen portionsweise in 2–3 Min. hellbraun braten. 1 TL Salz zugeben, umrühren und die Bananen goldbraun fertig frittieren. Aus dem Öl heben und auf Küchenpapier abtropfen.

Jaggery mit 300 ml Wasser bei starker Hitze in 15–20 Min. zu einem dicken, karamellartigen Sirup einkochen. Die Bananenchips hineingeben und gut unterrühren, dann Ingwer und Kreuzkümmel darüber stäuben und verrühren, bis die Bananen ganz mit Sirup überzogen sind. Reismehl und Zucker mischen, über die Bananen streuen. Trocknen lassen und abgekühlt in einer luftdichten Dose aufbewahren.

Frühstück *oder ein kleiner Snack sind diese knusprigen Krapfen mit der leichten Chili-schärfe. Man isst sie direkt von der Hand und dippt sie in mildes Chutney. Oft werden Vadais auch als eine Art Suppeneinlage in Rasam (s. Seite 164) serviert und dick mit Koriandergrün bestreut. Oder man gibt Joghurt darüber, über den eine Mischung aus in Öl gerösteten braunen Senfsamen und Curryblättern geträufelt wird.*

Würzige Linsenkrapfen

Masala Vadai – aus Tamil Nadu
(im Bild Mitte)

Zubereitungszeit: 45 Min.
Einweichzeiten: 24 Std.
Pro Stück ca.: 90 kcal

Für ca. 15 Stück:
300 g halbierte geschälte Urad-Linsen (Urad Dal)
1/4 TL Backpulver
1 Zwiebel
3 grüne Chilischoten
6 Curryblätter
4 Zweige Koriandergrün
1 Prise Asafoetida, Salz
Öl zum Frittieren

Die Linsen waschen, verlesen und in kaltem Wasser 6 Std. einweichen. Durch ein Sieb abgießen, anschließend im Mixer zu einer feinen Masse pürieren, dabei während des Pürierens nach und nach 3–5 EL Wasser zugeben, so dass ein dicker, zäher Teig entsteht. Das Backpulver gut untermischen.

Die Zwiebel schälen, fein würfeln und in 1 EL Öl hellbraun braten. Abkühlen lassen. Die Chilischoten, Curryblätter und das Koriandergrün waschen und fein hacken. Alles mit Asafoetida und Zwiebel gut unter den Linsenteig mischen und mit Salz abschmecken.

Das Öl in einem Topf oder in der Fritteuse erhitzen. Aus dem Teig ca. 15 flache Bällchen formen, ein Loch in die Mitte bohren und die Bällchen portionsweise im heißen Öl in 8–10 Min. goldbraun frittieren. Herausnehmen, auf Küchenpapier abtropfen und heiß mit südindischem Minz-Chutney (im Bild oben; Rezept s. Seite 30) und/oder Kokos-Chutney (auf dieser Seite) servieren.

Kokos-Chutney

Thengai Thovaiyal – aus Tamil Nadu/Kerala
(im Bild unten)

Zubereitungszeit: 45 Min.
Pro Person ca.: 290 kcal

Für 4 Personen:
1 EL gespaltene Urad-Linsen (Urad Dal)
250 g frisches Kokosfleisch (s. Seite 225)
125 ml frisches Kokoswasser (s. Seite 225)
1 Stück frischer Ingwer (4 cm)
2 grüne Chilischoten
2 EL Kokosöl (ersatzweise Erdnussöl)
Salz
1 TL braune Senfkörner
5 Curryblätter
1 getrocknete Chilischote

Die Linsen verlesen, kurz unter kaltem Wasser abbrausen und in ein Sieb abgießen. Die braune Haut der Kokosnuss möglichst vollständig entfernen, dann das Fleisch fein reiben, Kokoswasser zugeben. Ingwer schälen, fein reiben. Die Chilischoten waschen und fein hacken.

1 EL Öl erhitzen, die Linsen darin unter Rühren 1 Min. rösten. Mit Kokosnuss, Ingwer und Chilis im Mixer fein pürieren, salzen.

Das übrige Öl erhitzen, darin die Senfkörner, Curryblätter und die einmal durchgebrochene Chilischote unter Rühren braten, bis die Senfkörner zu platzen beginnen. Beides unter das Chutney rühren und vor dem Servieren möglichst kühl stellen.

DER SÜDEN REZEPTE

Hauchdünn wie Pergament *und knusprig sollten Dosas sein.*

Dazu bedarf es einer möglichst heißen Pfanne und viel Übung; selbst indische Köche und geübte Hausfrauen tun sich oft schwer, den Teig dünn und gleichmäßig auszustreichen.

Würzig gefüllte Crêpes

Masala Dosa – aus Tamil Nadu (im Bild oben)

Zubereitungszeit: 2 Std.
Ruhezeiten: 36 Std.
Pro Stück ca.: 185 kcal

Für 12 Stück:
200 g Reis (möglichst parboiled Reis)
100 g halbierte, geschälte Urad-Linsen
1 TL Bockshornkleesamen
Salz, 1 TL Zucker
1 kg fest kochende Kartoffeln, 3 Zwiebeln
1 Stück frischer Ingwer (5 cm), 2 grüne Chilischoten
Ghee, 1 1/2 TL braune Senfkörner
1 1/2 TL Kreuzkümmelsamen
20 Curryblätter, 2 EL Zitronensaft, 1 TL Kurkuma
4 EL gehacktes Koriandergrün

Reis sowie Linsen mit dem Bockshornklee seperat in kaltem Wasser über Nacht einweichen.

Reis und Linsen in ein Sieb abgießen, abtropfen lassen und dann mit ca. 100 ml Wasser zu einem feinen Teig pürieren. Etwas Salz und Zucker unterrühren. Den Teig in eine Schüssel geben, mit einem Geschirrtuch abdecken und 24 Std. warm ruhen lassen (z. B. auf der Heizung), so dass der Teig fermentieren kann.

Die Kartoffeln waschen, in einem Topf mit Wasser bedecken und zugedeckt bei mittlerer Hitze in 25 Min. weich kochen, abgießen und abkühlen lassen. Zwiebeln schälen und fein hacken, Ingwer schälen und fein reiben. Die Chilischoten in feine Ringe schneiden.

Die abgekühlten Kartoffeln schälen und mit dem Kartoffelstampfer grob zerdrücken. 4 EL Ghee in einer großen Pfanne erhitzen, darin Senfkörner, Kreuzkümmel und Curryblätter unter Rühren braten, bis die Körner zu springen beginnen. Zwiebeln, Ingwer und Chilis zugeben, 2–3 Min. braten, bis die Zwiebeln goldgelb gebräunt sind. Zitronensaft dazugeben, dann die Kartoffeln, Kurkuma und Salz mit der Gewürzmasse mischen und alles bei schwacher Hitze weitere 3–5 Min. unter ständigem Rühren. braten. Das Koriandergrün untermischen.

Den Reis-Linsen-Teig nochmals gut durchrühren. Sollte er zu dickflüssig sein, etwas Wasser zugeben. 1 TL Ghee in einer flachen, beschichteten Pfanne erhitzen. Etwas Teig hineingeben und so dünn wie möglich kreisförmig nach außen ausstreichen. Bei mittlerer Hitze 2 Min. backen, mit etwas flüssigem Ghee besprenkeln, wenden und von der anderen Seite in 1–2 Min. goldgelb braten.

Auf einen Teller geben, etwas warme Kartoffelfüllung darauf verteilen und aufrollen. Den übrigen Teig ebenfalls auf diese Weise verarbeiten. Die *Dosas* warm und knusprig mit Chutney und *Sambhar* (s. Seite 164) servieren.

Erdnuss-Chutney

Eruchina Kay Pachhadi (im Bild unten)

Zubereitungszeit: 15 Min. + Abkühlzeit
Pro Person ca.: 345 kcal

Für 4 Personen:
3–4 grüne Chilischoten
80 g frisches Kokosfleisch (s. Seite 225)
150 g geröstete ungesalzene Erdnüsse
2 EL Öl, 1/2 TL braune Senfkörner
1 TL gespaltene Urad-Linsen, 10 Curryblätter
1 TL Tamarindenextrakt (s. Seite 226), Salz

Die Chilischoten in feine Ringe schneiden. Das Kokosfleisch raspeln. Beides mit den Erdnüssen im Mörser oder mit dem Mixer mit etwas Wasser pürieren.

Das Öl in einer Pfanne oder im Wok erhitzen, darin die Senfkörner rösten, bis sie knistern, Linsen zugeben und 2–3 Min. rösten, bis sie goldgelb sind. Curryblätter, Erdnussmasse und Tamarinde zugeben, salzen und unter Rühren bei mittlerer Hitze 2–3 Min. braten. Vom Herd nehmen, abkühlen lassen und zugedeckt im Kühlschrank gut durchkühlen lassen.

DER SÜDEN REZEPTE

Die regenreiche Monsunzeit wird genutzt, um Reisfelder anzulegen. Die Pflänzchen haben so genug Wasser und können in der trockeneren Folgezeit gedeihen.

Reis muss in Indien vor dem Verarbeiten immer nochmals gesiebt werden; so werden kleine Steine und Spelzen entfernt.

Reis
Heilig und alltäglich

Betritt in Indien eine Braut das erste Mal ihr neues Heim, stößt sie mit dem Fuß einen Topf Reis um: So soll sie Glück und Reichtum mit sich bringen.

Sechs Monate nach der Geburt eines Kindes wird in Indien *Annaprasanna* gefeiert: der Tag, an dem der Säugling das erste Mal gekochten Reis isst. Auch wenn das Kind mit dem Löffelchen Reis im Mund wahrscheinlich noch wenig anzufangen weiß, symbolisiert es doch schon den Eintritt in die Welt der Erwachsenen, und diese übernehmen dann auch das eigentliche Essen in Form eines großen Festmahls.

Reis ist in Indien die wichtigste Nahrungsquelle. Kaum ein *Thali* kommt ohne Reis aus, um den sich die übrigen Speisen gruppieren. Die Anbaufläche für Reis ist in keinem Land der Erde so groß wie in Indien, und jeder Inder isst durchschnittlich zwei Kilo Reis pro Woche. Reis symbolisiert Wachstum, Fruchtbarkeit und auch Reinheit. Er steht im Mittelpunkt von Zeremonien und wird im Tempel als Opfergabe dargebracht.

Der beste und bekannteste Reis gedeiht am Fuße des Himalayas: der Basmati-Reis, die »Duftkönigin«, wie der Hindi-Name übersetzt heißt. Basmati ist der edelste und teuerste Reis, den man sich nur zu besonderen Anlässen gönnt. Neben dem ebenfalls bekannten Patnareis aus der Provinz Bihar gibt es in Indien unzählige weitere Reissorten. Außerhalb des Landes sind sie jedoch kaum zu finden, z. B. der rote Reis mit dem dicken runden Korn, der im Süden gerne verwendet wird.

Auch wenn der Reis nicht von allerbester Qualität ist, entfalten speziell die Südinder eine große Kreativität, das Beste daraus zu machen. Reis wird hier mit unterschiedlichsten Zutaten gemischt oder als Reismehl zu völlig neuen Gerichten verarbeitet. Reismehl ist beispielsweise Grundlage herzhafter oder süßer Pfannkuchen, aber auch von Reisnudeln, die als gedämpfte Nudelnester unter dem Namen *Idiappam* ein beliebtes Frühstück sind.

Reis ist ein unersetzbarer Bestandteil der indischen Küche. Das südindische Neujahrsfest *Pongal* findet seinen Höhepunkt darin, dass ein Topf mit Reis zum Überkochen gebracht wird – auf dass der Überfluss anhalten möge.

INFO REIS

Rinder sind unentbehrliche Helfer bei der Feldarbeit, und das Bild des mit einem Ochsen pflügenden Bauern gehört fast schon zur Landschaft.

Kokosnuss-Garnelen-Pulao

Arroz de Camarão – aus Goa

Zubereitungszeit: 55 Min.
Pro Portion ca.: 1000 kcal

Zutaten für 4 Personen:
300 g Basmatireis
1 Kokosnuss
1 Zwiebel
2 grüne Chilischoten
3 grüne Kardamomkapseln
7 EL Ghee
3 EL Cashewnusskerne
2 Stücke Zimtrinde
3 Gewürznelken
500 g geschälte, küchenfertige rohe Garnelen
1/2 TL Kurkuma
3–4 EL Zitronensaft
Salz

Den Reis 30 Min. einweichen und abtropfen lassen. Inzwischen die Kokosnuss öffnen (s. Seite 225), dabei das Kokoswasser auffangen. Das Kokosfleisch von der Schale lösen und fein reiben. Das Kokoswasser mit Wasser auf 600 ml auffüllen. Die Zwiebel schälen und fein würfeln, die Chilischoten fein hacken. Die Kardamomkapseln anquetschen.

4 EL Ghee in einem Topf erhitzen, die Cashewnüsse in 1–2 Min. unter Rühren hellbraun braten, herausnehmen. Zimtrinde, Nelken und Kardamom ins heiße Ghee geben, 1–2 Min. anrösten, dann die Zwiebel, die Chilis und die Garnelen zugeben und unter Rühren 1–2 Min. braten, bis die Zwiebeln hell gebräunt sind.

Kurkuma, Reis, Zitronensaft und das Kokoswasser zugeben, salzen. Den Reis fest zugedeckt bei schwacher Hitze 25 Min. garen. Übriges Ghee in einer Pfanne erhitzen, darin die Kokosraspel 2 Min. unter Rühren braten, bis sie leicht gebräunt sind. Vor dem Servieren mit den Cashewnüssen über dem Reis verteilen.

173

Eine reiche Auswahl *an besonders gewürzten Reisgerichten servieren Udipi-Restaurants. Diese ehemaligen Pilgergaststätten für Besucher der Krishna-Tempel in Udipi bieten heute entlang der gesamten südlichen Ostküste feinste vegetarische Küche für jedermann an.*

Zitronenreis

Elumichampazha Sadam

Zubereitungszeit: 10 Min.
Garzeit für den Reis: 30 Min.
Pro Person ca.: 365 kcal

Für 4 Personen:
250 g Basmatireis
Salz
1 Stück frischer Ingwer (1 cm)
je 1 Zitrone und Limette
1 getrocknete Chilischote
2 EL Ghee
1 TL braune Senfkörner
1/4 TL Kreuzkümmelsamen
1 TL gespaltene Urad-Linsen (Urad Dal)
8 Curryblätter
3 EL ungeröstete, ungesalzene Erdnüsse
1/2 TL Kurkuma

Den Reis nach Anleitung (s. Seite 227) mit Salz garen und warm stellen. Den Ingwer schälen und fein würfeln. Die Zitrone und die Limette auspressen. Die Chilischote in grobe Stücke brechen.

Das Ghee in einer großen Pfanne erhitzen, Senfkörner, Kreuzkümmel, Linsen, Chili und Curryblätter unter Rühren braten, bis die Senfkörner zu springen beginnen. Erdnüsse und Ingwer zugeben und unter Rühren 2–3 Min. braten.

Reis und Kurkuma gut unterrühren und mit Salz abschmecken. Zum Schluss den Zitronen- und Limettensaft gut unterrühren. Der Reis kann sofort heiß, aber auch lauwarm oder gar kalt serviert werden und schmeckt besonders gut zu Fischgerichten.

Varianten für vorgekochten Reis:

Kokosnussreis – Thengai Sadam

3 EL Cashewnusskerne in 2 EL Ghee goldbraun braten, herausnehmen, anschließend 150 g frisch geriebenes Kokosfleisch oder 100 g Kokosflocken darin hellbraun braten und beiseite stellen. 2 EL Öl erhitzen, darin 1 TL braune Senfkörner, 1 TL gespaltene Urad-Linsen (Urad Dal), 1 getrocknete Chilischote, 1–2 in feine Ringe geschnittene grüne Chilischoten und 8 Curryblätter 1–2 Min. unter Rühren braten, 1 Prise Asafoetida zugeben, kurz umrühren und mit Reis und den Kokosflocken mischen. Den fertigen Reis mit den Cashewnüssen bestreut servieren. Passt hervorragend zu Fisch-, Fleisch- und Gemüsegerichten.

Joghurtreis – Thair Sadam

Je 2 EL gespaltene Urad-Linsen (Urad Dal) und halbierte Kichererbsen (Channa Dal) in heißes Wasser geben und 4 Std. einweichen, dann abgießen und abtropfen lassen. 2 EL Öl erhitzen, darin Urad und Channa Dal, 1 TL braune Senfkörner, 1/2 getrocknete Chilischote und 10 Curryblätter 2–3 Min. unter Rühren braten. Unter den Reis mischen. Etwas abkühlen lassen, dann 500 g Joghurt darunter rühren und den Reis möglichst im Kühlschrank 1 Std. durchkühlen lassen. Vor dem Servieren 2 EL gehacktes Koriandergrün untermischen. Wer will, kann unter den Reis auch noch 1/2 in Würfelchen geschnittene Gurke und eventuell 1 geschälte, fein geriebene grüne Mango oder 3 geriebene Möhren mischen. So wird daraus eine sommerlich-leichte Beilage, die zu Fleisch- und vor allem zu Fischgerichten passt.

DER SÜDEN REZEPTE

Linsen-Gemüse-Reis

Bisi Bele Huli Anna – aus Andhra Pradesh
(im Bild)

Zubereitungszeit: 40 Min.
Garzeit: 30 Min.
Bei 6 Personen Pro Portion ca.: 415 kcal

Für 4–6 Personen:
250 g Basmati-Reis
3–4 getrocknete Chilischoten
1 TL Korianderkörner
1/4 TL Bockshornkleesamen
1 EL halbierte Kichererbsen (Channa Dal)
80 g Kokosflocken
1/4 TL Kurkuma
2 Tomaten, 1 Kartoffel, 2 Möhren
100 g grüne Bohnen
100 g Blumenkohl
2 kleine Zwiebeln
150 g rote Linsen (Masoor Dal)
4 EL Öl, 10 Curryblätter
1/2 TL braune Senfkörner
2 EL Tamarindenextrakt (s. Seite 226)
Salz

Den Reis 30 Min. in kaltem Wasser einweichen. Inzwischen die Chilischoten grob zerbrechen, mit Koriander, Bockshornkleesamen, Channa Dal und Kokosflocken in einer Pfanne ohne Fett 3–5 Min. rösten, bis die Kokosflocken leicht bräunen. Alles abkühlen lassen, im Mörser fein zerstoßen und mit Kurkuma mischen.

Die Tomaten fein würfeln, dabei die Stielansätze entfernen. Kartoffel und Möhren schälen und klein würfeln. Die Bohnen waschen, putzen und in 1 cm lange Stücke schneiden, Blumenkohl waschen und in kleine Röschen brechen. Die Zwiebeln schälen und längs in feine Streifen schneiden. Linsen verlesen, in einem Sieb kalt abbrausen und abtropfen lassen.

Den Reis in ein Sieb abgießen. Öl in einem Topf erhitzen, darin die Zwiebeln, Curryblätter und Senfkörner unter Rühren 2–3 Min. anbraten. Kartoffel, Möhren, Bohnen und Blumenkohl zugeben und unter Rühren 2 Min. weiterbraten. Tomaten, Reis, Linsen, Tamarindenextrakt, die zerstoßenen Gewürze und 1 1/2 l Wasser zugeben, salzen. Zum Kochen bringen und bei ganz schwacher Hitze 25–30 Min. zugedeckt garen.

Herzhaftes Grießporridge

Rava Uppumav – Frühstücksgericht
aus Tamil Nadu

Zubereitungszeit: 35 Min.
Pro Person ca.: 365 kcal

Für 4 Personen:
2 kleine Tomaten
1 Zwiebel
2 grüne Chilischoten
4 EL Öl oder Ghee
5 EL Cashewnusskerne
12 Curryblätter
1/2 TL braune Senfkörner
1 EL gespaltene Urad-Linsen (Urad Dal)
200 g Weizengrieß
Salz
2 EL gehacktes Koriandergrün

Die Tomaten waschen, vierteln, entkernen und fein würfeln, dabei die Stielansätze entfernen. Die Zwiebel schälen und fein würfeln, Chilischoten in feine Ringe schneiden.

Öl oder Ghee in einem Topf erhitzen, darin die Cashews unter Rühren hellbraun braten, herausnehmen und auf Küchenpapier abtropfen lassen. Im verbliebenen Öl Zwiebel, Curryblätter, Senfkörner und Linsen unter Rühren 2–3 Min. anbraten. Den Grieß und die Chilis zugeben, unter Rühren braten, bis der Grieß ganz mit Fett überzogen und leicht gebräunt ist. 1/2 l Wasser zugeben, gut unterrühren und salzen. Zugedeckt bei ganz schwacher Hitze 10 Min. quellen lassen, bis alles Wasser aufgesogen ist.

Den Grieß mit einer Gabel auflockern, Tomatenwürfel, Koriandergrün und Cashewnüsse unterheben. Als herzhaftes Frühstück oder als Beilage zu Gemüse servieren.

DER SÜDEN REZEPTE

Curryblätter gehören im Süden fast in jedes Gericht; die Blätter werden frisch verwendet und zur vollen Geschmacksentfaltung meist angebraten – aber nicht mitgegessen.

Rote Bete erscheinen vielleicht als Zutat ungewöhnlich, werden in Indien aber gerne gegessen; Pachadis ähneln den nordindischen Raitas und können mit unterschiedlichen, rohen oder gekochten Gemüsen oder sogar Obst zubereitet werden; z. B. mit gegarten Okras, Kürbis, Bittergurke oder Ananas oder frisch geraspelter Gurke, Möhren oder fein gewürfelten Mango- oder Bananenstücken.

Rote-Bete-Kokos-Joghurt

Pachadi – aus Kerala

Zubereitungszeit: 40 Min.
Zeit zum Durchziehen: 1–2 Std.
Pro Person ca.: 215 kcal

Für 4 Personen:
250 g Rote Bete
1 Stück frischer Ingwer (1 cm)
1 grüne Chilischote
80 g Kokosfleisch (s. Seite 225, ersatzweise
Kokosflocken)
12 Curryblätter
1/2 TL Senfpulver (gemahlene Senfkörner)
Salz
500 g Joghurt
1 getrocknete Chilischote
2 EL Öl (möglichst Kokosöl)
1/2 TL braune Senfkörner

Die Roten Beten schälen und in ganz feine Würfel schneiden (am besten mit Gummihandschuhen arbeiten). Den Ingwer schälen, die Chilischote waschen und beides fein hacken. Das Kokosfleisch fein raspeln.

Eine Pfanne erhitzen, Rote Beten, Ingwer, Chili und 5 Curryblätter hineingeben und unter Rühren bei mittlerer Hitze 10–15 Min. braten, bis die Roten Beten weich sind, eventuell zwischendurch etwas Wasser zugeben, damit nichts anbrennt. Kokosflocken und Senfpulver darunter rühren, salzen, vom Herd nehmen und abkühlen lassen.

Den Joghurt unter die Roten Beten mischen. Getrocknete Chilischote in grobe Stücke brechen. Das Öl in einer Pfanne erhitzen, die Senfkörner darin braten, bis sie zu knistern und springen beginnen, dann die Chilischote und die restlichen Curryblätter zugeben. Alles 1 Min. unter Rühren braten, vom Herd nehmen und unter den Rote-Bete-Joghurt mischen. Möglichst noch 1–2 Std. durchziehen lassen und kalt servieren.

Gebratene Kokos-Bohnen

Achinga Thoran – aus Kerala

Zubereitungszeit: 40 Min.
Pro Person ca.: 180 kcal

Für 4 Personen:
600 g grüne Bohnen
100 g Kokosfleisch (s. Seite 225, ersatzweise
Kokosflocken)
1 kleine Zwiebel
1 Knoblauchzehe
1 grüne Chilischote
2 EL Öl (möglichst Kokosöl)
1/2 TL braune Senfkörner
10 Curryblätter
1/4 TL Kurkuma
Salz

Die Bohnen waschen, putzen, in 1 cm lange Stücke schneiden. Das Kokosfleisch fein raspeln, Zwiebel und Knoblauch schälen und fein hacken. Die Chilischote waschen und in feine Ringe schneiden.

Das Öl in einer Pfanne oder im Wok erhitzen. Die Senfkörner zugeben und unter Rühren braten, bis sie zu springen beginnen. Zwiebel, Knoblauch, Chili und Curryblätter zugeben, 2 Min. unter Rühren weiterbraten, dann die Bohnen zugeben. Mit Kurkuma und Salz würzen, Kokosfleisch und 50 ml Wasser unterrühren.

Die Hitze herunterschalten und die Bohnen zugedeckt bei schwacher Hitze 10–15 Min. braten. Offen weitere 3 Min. unter Rühren braten, bis möglichst die ganze Flüssigkeit verdampft ist, dann heiß servieren.

Variante:
Statt mit Bohnen schmeckt *Thoran* auch mit in feine Streifen geschnittenem Weißkohl.

Mildes Gemüsecurry

Avial – aus Kerala (im Bild)

Zubereitungszeit: 30 Min.
Garzeiten: 25 Min.
Pro Person ca.: 210 kcal

Für 4 Personen:
150 g grüne Bohnen
2 Möhren
200 g Kürbis (geputzt gewogen)
1 Kochbanane
150 g Erbsen
1/2 TL Kurkuma
1/4 TL Chilipulver, Salz
120 g Kokosfleisch (s. Seite 225, ersatzweise Kokosflocken)
1 grüne Chilischote
1/2 TL gemahlener Kreuzkümmel
200 g Joghurt
10 Curryblätter

Die Gemüse waschen und putzen bzw. schälen. Bohnen in 2 cm lange Stücke, Möhren in 1/2 cm große Würfel, Kürbis in 1 cm große Würfel und Banane in 1 cm dicke Scheiben schneiden. Alles mit den Erbsen und mit 400 ml Wasser, Kurkuma und Chilipulver in einen Topf geben, salzen und zugedeckt 20 Min. köcheln lassen.

Inzwischen das Kokosfleisch raspeln, Chilischote waschen und hacken. Beides mit Kreuzkümmel und Joghurt mischen.

Das Gemüse in ein Sieb abgießen, dabei das Kochwasser auffangen. Gemüse mit 200 ml Kochwasser zurück in den Topf geben, Curryblätter und Joghurtmischung unterrühren. Bei schwacher Hitze (nicht mehr kochen lassen) offen noch 3–5 Min. garen lassen. Mit Reis servieren.

Variante:
Wer den leicht säuerlichen Geschmack verstärken möchte, nimmt anstelle des Joghurts 2 EL Tamarindenextrakt (s. Seite 226).

Okra-Kokosnuss-Curry

Mandi – aus Tamil Nadu

Zubereitungszeit: 50 Min.
Pro Person ca.: 295 kcal

Für 4 Personen:
500 g Okraschoten
4 Schalotten
1 Knoblauchzehe
2 grüne Chilischoten
3 Tomaten
2 EL Öl
1 TL braune Senfkörner
12 Curryblätter
1/2 TL Fenchelsamen
1/2 TL Kurkuma
1 TL gemahlener Koriander
1 TL Paprikapulver, edelsüß
400 ml Kokosmilch (Dose)
Salz

Okraschoten waschen, Stielansätze entfernen und die Schoten in 3 cm lange Stücke schneiden. Schalotten und Knoblauch schälen, Chilischoten waschen und alles getrennt hacken. Tomaten waschen, fein würfeln, dabei die Stielansätze entfernen.

Das Öl in einem Topf erhitzen, darin die Senfkörner unter Rühren braten, bis sie knistern. Schalotten zugeben und unter Rühren hellbraun braten. Knoblauch, Chilis, Curryblätter und Gewürze dazugeben und weiterbraten, bis alles leicht gebräunt ist.

Okras in den Topf geben und unter Rühren 2–3 Min. braten, dann die Tomaten und die Kokosmilch dazugeben, gut verrühren und salzen. Bei schwacher Hitze zugedeckt 25 Min. sanft kochen lassen, dabei ab und zu umrühren. Heiß mit Reis servieren.

Einmal angeschnitten, sondern Okraschoten einen schleimigen Saft ab. Beim Okra-Curry ein erwünschter Effekt, da die Sauce so sämiger bindet.

DER SÜDEN REZEPTE

Scharfes Mangocurry

Manga Kari – aus Kerala (im Bild vorne)

Zubereitungszeit: 35 Min.
Pro Person ca.: 200 kcal

Für 4 Personen:
3 kleine reife Mangos, 2 grüne Chilischoten
1/2 TL Kurkuma, 8 Curryblätter, Salz
je 1/4 TL gemahlener Koriander und Kreuzkümmel
1/8 l Kokosmilch (Dose)
2 EL Öl (möglichst Kokosöl)
1 TL braune Senfkörner
2 getrocknete Chilischoten

Mangos schälen und längs vom Stein in zwei Hälften schneiden. Chilischoten waschen und in feine Ringe schneiden. Beides mit Kurkuma, Curryblättern, Salz und 300 ml Wasser in einen Topf geben und bei schwacher Hitze zugedeckt 15 Min. köcheln lassen.

Die Mangos vom Herd nehmen und die Hälfte des Kochwassers abgießen. Koriander und Kreuzkümmel mit der Kokosmilch zu den Mangos geben und alles bei schwacher Hitze offen 5 Min. kochen lassen.

Öl in einer kleinen Pfanne erhitzen, Senfkörner und die in zwei Stücke gebrochenen Chilischoten dazugeben und 1–2 Min. unter Rühren braten, dann den Pfanneninhalt sofort unter das Curry rühren, mit Salz abschmecken und heiß servieren. Dazu passt Reis.

Frittierte Okraschoten

Masala Bhindi – aus Kerala (im Bild hinten)

Zubereitungszeit: 40 Min.
Pro Person ca.: 130 kcal

Zutaten für 4 Personen:
500 g Okraschoten
1 TL Chilipulver
1/2 TL Asafoetida
3 EL Kichererbsenmehl
Salz, Öl zum Frittieren

Die Okraschoten waschen, Stielansätze und spitze Enden abschneiden, die Schoten dann in 1 cm dicke Ringe schneiden. Chilipulver, Asafoetida und Kichererbsenmehl mit Salz mischen und die Okras sofort damit mischen. 5 Min. ruhen lassen; es sollte möglichst viel der Mischung an den Schoten haften bleiben.

Das Öl ca. 2 cm hoch in einer Pfanne erhitzen. Darin die Hälfte der Schoten in 3–5 Min. knusprig braun frittieren. Okras herausheben und auf Küchenpapier abtropfen lassen. Das Öl in der Pfanne abgießen und die übrigen Okras in frischem Öl wie beschrieben frittieren.

Tapiokapüree

Kappa Puzhukku – aus Kerala (im Bild Mitte)

Zubereitungszeit: 40 Min.
Pro Person ca.: 335 kcal

Zutaten für 4 Personen:
300 g Tapiokawurzeln, Salz, 4 Schalotten
150 g frisches Kokosnussfleisch (s. Seite 225, ersatzweise in Wasser eingeweichte Kokosflocken)
1/4–1/2 TL Chilipulver, 1/4 TL Kurkuma
1/4 TL gemahlener Kreuzkümmel
2 EL Kokosnussöl, 1/2 TL braune Senfkörner
8 Curryblätter, 1 getrocknete Chilischote

Die Tapiokawurzeln schälen, waschen und in 1 cm große Stücke schneiden. In einem Topf mit ausreichend Wasser (die Tapiokawürfel sollten gut bedeckt sein) zum Kochen bringen, salzen und zugedeckt bei starker Hitze 30 Min. kochen lassen, bis sie weich sind.

Schalotten schälen, 3 Schalotten fein pürieren oder im Mörser zerstoßen. Kokosnussfleisch fein reiben, mit Schalottenpüree, Chilipulver, Kurkuma und Kreuzkümmel mischen. Tapioka abgießen, abtropfen lassen und mit dem Kartoffelstampfer zermusen. Mit der Kokosmasse in einen Topf geben und bei 5 Min. unter Rühren köcheln lassen.

Die übrige Schalotte in feine Streifen schneiden. Das Öl in einer kleinen Pfanne erhitzen, darin die Senfkörner braten, bis sie knistern, dann Schalotte, Curryblätter und Chilischote zugeben, bei mittlerer Hitze 3 Min. unter Rühren braten und unter den Tapiokabrei mischen. Zu Fischcurry servieren.

DER SÜDEN REZEPTE

Schon am Abend ist der alkoholhaltige Saft für den Genuss bereit. In den *Toddy*-Shops erhält man zudem kleine Happen, zu denen z. B. ein Kokos-Chutney gut passt.

Früh morgens besteigt der *Toddy-Tapper* die Palmen, um die Blüten zu »melken« und den berauschenden Saft zu gewinnen.

Kokos
Toddy und mehr

»Wir werden mit der Kokospflanze geboren, wir leben mit ihr und wir sterben mit ihr«, sagt der Kokos-Pflanzer. Der Brauch will es nämlich, dass an der Stelle, wo ein Toter verbrannt wurde, eine Kokospalme gesetzt wird, in der der Verstorbene weiterlebt.

Am frühen Morgen ist ein Klopfen in den Kokoswäldern am Vembanad-See im südindischen Kerala zu hören. Man denkt zuerst an einen Specht, der, im dichten Grün versteckt, sein Frühstück aus den Stämmen pocht. Aber weit gefehlt: Behände klettert ein kleiner, drahtiger Mann mit grauem Vollbart die Kokospalmen hoch, macht es sich auf einem der kräftigen Blattstämme bequem und klopft mit einem Stück Knochen einen der dicken Blütenstämme, die zwischen den Blättern hervorsprießen und an denen später die Nüsse hängen, ab. Dann bindet er einen der Blütenstämme oben und unten ab und köpft mit einer speziellen Axt die Spitze der Blüte. Die Schnittstelle bestreicht er mit Schlamm und hängt einen bauchigen Topf darüber. In diesem Topf sammelt sich eine weißliche Flüssigkeit, die schon beim Austreten einen starken alkoholischen Geruch verströmt: *Toddy*.

Der Schnaps wächst am Baum
Toddy ist Kokosschnaps und in Kerala populärer als Whiskey und Bier. Seine Herstellung ist einfach: *Toddy* ist schon hochprozentig, wenn er austritt – bei der abendlichen Ernte sogar etwas mehr als am Morgen. Und mit *Toddy* lassen sich Geschäfte machen. Seit 35 Jahren arbeitet Pithambaran, unser »Specht«, schon als so genannter *Toddy-Tapper*. Den Liter verkauft er für 40 Rupien in den *Toddy*-Shops, den Bars der Umgebung. Ein einzelner Baum wirft 2 bis 3 Liter täglich ab. Pithambaran arbeitet an diesem Morgen an einem halben Dutzend Bäumen.

Toddy ist buchstäblich das Berauschendste, das aus der Kokospalme gewonnen wird. Aber nicht nur das; aus ihr lassen sich unzählige Produkte herstellen. In der Küche des Staats, dessen Name sich von Kokos ableitet (*Keram* heißt Kokos auf Malayalam), spielen Palme und Nuss die Hauptrolle. Kaum ein Gericht, das nicht mit Kokosmilch oder dem geraspelten Fleisch verfeinert wird. Gekocht wird mit dem Öl, das aus dem Fleisch gepresst wird. Es dient überdies zur Körperpflege: Frauen wie Männer reiben ihr Haar oder sogar den ganzen Körper damit ein.

KOKOS REPORTAGE

Die Kokosfasern werden heute noch im Schiffsbau verwendet. Die traditionellen *Kettuvallams* besitzen auch Aufbauten aus geflochtenen Kokosmatten.

Das Geschirr wird mit der feinen Faser gewaschen, die von den geschälten Kernen abfällt. Die äußere Schale wird zur Herstellung von Jute verwendet. Überall in den Plantagen rund um den Vembanad-See drehen Frauen mit einfachen Gerätschaften Seile, die an groben Webstühlen zu Matten und Teppichen verarbeitet werden. Mit den Seilen werden auch die Planken der »Kettuvallams«, der Kanus, zusammengebunden.

250 Produkte aus einer Pflanze

Und noch mehr gibt die Kokospalme den Menschen von Kerala. Mit seiner Frau wohnt der 68-jährige Vishwan in seinem Haus, das er ganz aus Holz und Blattwerk dieses Wunderbaums erbaut hat. Die Wände bestehen aus starken, fasrigen Brettern, das Dach aus Matten, die aus Palmwedeln geflochten werden. Jedes Jahr ersetzt Vishwan das Dach, welches vor den sintflutähnlichen Niederschlägen des Monsuns schützt und für ein angenehm kühles Klima im Innern sorgt. Die Palme hat auch die Küchengeräte geliefert: Kellen, Schalen, Löffel und den *Choolu*, den in Südindien gebräuchlichen Besen. In keinem Haushalt fehlt zudem eine *Chirava*, ein auf ein Brett geschraubter Eisenspachtel, mit dem das Fleisch aus den Kokosnüssen gekratzt wird.

Zählt man sämtliche Erzeugnisse zusammen, so kommt man sage und schreibe auf 250. Darunter sind auch solche für industrielle oder landwirtschaftliche Zwecke.

Inzwischen jedoch bedrohen Jutefabriken die traditionellen Webstühle, welche die Lebensgrundlage so vieler Familien am Vembanad-See darstellen. Die kleinen Plantagenbesitzer und Heimwerker haben sich deshalb zu Genossenschaften zusammengeschlossen, die sich für biologischen Anbau sowie für einen Handel zu fairen Preisen einsetzen, damit Kokos weiterhin allen Menschen hier zugute kommt.

Abends werden in den *Toddy*-Shops die Sorgen dann heruntergespült. Auch Pithambaran ist gekommen, leert mit bereits glasigen Augen Flasche um Flasche und trinkt langsam seinen Tagesverdienst weg. *Toddy* ist ein Kreislauf und das Leben eine harte Kokosnuss.

Gebratener Pfefferfisch

Meen Varathathu – aus Kerala

Zubereitungszeit: 20 Min.
Marinierzeit: 2 Std.
Pro Person ca.: 245 kcal

Für 4 Personen:
4 Fischkoteletts mit festem Fleisch
(à ca. 200 g, z. B. Schwertfisch oder
auch Lachs)
1 Stück frischer Ingwer (2 cm)
4 Knoblauchzehen
1 TL Chilipulver
1 TL schwarze Pfefferkörner
1/2 TL Kurkuma
3 EL Zitronensaft
Salz
2 große rote Zwiebeln
1–2 Limetten
Öl zum Braten

Den Fisch waschen und trockentupfen. Ingwer und Knoblauch schälen und grob hacken. Beides mit den Gewürzen, dem Zitronensaft und etwas Salz im Mörser oder Mixer zu einer möglichst feinen Paste pürieren.

Die Fischkoteletts beidseitig mit der Paste bestreichen, 2 Std. zugedeckt im Kühlschrank marinieren.

Die Zwiebeln schälen und in Ringe schneiden, die Limetten achteln. Öl ca. 1 cm hoch in eine Pfanne oder den Wok geben und stark erhitzen. Die Fischkoteletts darin von beiden Seiten in je 3–4 Min. knusprig braun frittierbraten. Mit den Zwiebelringen und Limettenachteln servieren.

Gebackener Korianderfisch

Kothamalli Meen – aus Kerala
(im Bild)

Zubereitungszeit: 15 Min.
Marinierzeit: 2 Std.
Garzeit: 20 Min.
Pro Person ca.: 185 kcal

Für 4 Personen:
1 küchenfertiger ganzer, möglichst
flacher Fisch (ca. 1,2 kg, z.B. Pomfret
oder Dorade)
3 Limetten
Salz, Pfeffer
2 Bund Koriandergrün (ca. 100 g)
1 Knoblauchzehe
1 grüne Chilischote
2 EL Öl

Den Fisch innen und außen waschen und trockentupfen. Den Fisch mit einem scharfen Messer beidseitig mehrmals quer einschneiden. Den Saft der Limetten auspressen. Den Fisch innen und außen mit 2 EL Limettensaft bestreichen, sparsam salzen und pfeffern.

Das Koriandergrün waschen, Stiele entfernen, das Grün grob hacken. Den Knoblauch schälen und mit der Chilischote hacken. Alles mit dem übrigen Limettensaft und dem Öl im Mixer zu einer feinen Paste pürieren, salzen und pfeffern. Den Fisch auf beiden Seiten gut mit der Marinade bestreichen und für 2 Std. zugedeckt kühl stellen.

Den Backofen auf 200° vorheizen. Den Fisch in eine ofenfeste Form legen und im Ofen (Mitte, Umluft 180°) 15–20 Min. garen. Wer will, kann in den letzten 5 Min. zusätzlich den Grill einschalten oder den Fisch bei 225° (Umluft 200°) auf die oberste Backofenschiene setzen, damit er leicht bräunt. Der Fisch schmeckt besonders gut mit Zitronenreis (s. Seite 174) und *Pachadi* (Rote-Bete-Kokos-Joghurt, s. Seite 179) oder einem frischen Salat.

»Pfefferküste« wurde die Malabarküste lange genannt, und der beste Pfeffer soll nach wie vor hier gedeihen. Die grünen Körner werden allerdings erst nach dem Trocknen zu schwarzem Pfeffer.

DER SÜDEN REZEPTE

Kokum oder Kodampuli ist eine getrocknete Frucht, die zum Würzen verwendet wird. Das saure, leicht rauchige Aroma kann man durch 1–2 EL Tamarindenextrakt und etwas Limettensaft ersetzen.

Syrische Christen ließen sich einst an der Küste Keralas nieder. Von ihnen stammt das Rezept für den Fisch in Kokossauce. Garnelen können dabei den Fisch ohne weiteres ersetzen. Aus Goa stammt ein ähnliches Gericht mit Muscheln: Dazu statt Fisch Venusmuscheln nehmen; die Sauce nach Rezept ohne Senfkörner und Curryblätter zubereiten, dafür zusätzlich mit 1/2 TL gemahlenem Koriander würzen und sofort die ganze Kokosmilch einrühren. Die Muscheln darin 10–12 Min. zugedeckt ziehen lassen. Tomaten und Zitronensaft ebenfalls weglassen.

DER SÜDEN REZEPTE

Malabar-Fisch-Curry

Meen Vevichathu – aus Kerala

Zubereitungszeit: 45 Min.
Pro Person ca.: 450 kcal

Für 4 Personen:
600 g Fischfilet (z. B. Tunfisch, Schwertfisch,
Rotbarsch oder Seelachs)
2 Spalten Kokum
4 reife Tomaten
6 kleine Schalotten
2 Knoblauchzehen
1 Stück frischer Ingwer (3 cm)
1/4 TL gemahlener Fenchel
1/2 TL Paprikapulver, edelsüß
1/2 TL Chilipulver
1 TL gemahlener Koriander
je 1 Prise Kurkuma und grob gemahlener
schwarzer Pfeffer
2–3 grüne Chilischoten
2 EL Öl
1 TL braune Senfkörner
15 Curryblätter
Salz
100 ml Kokosmilch (Dose)

Den Fisch waschen, trockentupfen und in 5 cm große
Würfel schneiden. Kokum kurz kalt abspülen, jede Spalte
in 2–3 Stücke schneiden und in etwas Wasser einweichen.
Die Tomaten heiß überbrühen, schälen und ohne Stielan-
sätze grob zerschneiden. Schalotten, Knoblauch und den
Ingwer schälen, alles grob hacken und mit den Tomaten,
allen gemahlenen Gewürzen und 5 EL Wasser zu einer
Paste pürieren.

Die Chilischoten waschen und in feine Ringe schneiden.
Das Öl in einer Pfanne oder im Wok erhitzen. Senfkörner
unter Rühren darin braten, bis sie zu springen beginnen,
Curryblätter in die Pfanne geben und 2 Min. unter ständigem Rühren braten, dann die Gewürzpaste und Chilis
zugeben, salzen und 2 Min. weiterbraten. 1/4 l Wasser
zugießen und offen 10 Min. einkochen lassen.

Fisch und Kokum zugeben und zugedeckt bei schwacher
Hitze 10–15 Min. gar ziehen lassen. Fisch herausnehmen,
abgedeckt beiseite stellen. Kokosmilch zugießen und die
Sauce offen bei starker Hitze 5 Min. einkochen lassen.
Den Fisch wieder hineingeben und mit Reis servieren.

Fisch in Kokossauce

Meen Molee – aus Kerala

Zubereitungszeit: 50 Min.
Pro Person ca.: 405 kcal

Für 4 Personen:
600 g Fischfilet (z. B. Seelachs, Rotbarsch)
2 kleine Tomaten
2 Zwiebeln
3 Knoblauchzehen
1 Stück frischer Ingwer (2 cm)
2–3 grüne Chilischoten
3 EL Öl
1 TL braune Senfkörner
10 Curryblätter
1/4 TL Kurkuma
400 ml Kokosmilch (Dose)
Salz
1 EL Limettensaft

Den Fisch waschen, trockentupfen und in 5 cm große Stücke schneiden. Die Tomaten waschen und vierteln, Stielansätze entfernen. Zwiebeln, Knoblauch und Ingwer schälen, Zwiebeln längs in feine Streifen schneiden, Knoblauch
und Ingwer getrennt fein hacken. Die Chilischoten
waschen und längs halbieren.

Das Öl in einer Pfanne oder im Wok erhitzen, Senfkörner
hineingeben und rösten, bis sie knistern. Zwiebeln zugeben und unter Rühren leicht braun braten, dann Ingwer,
Knoblauch, Chilis, Curryblätter und Kurkuma dazugeben,
1–2 Min. weiterbraten. Die Hälfte der Kokosmilch mit
100 ml Wasser angießen. Kurz aufkochen lassen, salzen
und den Fisch hineinlegen. Zugedeckt bei schwacher Hitze 10–15 Min. gar ziehen lassen.

Den Fisch herausnehmen und warm stellen. Die restliche
Kokosmilch zur Sauce gießen, Tomatenviertel hineinlegen
und bei starker Hitze offen in 3–5 Min. einkochen lassen.
Mit Limettensaft abschmecken, den Fisch wieder hineingeben und mit Reis servieren.

Scharfe gebratene Garnelen

Camarões Fritos – aus Goa

Zubereitungszeit: 35 Min.
Marinerzeit: 2 Std.
Pro Person ca.: 220 kcal

Für 4 Personen:
600 große rohe Garnelen
2 Knoblauchzehen
1 Stück frischer Ingwer (2 cm)
3/4 TL Chilipulver
1/2 TL Kurkuma
1/2 TL gemahlener Kreuzkümmel
1 EL Weißweinessig
Salz
6 EL Öl
1 Limette

Von den Garnelen die Köpfe abtrennen, die Panzer am Bauch aufbrechen und entfernen. Den Darmfaden am Rücken der Garnelen mit einem spitzen Messer entfernen. Die Garnelen anschließend waschen, trockentupfen. Knoblauch und Ingwer schälen und fein hacken. Beides mit den Garnelen, Gewürzen und Essig mischen, salzen und zugedeckt 2 Std. im Kühlschrank marinieren.

Das Öl in einer Pfanne oder im Wok erhitzen. Die Garnelen darin portionsweise unter ständigem Rühren in 3–4 Min. goldbraun braten. Herausheben und auf Küchenpapier abtropfen lassen. Die Limette achteln und mit den Garnelen servieren.

Tintenfisch-Tomaten-Masala

Koonthal Masala – aus Kerala
(im Bild)

Zubereitungszeit: 30 Min.
Marinierzeit: 1 Std.
Garzeit: 30 Min.
Pro Person ca.: 100 kcal

Für 4 Personen:
500 g küchenfertige Kalmaren (Tintenfischtuben)
1/2 TL Kurkuma
Salz
2 Zwiebeln
3 Knoblauchzehen
3 Tomaten
4 EL Öl
10 Curryblätter
je 1/2 TL Chilipulver und gemahlener Koriander
2 EL Limettensaft
1/2 TL Zucker

Die Tintenfische waschen und trockentupfen. Mit einem scharfen Messer in ca. 1 cm breite Ringe schneiden, mit Kurkuma und Salz in einer Schüssel mischen und zugedeckt 1 Std. kühl stellen.

Die Zwiebeln schälen und in Würfel schneiden. Knoblauch schälen und fein hacken, Tomaten waschen und in feine Würfelchen schneiden, dabei Stielansätze entfernen.

Das Öl in einer Pfanne oder im Wok erhitzen, darin die Zwiebeln glasig dünsten, Curryblätter und Knoblauch zugeben und 2 Min. unter Rühren braten. Tintenfische zugeben und weitere 2–3 Min. braten. Tomaten, Chilipulver, gemahlenen Koriander und Limettensaft dazugeben, salzen und offen bei schwacher Hitze 25–30 Min. schmoren, dabei gelegentlich umrühren, bis die Flüssigkeit beinahe vollständig verdampft ist. Mit Zucker abschmecken und heiß servieren.

Kurkuma ist sicherlich das »indischste« aller Gewürze. Das Pulver der getrockneten Kurkumawurzel gibt vielen Speisen Aroma und vor allem Farbe.

DER SÜDEN REZEPTE

Mahlstein und gusseiserner Topf: Arbeitsutensilien jeder Fischersfrau in Kerala.

Fisch-Curry ist das Alltagsgericht der Fischer. Die Zutaten hängen davon ab, wie erfolgreich der Fischzug war.

Fisch
Delikatesse und tägliches Brot

An jeder Ecke erhält man Prawn-chilly-fried. Der Name sagt, dass es sich um ein »importiertes« Gericht handelt. Aber das spielt keine Rolle für die Garnelen-Liebhaber an der Malabarküste. Prawn-chilly-fried ist in Kerala längst zum Klassiker geworden.

Welle um Welle donnert an den kilometerlangen weißen Sandstrand südlich der Hafenstadt Kochin an der Malabarküste im Südwesten Indiens. Aber nicht jede Welle ist gleich. 30 Männer warten auf eine besonders große, um ihr langes, schwarzes, wie ein Kanu gebautes Boot ein paar Meter weiter ins Wasser zu schieben. Sie schieben, bis das warme Arabische Meer ihre Hüften umschließt, ziehen sich dann die Bordwand hoch und stellen sich, einer hinter dem andern, auf den schmalen Planken für die Fahrt auf, so dass das Schiff im Gegenlicht wie ein aufrecht stehender Kamm aussieht.

Eine ganze Flotte solcher Boote wartet am Strand darauf, für den täglichen Fischfang in die Brandung gehievt zu werden. Auf dem Sand trocknet derweil die Ausbeute früherer Fischzüge: tonnenweise kleine Fische, Sardinen und Anchovis, die später zu Hühnerfutter verarbeitet werden, ein silberner Teppich aus Fischleibern, über dem sich ein übler Geruch ausbreitet und Schwärme von Krähen schweben. Die größeren Fänge, Makrelen, Snappers, Tunfische und ab und zu auch mal ein Hammerhai, werden an besonderen Landestellen versteigert.

Schlechte Zeiten für die Fischer

Doch die Zeiten sind nicht besonders günstig für die Fischer. Große Fischtrawler leeren die Gründe vor der südindischen Küste. Die einfachen Arbeiter des Meeres mit ihren traditionellen, nur mit Außenbordmotoren ausgerüsteten Booten haben das Nachsehen. Immer weniger geht ihnen ins Netz, immer kleiner werden die Fische, die sie aus den Maschen klauben. Doch noch immer lebt fast die ganze Küstenbevölkerung von Kerala vom Fischfang. An diesem Tag im November bringt Raju, der mit 15 anderen am Morgen ausgelaufen war, 70 Rupien, 1,50 Euro, nach Hause – und eine Hand voll Sardinen, die seine Frau Sheila zu einem Fischcurry verarbeitet. Das Rezept ist entlang der ganzen Küste dasselbe: Sheila zerreibt mit einem an ein Nudelholz erinnernden Mahlstein auf einer steinernen Platte Kokosfleisch, Chilischoten, Kurkuma, Curryblätter, Schalotten und Knoblauch zu einer fei-

192

FISCH REPORTAGE

Immer seltener werden entlang der Malabarküste so große Fische gefangen. Die Industriefischerei hat auch hier ihre Spuren hinterlassen.

nen Paste. Es ist eine anstrengende Arbeit, und die kleine, feine Frau legt ihr ganzes Gewicht in die Bewegung. Dann zündet sie vor ihrer Hütte ein offenes Feuer an. Als Brennstoff dienen die Stämme der Kokoswedel, die eine gleichmäßige Flamme und Hitze erzeugen. Im *Kadhai*, der wokähnlichen Pfanne, brät sie die Paste in Kokosnussöl zusammen mit Senfkörnern an. Dann kommen Wasser und die Fische hinzu. Mit etwas Reis stellt das die Hauptnahrung aller Fischer am Strand dar, tagein, tagaus.

Gefischt wird überall
Fisch wird in Kerala nicht allein aus purer Not gegessen. Die Bewohner des südindischen Staates sind wahre Fisch- und Krustentierliebhaber, und gefischt wird denn auch nicht einzig von Booten aus und im Salzwasser. An den Ufern der unzähligen Flüsse und Seen, die sich zum System der Backwaters verbinden, stehen die »chinesischen Fischernetze«. In der Hafenstadt Kochin, wo zahlreiche Touristen Station machen, sind die Betreiber dieser kranähnlichen Vorrichtungen und die Hochseefischer einerseits, die Besitzer von Restaurantbuden andererseits eine Partnerschaft zum gegenseitigen Nutzen eingegangen: Vom Fischer kauft der Kunde den frischen Fisch und lässt ihn in der Bude nebenan zubereiten.

Ein Leckerbissen namens Pomfret
Ob Salz- oder Süßwasserfisch vorzuziehen sei, darüber streiten sich die Geister. Ein ganz besonderer Leckerbissen ist ein flacher, silberner Fisch namens Pomfret, den man auch indischen Lachs nennt. Man bekommt ihn mit Korianderpaste bestrichen und gebraten oder eingeschlagen in ein Bananenblatt mit Tomaten und Chilis.
Raju, der Fischer, ist indes froh, wenn er satt wird. Am nächsten Tag, so es das Wetter erlaubt, wird er wieder auslaufen, und vielleicht haben er und seine Begleiter dann mehr Glück. Das hofft auch Sheila, die ihre beiden Söhne so lange wie möglich zur Schule schicken will. Was aus den beiden Jungs einmal werden soll, weiß Sheila nicht. Eines ist für sie sicher: Jeder Beruf ist besser als der eines Fischers an der Malabarküste.

Mildes Hühner-Kokos-Curry

Kozhi Mappas – aus Kerala

Zubereitungszeit: 30 Min.
Garzeiten: 30 Min.
Pro Person ca.: 555 kcal

Für 4 Personen:
600 g Hähnchenbrustfilet
2 Zwiebeln
2 EL Öl
1/2 TL Chilipulver
1/2 TL Kurkuma
2 TL gemahlener Koriander
Salz, schwarzer Pfeffer
400 ml Kokosmilch (Dose)
4 EL Ghee
2 Stücke Zimtrinde
3 Gewürznelken
1 TL braune Senfkörner

Das Hähnchenfleisch in 4 cm große Würfel schneiden. Die Zwiebeln schälen und längs in feine Streifen schneiden.

Das Öl in einer Pfanne oder im Wok erhitzen, darin die Zwiebeln unter Rühren braten, bis sie hell gebräunt sind. Chilipulver, Kurkuma und Koriander darüber stäuben, kurz weiterbraten. Dann das Fleisch zugeben und 3–5 Min. unter Rühren braun braten. Salzen und pfeffern, 100 ml Kokosmilch und 50 ml Wasser angießen. Zugedeckt bei schwacher Hitze 20 Min. köcheln lassen.

Die restliche Kokosmilch zugeben und offen bei mittlerer Hitze weitere 10 Min. leicht kochen lassen.

Ghee in einer kleinen Pfanne erhitzen, darin Zimtrinde, Nelken und Senfkörner unter Rühren 2 Min. rösten. Den Pfanneninhalt zum Huhn geben, gut unterrühren. 3 Min. bei ausgeschaltetem Herd ziehen lassen, dann am besten mit Reis servieren.

Ente in scharfer Sauce

Varutha Tharavu Kari – aus Kerala (im Bild)

Zubereitungszeit: 35 Min.
Marinierzeit: 2 Std.
Garzeit: 1 1/2 Std.
Pro Person ca.: 720 kcal

Für 4 Personen:
4 Entenkeulen (oder 1 in 6 Stücke
zerteilte Ente)
4 Schalotten
2 Knoblauchzehen
1 Stück frischer Ingwer (3 cm)
4–5 getrocknete Chilischoten
1 Stück Zimtrinde
4 Gewürznelken
2 Stück Sternanis
10 schwarze Pfefferkörner
2 TL Weißweinessig
5 kleine Zwiebeln
2 große Kartoffeln
100 ml Öl
1 TL Mehl
400 ml Entenfond (Glas)

Die Enteteile waschen und trockentupfen. Schalotten, Knoblauch und Ingwer schälen, grob hacken, mit den ganzen Gewürzen, Essig und 6 EL Wasser im Mörser oder Mixer fein pürieren. Die Entenkeulen mit der Paste bestreichen und 2 Std. abgedeckt kühl stellen.

Zwiebeln und Kartoffeln schälen, die Zwiebeln in feine Streifen, die Kartoffeln in 1 cm dicke Scheiben schneiden. Das Öl in einer tiefen Pfanne oder im Wok erhitzen, darin die Enteteile bei mittlerer Hitze rundherum 6–8 Min. anbraten, herausnehmen und beiseite stellen. Die Kartoffeln und die Zwiebeln ins Öl geben und braten, bis die Zwiebeln hell bräunen, beides herausnehmen.

Das Bratöl abgießen, die Entenkeulen zugeben, Mehl darüber stäuben, dann den Fond angießen und mit Salz abschmecken. Zugedeckt bei schwacher Hitze 45 Min. schmoren. Zwiebeln und Kartoffeln dazugeben und weitere 45 Min. garen, eventuell etwas Fond oder Wasser nachgießen. Die Sauce sollte am Ende der Garzeit fast völlig eingekocht sein. Dazu passt Reis oder *Parathas* (s. Seite 40).

DER SÜDEN REZEPTE

Orangen und Hackfleisch sind eine höchst seltene Kombination in der indischen Küche – entstanden ist dieses Gericht in der herrschaftlichen Küche der Nizams von Hyderabad.

Die Chettiyars, *eine im Südosten Tamil Nadus ansässige Gemeinschaft reicher Kaufleute und Bankiers, sind berühmt für ihre Fleischgerichte; diese zeichnen sich besonders durch ihre erlesenen Zutaten und eine große Schärfe aus. Was ebenfalls nie fehlen darf: reichlich Knoblauch und Fenchel als Gewürz.*

DER SÜDEN REZEPTE

Orangen-Hackfleisch-Pfanne

Narangi Kheema – Nizam-Spezialiät
aus Hyderabad

Zubereitungszeit: 35 Min.
Pro Person ca.: 825 kcal

Für 4 Personen:
2 unbehandelte Orangen
2 Zwiebeln, 3 Knoblauchzehen
1 Stück frischer Ingwer (2 cm)
2–3 grüne Chilischoten, 4 EL Öl
1 Stange Zimtrinde, 3 Gewürznelken
2 braune Kardamomkapseln, 6 Curryblätter
750 g möglichst mageres Lammhackfleisch
(gibt's beim türkischen Metzger)
1 TL gemahlener Kreuzkümmel
1/4 TL Kurkuma, Salz, schwarzer Pfeffer
1/2 TL Garam Masala, 3 Zweige frische Minze

Die Orangen heiß waschen, abtrocknen, die Schale von
1 Orange mit dem Zestenreißer abziehen, den Saft beider
Orangen auspressen. Die Zwiebeln schälen und fein würfeln. Knoblauch und Ingwer schälen und fein hacken. Die
Chilischoten in feine Ringe schneiden.

Das Öl in einer Pfanne oder im Wok erhitzen, darin die
Zwiebeln hellbraun anbraten, Zimtrinde, Nelken, Kardamom, Curryblätter, Chilis, Ingwer und Knoblauch dazugeben und unter Rühren 2 Min. mitbraten.

Das Hackfleisch zugeben, Kreuzkümmel, Kurkuma und
die Orangenschalen darüber streuen, dann das Fleisch
unter Rühren in 5 Min. krümelig braun braten. Salzen
und pfeffern, dann nach und nach Orangensaft zugeben
und bei mittlerer Hitze unter Rühren weiterbraten – der
Saft sollte immer fast verdunstet sein, dann neuen zugießen; am Ende sollte so gut wie keine Sauce übrig bleiben.
Mit dem letzten Rest Saft das Garam Masala unterrühren.
Die Minze waschen, abtrocknen, Blättchen von den Stie-
len zupfen, fein hacken und über das fertige Gericht
streuen. Mit *Parathas* oder *Chapatis* (s. Seite 40) servieren.

Chettinad-Fleischbällchen in Sauce

Kola Kozhambu – Chettiyar-Spezialität

Zubereitungszeit: 25 Min.
Garzeit: 45 Min.
Pro Portion ca.: 740 kcal

Für 4 Personen:
6 Zwiebeln, 6 Knoblauchzehen
2–3 grüne Chilischoten
4 EL weiße Mohnsamen
500 g Lammhackfleisch (beim türkischen Metzger)
150 g gehackte Cashewnusskerne
100 g Kokosflocken
2 TL gemahlene Fenchelsamen
1–2 TL Chilipulver
5 EL Kichererbsenmehl
1 Ei, Salz, schwarzer Pfeffer
2 TL gemahlener Koriander, 1/2 TL Kurkuma
1 Msp. gemahlene Gewürznelken
500 g reife Tomaten (ersatzweise stückige Tomaten
aus der Dose)
3 EL Öl
2 EL Tamarindenextrakt (s. Seite 226)
2 EL gehacktes Koriandergrün

Zwiebeln und Knoblauch schälen und fein hacken. Chilischoten fein hacken. Mohnsamen im Mörser grob zerstoßen. Das Hackfleisch mit den Chilis, je einem Drittel
Zwiebeln und Knoblauch, 2 EL Mohnsamen, den Cashewnüssen, Kokosflocken, 1 TL Fenchel, der Hälfte Chilipulver, dem Mehl und dem Ei gut vermengen. Mit Salz und
Pfeffer würzen. Die Masse zu 12 Bällchen formen.

Die übrigen Zwiebeln, Knoblauch, Mohnsamen, Chilipulver, Fenchel, Koriander, Kurkuma und Nelkenpulver mit
3 EL Wasser fein pürieren. Tomaten überbrühen, häuten
und ohne Stielansätze in Stücke schneiden.

Das Öl in einer tiefen Pfanne erhitzen, darin die Würzpaste unter Rühren 1–2 Min. anbraten. Tomaten, Tamarindenextrakt und 100 ml Wasser zugeben, salzen und pfeffern, offen bei mittlerer Hitze 20 Min. leicht einkochen
lassen. Die Fleischbällchen einlegen und zugedeckt bei
schwacher Hitze 25 Min. garen. Koriandergrün vor dem
Servieren darüber streuen. Dazu passt Reis oder *Chapatis*
(s. Seite 40).

197

Kerala-Lamm-Stew

Irachi Shtew – anglo-indisches Rezept
aus Kerala (im Bild)

Zubereitungszeit: 25 Min.
Garzeit: 40 Min.
Pro Portion ca.: 620 kcal

Für 4 Personen:
500 g Lammfleisch (Keule oder Schulter)
2 Kartoffeln
1 Möhre
50 g grüne Bohnen
2 Zwiebeln
3 Knoblauchzehen
1 Stück frischer Ingwer (3 cm)
2–3 grüne Chilischoten
2 grüne Kardamomkapseln
1 Stück Zimtrinde (3 cm)
2 Gewürznelken
1/4 TL schwarze Pfefferkörner
3 EL Öl
10 Curryblätter
50 g TK-Erbsen
Salz
400 ml Kokosmilch (Dose)

Das Fleisch in 3 cm große Würfel schneiden. Kartoffeln und Möhre schälen und in 2 cm große Würfel schneiden. Die Bohnen putzen und in 2 cm lange Stücke schneiden. Zwiebeln, Knoblauch und Ingwer schälen, die Zwiebeln in feine Streifen schneiden, Knoblauch und Ingwer fein hacken. Die Chilischoten längs halbieren.

Kardamomkapseln aufschlitzen und die Körner mit Zimtrinde, Nelken und Pfeffer im Mörser fein zerstoßen.

Das Öl in einer tiefen Pfanne oder im Wok erhitzen, darin Gewürze, Zwiebeln, Knoblauch, Ingwer, Chilis und Curryblätter unter Rühren 2–3 Min. braten, bis die Zwiebeln hell gebräunt sind.

Fleisch zugeben und 2–3 Min. anbraten, Gemüse, Kartoffeln und Erbsen dazugeben und salzen. Kokosmilch und 100 ml Wasser angießen. Alles zugedeckt bei schwacher Hitze 40 Min. garen. Heiß mit Reis servieren.

Madras-Lamm-Curry

Kari Kurma – anglo-indisches Gericht
aus Tamil Nadu

Zubereitungszeit: 35 Min.
Marinierzeit: 2 Std.
Garzeit: 2 Std.
Bei 6 Personen Pro Portion ca.: 625 kcal

Für 4–6 Personen:
1,2 kg Lammfleisch mit Knochen (z. B. Schulter und Haxen, in Portionsstücke zerteilen lassen)
200 g Joghurt
2 TL Paprikapulver, edelsüß
2 1/2 TL gemahlener Koriander
1 TL gemahlene Fenchelsamen
1 TL Kurkuma
3 Tomaten
150 g frisches Kokosnussfleisch (s. Seite 225)
6–8 getrocknete Chilischoten
2 EL weiße Mohnsamen
2 EL Ingwer-Knoblauch-Paste (s. Seite 227)
3 Zwiebeln, 4 EL Öl
1 Lorbeerblatt, 4 Gewürznelken
1 Stück Zimtrinde
2 braune Kardamomkapseln, Salz
400 ml Kokosmilch (Dose)

Das Lammfleisch waschen und trockentupfen. Den Joghurt mit den gemahlenen Gewürzen verrühren und mit dem Fleisch mischen, 2 Std. zugedeckt im Kühlschrank marinieren.

Die Tomaten waschen, grob zerschneiden, dabei die Stielansätze entfernen. Kokosnussfleisch grob reiben, Chilischoten zerbrechen. Beides mit den Tomaten, Mohnsamen und der Ingwer-Knoblauch-Paste im Mixer fein pürieren. Die Zwiebeln schälen und würfeln.

Das Öl in einem Topf erhitzen, darin die Zwiebeln hellbraun andünsten. Lorbeerblatt, Nelken, Zimtrinde und Kardamom zugeben und 1–2 Min. unter Rühren braten. Das Tomaten-Kokos-Püree zugeben und unter Rühren 2–3 Min. weiterbraten. Dann das Fleisch samt Marinade zugeben und salzen, 2–3 weitere Min. rührbraten. Kokosmilch zugießen, die Hitze reduzieren und das Fleisch zugedeckt bei schwacher Hitze 1 3/4–2 Std. schmoren, gelegentlich umrühren; sollte die Sauce zu sehr einkochen, eventuell etwas Wasser angießen.

DER SÜDEN REZEPTE

Essig wird in der indischen Küche selten verwendet. In ein Vindaloo gehört er aber, leitet sich doch der Name vom portugiesischen vinho« für »Wein« (in diesem Fall saurem Wein = Essig) ab.

Rindfleisch *ist in Indien nicht generell tabu, wie dieses Rezept syrischer Christen aus Kerala beweist. Da das Fleisch oft nicht europäischer Qualität entspricht, ist das Vorgaren in Brühe unerlässlich. Mit gut abgehangenem Steakfleisch lässt sich das Gericht aber auch gut als kurzgebratenes Pfannengericht zubereiten, dann das Fleisch mit den Zwiebeln anbraten und fertigen Fond aus dem Glas zugeben.*

DER SÜDEN REZEPTE

Sauer-scharfes Schweinefleischcurry

Vindaloo de Porco – aus Goa

Zubereitungszeit: 25 Min.
Marinierzeit: 12 Std.
Garzeit: 1 Std.
Pro Portion ca.: 790 kcal

Für 4 Personen:
1 kg durchwachsenes Schweinefleisch
(z. B. Nacken oder Bauch)
5 Knoblauchzehen
1 Stück frischer Ingwer (2 cm)
2–4 getrocknete Chilischoten
1 TL schwarze Pfefferkörner
1 TL gemahlener Kreuzkümmel
1 TL Kurkuma
1 Stück Zimtrinde (3 cm)
4 Gewürznelken
1/2 TL braune Senfkörner
2 TL Rohrzucker
10 EL Weißweinessig, Salz
4 Zwiebeln
5 EL Öl

Das Fleisch waschen, trockentupfen und in 2 cm große Würfel schneiden. Knoblauch und Ingwer schälen und fein hacken.

Knoblauch, Ingwer, Chilis, alle Gewürze, Zucker, 6 EL Essig und etwas Salz im Mörser oder im Mixer zu einer Würzpaste pürieren. Das Fleisch mit der Paste mischen und über Nacht im Kühlschrank zugedeckt marinieren.

Zwiebeln schälen und längs in feine Streifen schneiden. Das Öl in einem Topf erhitzen, das Fleisch darin portionsweise 1–2 Min. anbraten, dann herausnehmen. Zwiebeln anschließend hineingeben und leicht hellbraun braten, Fleisch wieder dazugeben, übrigen Essig und 400 ml Wasser angießen, mit Salz abschmecken. Zugedeckt bei schwacher Hitze 1 Std. garen, ab und zu umrühren. Mit Reis oder *Chapatis* (s. Seite 40) servieren.

Trocken gebratenes Rindfleisch mit Kokos

Mattirachi Ulathan – aus Kerala

Zubereitungszeit: 30 Min.
Garzeiten: 1 Std.
Pro Portion ca.: 500 kcal

Für 4 Personen:
500 g Rindfleisch (aus der Schulter oder Hüfte)
1 getrocknete Chilischote
1 Stück frischer Ingwer (2 cm)
400 ml Rinderbrühe oder -fond
Salz, schwarzer Pfeffer, grob gemahlen
2–3 grüne Chilischoten, 5 Schalotten
150 g Kokosfleisch (s. Seite 225, ersatzweise in wenig Wasser eingeweichte Kokosflocken)
2 Gewürznelken, 1 Stück Zimtrinde (3 cm)
1/2 TL Fenchelsamen
1/4 TL Korianderkörner, 1 TL Kurkuma
6 EL Öl, 15 Curryblätter

Das Fleisch in 2 cm große Würfel schneiden. Die getrocknete Chilischote in grobe Stücke brechen, den Ingwer schälen und fein hacken. Das Fleisch mit der Brühe in einen Topf geben, leicht salzen, kräftig pfeffern und bei schwacher Hitze zugedeckt 45 Min. garen.

Inzwischen die Chilischoten in Ringe schneiden, Schalotten schälen und längs in feine Streifen schneiden. Das Kokosfleisch in grobe Späne raspeln oder in Streifen schneiden. Nelken, Zimtrinde, Fenchel und Koriander im Mörser fein zerstoßen, mit Kurkuma und 3 EL Wasser verrühren.

Das Fleisch in ein Sieb abgießen, abtropfen lassen, die Brühe auffangen. Öl in einer Pfanne oder im Wok erhitzen, darin Zwiebeln und Kokosfleisch unter ständigem Rühren goldbraun rösten. Curryblätter, Chilis und Gewürzpaste unterrühren, 2 Min. weiterbraten. Dann das Fleisch zugeben.

Alles bei mittlerer bis starker Hitze 10 Min. unter Rühren braten, dabei immer wieder einige Löffel Brühe zugeben, diese verdampfen lassen, neue zugeben. Am Ende sollte die Flüssigkeit fast vollständig verdampft sein, Fleisch und Zwiebeln sollen nur von einem würzigen Film überzogen sein. Eventuell nochmals mit Salz nachwürzen und mit Reis oder *Chapatis* (s. Seite 40) servieren.

201

Knusprige Teigrosen

Achappam – aus Kerala

Zubereitungszeit: 1 Std.
Bei 20 Stück pro Stück ca.: 20 kcal

Für 15–20 Stück:
500 g Reismehl
400 ml Kokosmilch (Dose)
2 Eier
2 TL Zucker
2 TL schwarze Sesamsamen
Salz
Öl zum Frittieren
Rosengebäckform (s. Tipp)

Das Mehl in eine Schüssel geben und die Kokosmilch nach und nach unterrühren. Dann die Eier gut unterschlagen und den Teig mit Zucker, Sesamsamen und 1 Prise Salz verrühren. Der Teig sollte dünn, aber nicht zu flüssig sein, so dass er immer noch gut an der Form haftet (ist er zu dick, eventuell noch etwas Wasser, ist er zu dünn, etwas Mehl zugeben).

Das Öl in einem Topf oder in einer Fritteuse erhitzen. Die Form in den Teig drücken, dabei sollte die Form nicht über den oberen Rand hinaus mit Teig bedeckt sein. Die Form ins heiße Öl halten und den Teig frittieren. Nach 2 Min. löst sich die Teigrosette von der Form und sollte dann noch kurze Zeit weiterbacken, bis sie goldbraun ist. Dann herausnehmen und auf Küchenpapier abtropfen lassen. Lauwarm genießen; abgekühlt kann man die Teigrosetten auch in einer luftdichten Box aufbewahren.

TIPP

Die als Blüte geformten Metallformen mit langem Stil werden in Süddeutschland und der Schweiz für Faschingsgebäck verwendet. Man findet sie in gut sortierten Haushaltswarengeschäften.

Frisch ausgebackene *Achappams*, die sicher nicht lange auf Abnehmer warten müssen.

Kokosnuss-Pfannkuchen

Yel Adai (im Bild)

Zubereitungszeit: 50 Min.
Pro Stück ca.: 710 kcal

Für 6 Stück:
200 g Mehl
2 EL Zucker
Salz
2 Eier
1/4 l Kokosmilch (Dose)
8 grüne Kardamomkapseln
150 g Jaggery
200 g Kokosflocken
50 g gehackte Cashewnusskerne
3 EL Rosinen
2 EL Limettensaft
Öl zum Braten

Das Mehl mit Zucker und 1 Prise Salz mischen. Eier und Kokosmilch zugeben und mit dem Schneebesen zu einem glatten Teig rühren.

Kardamomkapseln mit einem Löffel anquetschen, mit Jaggery und 300 ml Wasser in einen Topf geben und bei starker Hitze in 20 Min. offen einkochen lassen, bis sich die Flüssigkeit auf ca. ein Drittel reduziert hat. Kardamonkapseln vorsichtig herausfischen. Kokosflocken, Cashewnüsse und Rosinen zugeben und bei schwacher Hitze weitere 5 Min. unter Rühren köcheln lassen. Limettensaft unterrühren und vom Herd nehmen.

Etwas Öl in einer beschichteten Pfanne erhitzen, etwas Teig hineingeben – es gibt insgesamt 6 Pfannkuchen. Jeden Pfannkuchen pro Seite 3 Min. backen. Fertige Pfannkuchen warm halten. Wenn alle fertig gebacken sind, die Füllung gleichmäßig darauf verteilen. Die Pfannkuchen zu Päckchen oder Röllchen zusammenfalten und noch warm servieren.

DER SÜDEN REZEPTE

Frittierte Bananen-Kokosbällchen

Unniapappam – aus Kerala (im Bild)

Zubereitungszeit: 50 Min.
Pro Stück ca.: 125 kcal

Für ca. 20 Stück:
5 EL Jaggery
2 reife Bananen (geschält ca. 150 g)
80 g Kokosflocken
280 g Reismehl
1/2 TL Backpulver
1/8 TL gemahlener Ingwer
Öl zum Frittieren

Jaggery in 4 EL heißem Wasser unter Rühren auflösen. Die Bananen schälen und mit einer Gabel zu Mus zerdrücken. Mit Kokosflocken, Mehl, Backpulver, Ingwer und Jaggerywasser mischen und zu einem dicken Teig rühren (falls der zu dünnflüssig ist, noch etwas Kokosflocken zugeben, falls er zu dickflüssig ist, noch etwas Wasser zugeben), 10 Min. stehen lassen.

Das Öl in einem Topf oder in der Fritteuse erhitzen. Vom Teig mit einem Teelöffel ein Bällchen abstechen und ins heiße Öl geben. Darin in 3–5 Min. goldbraun ausbacken, herausnehmen und auf Küchenpapier abtropfen lassen. Den Teig so portionsweise verarbeiten. Bällchen möglichst noch warm servieren.

Süße Grießbällchen

Rava Laddu – aus Tamil Nadu

Zubereitungszeit: 25 Min.
Pro Stück ca.: 225 kcal

Für ca. 15 Stück:
150 g Ghee
300 g Weizengrieß
5 grüne Kardamomkapseln
250 g Zucker
60 g Cashewnusskerne
50 g Rosinen

5 EL Ghee in einer Pfanne erhitzen, darin den Grieß bei mittlerer Hitze unter Rühren 8–10 Min. rösten, bis er eine goldgelbe Farbe annimmt und duftet. Vom Herd nehmen und abkühlen lassen.

Die Kardamomkapseln aufschneiden und die schwarzen Körner herausbrechen, mit dem Grieß und Zucker im Mixer möglichst fein mahlen.

Die Cashewnüsse grob hacken. Restliches Ghee erhitzen, darin die Nüsse und Rosinen 2–3 Min. leicht anrösten, dann das Grießgemisch zugeben und 10–15 Min. unter Rühren braten. Die krümelige Masse im Kühlschrank durchkühlen lassen. Dann mit warmen Händen zu kleinen, festen Bällchen pressen und kneten. Die Bällchen können in einer luftdichten Box kühl aufbewahrt werden.

Desserts sind in Indien eher unüblich. Süßigkeiten wie *Laddus* sind vielmehr ein religiöse Gabe oder das Zeichen von Gastfreundschaft, wenn sie als Willkommensgruß angeboten werden.

Pondicherry
Man spricht französisch

Am 26. Dezember 2004 rollte die verheerende Flutwelle auch gegen die Küste vor Pondicherry. Sie richtete auch hier schwere Schäden an, aber der französisch geprägte Charme der Villen hat die Katastrophe überstanden.

Die Nacht wird zum Tag, wenn man nach Sonnenuntergang die Grenze von Tamil Nadu im Südosten Indiens nach Pondicherry überschreitet: Straßenlaternen blenden und werfen ihr grelles Licht auf Fahrbahnen mit auffällig wenig Schlaglöchern. Die Straßen sind überfüllt von Dreirad-Rikschas mit quakenden Hupen, Mopeds und Suzuki-Vans. Und doch geht alles unindisch gesittet zu und her. Dafür sorgen Polizisten mit merkwürdigen, roten Käppis. An der Jawarlal-Nehru-Straße reiht sich Geschäft an Geschäft, und entlang dieser Perlenschnur aus Shops flanieren die Passanten im Gegenlicht wie Puppen eines Schattentheaters.

Pondicherry liegt am Indischen Ozean, aus dem am 26. Dezember 2004 die verheerende Flutwelle angerollt ist. Sie hat auch Pondicherry getroffen, die Strandpromenade, an der zwischen modernen, grauen Betonklötzen immer wieder alte Villen oder ein altes Verwaltungsgebäude in

Eine geschickte Steuerpolitik lässt die Geschäfte in Pondicherry florieren und bringt auch den Bewohnern der Stadt Wohlstand und gute Zukunftsaussichten. Allerdings lernen die Schülerinnen und Schüler heute eher englisch als französisch.

strahlendem Weiß hervorleuchteten. Über den Eingängen waren Namen zu lesen wie »Alliance française«, »Lycée Français« oder »École d'orient extrême«, und das Zollgebäude hieß »Douane«. Das »Hôtel Pondichéry« lockte mit einem Charme, der zwischen Südostasien und der Provence changierte.

Pondicherry hat die Flut überlebt und ist noch immer ein Phänomen in wirtschaftlicher und historischer Hinsicht. Anders als der größte Teil des indischen Subkontinents war das kleine Pondicherry bis 1954 eine französische Kolonie, und die Franzosen haben Spuren hinterlassen, die sich deutlich von denjenigen der britischen Kolonialherren abheben, Spuren, die nicht nur architektonischer Natur sind. Auch das Bewusstsein der Bewohner des teilautonomen Territoriums unterscheidet sich merklich von dem ihrer Nachbarn in Tamil Nadu. »Wir haben die Franzosen gemocht«, sagt Lourdes Louis in akzentfreiem Französisch, »denn sie haben uns nicht wie eine mindere Rasse behandelt wie die Briten die

PONDICHERRY REPORTAGE

Die Präsenz von Missionsschwestern wie Mère Thérèse gehört zu den Hinterlassenschaften der französischen Kolonialzeit. Sie lassen sich so leicht nicht vertreiben.

Inder. Sie haben uns vielmehr als Gleichwertige betrachtet.« Die Englischlehrerin am Lycée Français ist französische Staatsbürgerin. Ihr Großvater gehörte zu jener Elite Pondicherrys, denen Napoléon III. ein verlockendes Angebot machte: Wer konvertierte, wurde Franzose und erhielt Zugang zur französischen Ausbildung. Lourdes Großvater studierte in Frankreich und arbeitet anschließend als Beamter in der weit verzeigten Kolonialverwaltung Frankreichs. Es verschlug ihn bis nach Indochina, das heutige Vietnam. Dort lernte er Lourdes Mutter kennen, und von ihr hat Lourdes ihre mandelförmigen Augen.

Aber Lourdes Louis gehört einer aussterbenden Minderheit an. Langsam verdrängt die englische Sprache die französische, und die indischen Verwaltungsgepflogenheiten unterwandern die französisch geprägte, effiziente Administration. Als letzte Bollwerke halten sich die katholischen Kirchen – französische Gotik in Sahnetortenweiß und Ocker – neben den bunten Tempeln für die unzähligen Götter im hinduistischen Pantheon. Und Missionsschwestern wie die drahtige Mutter Thérèse, die einer Stickerei vorsteht, in der Frauen aus einfachen Verhältnissen ein Handwerk lernen, gehören wenigstens vorderhand noch zum Straßenbild wie die schick gekleideten Einkäuferinnen und Einkäufer in der Jawarlal-Nehru-Straße.

Investitionen und Utopien

Auf den Luxus aber ist Lourdes gar nicht gut zu sprechen. »Es ist schrecklich«, beklagt sie sich, »in Pondicherry dreht sich heute alles nur noch um den Konsum. Keine Tradition, keine Kultur mehr.« Der wirtschaftliche Aufschwung wurde durch eine geschickte Steuergesetzgebung ermöglicht, was Pondicherry zu einer Oase für Investoren macht. Dass die Geschäfte laufen, dafür sorgen in erster Linie die Besucher aus dem Nachbarstaat Tamil Nadu, die nach Pondicherry zum Schnäppchenbummel kommen und zum Trinken. »Pondicherry gilt als lasterhaft, weil hier Alkohol vergleichsweise günstig zu bekommen ist, und unsere Mädchen haben es deshalb schwer, anständig verheiratet zu werden«, erzählt Lourdes. Aber dem Laster würden sich vor allem die andern, die Auswärtigen, hingeben und so Pondicherrys Ansehen in den Schmutz ziehen.

Die Zukunftsstadt Auroville stellt zu dieser Konsumhölle einen bizarren Kontrast dar. Seit 1968 leben hier Menschen in einer Gesellschaft ohne Geld, Privatbesitz, Polizei und Bürgermeister, aber mit einer florierenden Räucherstäbchen-Industrie in einer real existierenden Utopie in unmittelbarer Nähe von Pondicherry. Die Gemeinschaft ist inzwischen auf 1800 Bewohner angewachsen, und Auroville ist noch immer im Wachstum begriffen.

Auch Pondicherry wächst, wenn auch weniger harmonisch mit der Natur, und längst nicht so sehr darauf bedacht, sein Erbe in die Zukunft fortzuschreiben. Vom Aussterben bedroht ist deshalb in Pondicherry nicht nur die französische Kultur, sondern auch die traditionelle tamilisch geprägte Küche. Lourdes Louis ist eine der letzten Köchinnen, die sich noch auf die Rezepte und die Rituale für die Bewirtung der Gäste versteht. Sie ist auch die Autorin des einzigen Kochbuchs mit Rezepten von Pondicherry. Die Entstehung dieses Buches verdankt man den Kindern von Lourdes. »Meine Tochter war es leid, immer wieder zu fragen, wie man dies oder das kocht«, berichtet sie. Eines Tages habe sie sie aufgefordert, alles aufzuschreiben. So sei in fünfjähriger Arbeit das Kochbuch entstanden. Die letzten noch erhältlichen Exemplare werden von Mutter Thérèse in ihrem Konvent verkauft. Der Erlös kommt gemeinnützigen Zwecken zugute.

»Pulvergemisch« zum Kochen

Zu den Besonderheiten der Küche des südöstlichen Staats gehört *Kouttou Toul*, was so viel wie Pulvergemisch bedeutet. Der Name ist echtes Understatement, wird *Kouttou Toul* doch immerhin aus neun verschiedenen Ingredienzien mit Öl, Zwiebeln und Gewürzen und meist in riesigen Mengen hergestellt. *Kouttou Toul* dient als Grundlage für allerlei Currys und Gemüsezubereitungen. Eine andere Gewürzmischung heißt *Podi*. Dieses Pulver kann wie *Kouttou Toul* je nach Herstellerin oder Verwendungszweck unterschiedlich ausfallen. Es wird ebenfalls zum Würzen diverser Gerichte benutzt, aber oft auch einfach über fertige Gerichte wie die den Crêpes ähnlichen *Dosas* oder *Idlis*, die kleinen gedämpften Reisküchlein, gestreut.

Lourdes stellt für ihren eigenen Haushalt alle Mischungen selbst her, obwohl man sie inzwischen auch fertig zubereitet auf dem Markt kaufen kann. Aber, sagt Lourdes, das sei längst nicht dasselbe. Zum Beweis öffnet sie die Gläser mit ihren Mischungen, und unvergleichliche Aromen steigen einem in die Nase.

Schuluniformen sind im Süden fast überall Pflicht. Die geflochtenen Zöpfe der Mädchen gehören unbedingt dazu.

Einer der ältesten Leuchttürme überhaupt: Die Tritte auf dem Felsen wurden im 7. oder 8. Jahrhundert eingemeißelt. Damals wurde auf der Spitze in der Nacht ein Feuer entzündet.

Chai
Durstlöscher auf Indisch

In Livrée serviert der Ober des Oberoi Grand Hotels auf der Sonnenterasse Tee – der blendend weiße Kolonialbau im Hintergrund liefert die perfekte Kulisse. High Tea in höchster Perfektion: Aus silbernen Kännchen fließt der dampfende Tee in feines Porzellan, dazu werden stilecht Gurkensandwich und Cake gereicht.

Doch was hier im Herzen von Kalkutta so very british wirkt, ist für Indien eher untypisch. Erst die Engländer brachten die Teepflanzen aus China nach Indien. Ceylon, das heutige Sri Lanka, Darjeeling und Assam an den Südhängen des Himalaya wurden schnell zu Anbaugebieten weltberühmter Spitzentees.

Allerdings machen diese Sorten, deren Ernte fast vollständig exportiert wird, nur einen Bruchteil der Gesamproduktion Indiens aus. Die für den indischen Markt bestimmte Massenproduktion wird andernorts angebaut, z. B. im südindischen Grenzland zwischen den Bundesstaaten Kerala und Tamil Nadu.

Die Reise nach Munnar führt in engen Serpentinen auf 1600 m hinauf, ins Hinterland der Cardamom Hills. Wie von einem eigenwilligen französischen Landschaftsgärtner angelegt schlingen sich die hellgrünen Teebuschhecken in gestreckten Wellenlinien um die Hügel. In ihnen arbeiten vereinzelte Gruppen von Pflückerinnen, dicke Plastikplanen um Bauch und Oberkörper gewickelt, die vor den spitzen Trieben der Teebüsche schützen sollen. Die Plantagen gehören dem Tata-Konzern. Nicht nur in Indiens Automobil- und Stahlindustrie ist er führend; er ist weltweit der zweitgrößte Teeproduzent überhaupt – und ein großer Teil des Ertrags stammt aus diesen Hügeln im Süden des Landes.

Geerntet wird der Tee nach wie vor von Hand. Innerhalb der Produktionsstätten läuft dann so gut wie alles maschinell: Die frisch gepflückten Blätter werden auf langen Trockenbahnen ausgelegt und für die Häckselmaschine vorbereitet; der Kontakt mit Sauerstoff bewirkt bereits die erste Fermentierung. Der Häcksler zerreißt die Teeblätter in Stückchen. Sie werden gesiebt, bevor sie in eine Fermentiermaschine gelangen. Durch Zufuhr kalter feuchter Luft oxidieren sie dort weiter und erhalten dabei ihre dunkle Farbe und den charakteristischen Teegeruch. Anschließend werden sie bei Hitze getrocknet und zu unterschiedlich feinem Teepulver zerrieben. Kein edler Tee für Connaisseurs, sondern Verschnitt, der zum einen in Aufgussbeuteln ins Ausland wandert oder im Land bleibt.

Zurück nach Kalkutta. Es wird dunkel, und in der ersten winterlichen Kühle zieht der für Indiens Städte typische Geruch von Holzfeuern durch die Straßen. »Chaaaiiiii« – der lang gezogene Ruf des Teeverkäufers klingt verheißungsvoll nach Wärme und Erfrischung. Auf dem hellblau gestrichenen Bretterwagen brodelt bereits der Teetopf auf einem Gaskocher. Der eifrige *Chai-Wallah* schüttet Milch in den Topf, rührt heftig in der hellbraunen Flüssigkeit, die dann durch ein Sieb in eine zerbeulte Teekanne gegossen wird und anschließend in hohem Strahl schäumend in kleinen Tonschälchen landet. Heiß, süß und etwas pfeffrig schmeckt der *Chai* – das typischste Getränk Indiens. Tee, nicht wie die englischen Besatzer ihn zu trinken pflegten, sondern dem Geschmack und der Tradition des Landes entsprechend uminterpretiert. Für *Chai* bedarf es keiner hochwertigen Sorten, sondern Tee, der stark und kräftig sein muss, um den Gewürzen standzuhalten, mit denen er aufgekocht wird. Ja, er wird gekocht, nicht etwa aufgebrüht – mit Wasser und fast derselben Menge Milch, viel Hitze und natürlich den Gewürzen. Diese können der Jahreszeit entsprechend variieren: frischer Ingwer oder Pfeffer im Winter, um Körper und Seele zu wärmen, ansonsten Zimt, Kardamom oder Nelken. Und viel *Jaggery*, damit der *Chai* süß schmeckt. So wird er an jeder Straßenecke verkauft, zu jeder Tages- und manchmal auch Nachtzeit und ist mit einem Preis von 2 Rupien für jedermann erschwinglich – ein richtiges Volksgetränk.

Wie in alten Kolonialzeiten: Tea-Time im Oberoi Hotel in Kalkutta.

Teeplantagen ziehen sich über die Hügelkuppen von Munnar, soweit das Auge reicht.

Eine Pflückerin bei der Arbeit. Der Stock auf den Büschen markiert, wo bereits abgepflückt wurde.

Knochenarbeit mit Köpfchen: Arbeiter verladen die Teesäcke für den Transport.

GETRÄNKE REPORTAGE

Heißer, würziger, schäumender Tee ist an einem klammen Wintermorgen genau der richtige Wachmacher, der die Kühle und den Schlaf aus den Knochen vertreibt.

Indischer Gewürztee

Masala Chai

Für 1 l Tee
1 Stück frischer Ingwer (4 cm)
1–2 Stücke Zimtrinde
5 Gewürznelken
6 grüne Kardamomkapseln
1/2 l Milch
2 EL kräftige schwarze Teeblätter
Jaggery oder Zucker nach Geschmack

Den Ingwer in 1/2 cm breite Scheiben schneiden. Zimtrinde, Nelken und Kardamomsamen im Mörser grob zerdrücken, in einen Topf geben und unter Rühren bei mittlerer Hitze rösten, bis sie zu duften beginnen.

1/2 l Wasser, Ingwer, Milch und den Tee dazugeben und aufkochen lassen. Unter Rühren 3 Min. bei mittlerer Hitze kochen lassen. Jaggery oder Zucker nach eigenem Geschmack zugeben (der Tee sollte wirklich süß sein!), den Tee durch eine Sieb abgießen und heiß trinken.

Wer will, ersetzt den Ingwer durch 6–8 schwarze, grob zerstoßene Pfefferkörner; wer Schärfe liebt, nimmt beides.

Variante: Indischer Kaffee – Masala Coffee
Ähnlich wie Tee bereitet man in Indien auch Kaffee auf eine ganze eigene Art zu. In Kerala, wo auch Kaffee angebaut wird, trinkt man ihn z. B. so:
1/2 l Milch, 1/4 l Wasser und 5 EL Zucker mit 6 zerdrückten grünen Kardamomkapseln und 1 Stück zerstoßener Zimtrinde in einen Topf geben, aufkochen und 3 Min. köcheln lassen. 4 EL gemahlenen Kaffee dazugeben und bei schwacher Hitze 3 Min. ziehen lassen. Den Kaffee durch ein sehr feinmaschiges Sieb oder einen Kaffeefilter abgießen. In hohem Strahl eingießen, damit der Kaffee in der Tasse richtig schäumt.

Zuckerrohrsaft direkt aus der Presse, selbstgemachte Limonade vom Straßenrand oder der Inhalt einer frischgeköpften Kokosnuss: Hauptsache, es kühlt.

Erfrischungsgetränke

In Indien gibt es viele Getränke, die im heißen Klima kühlen sollen. Zuckerrohrsaft und Fruchtsäfte aus Ananas, Melonen, Guaven, Orangen und anderen tropischen Früchten werden an Straßenständen frisch gepresst. An den Küsten und im Süden wird das Angebot durch Kokoswasser erweitert. Frisch vom Baum werden die grünen Kokosnüsse aufgeschlagen und können sofort ausgetrunken werden.

Immer dabei: Gewürze

Für Europäer recht ungewöhnlich ist die Auswahl an von Region zu Region unterschiedlichen Getränken auf Basis von Wasser und Gewürzen, von denen *Jal Jeera* (s. Seite 215) vielleicht am bekanntesten ist. Sie können süß, salzig oder beides sein, eventuell auch leicht säuerlich durch den Saft von Zitronen, unreifen Mangos oder Tamarinde. Gewürze wie Kreuzkümmel oder Safran runden das Aroma ab. Den Gewürzdrinks schreibt man neben kühlenden oft auch medizinische Effekte zu, wie z. B. Entgiftung oder Appetitanregung.

Milchgetränke

Im Norden liebt man Milchgetränke, und die Bewohner des Punjab müssen sich oft den Spottnamen »Buttermilchdrinker« gefallen lassen. *Chaach* – erfrischende Buttermilch – wird aber in ganz Nordindien in großen Tontöpfen angeboten, die, in feuchten Tüchern eingeschlagen, Kühle speichern sollen: pur, salzig oder ebenfalls mit Gewürzen wie Kreuzkümmel oder Chilis aromatisiert. Noch beliebter ist *Lassi*, verdünnter Joghurt, der entweder salzig, eventuell mit etwas Minze oder süß mit Safran und Zucker oder als Frucht-*Lassi* mit Mangos oder Bananen zu bekommen ist.

Alkoholische Getränke

Alkohol ist bei gläubigen Hindus und Moslems offiziell verpönt. Dennoch wird gerne getrunken, bei Feiern und Festen sogar heftig. Da Alkohol teuer und offen schwer zu bekommen ist – in Gujarat ist er beispielsweise ganz verboten –, halten sich vor allem Leute mit kleinem Geldbeutel an Alkohol, der in Hinterhöfen gebrannt oder gepanscht und synthetisch hergestellt wird und der nicht selten extrem gesundheitsgefährdend ist.

Weniger schädlich, da zumindest natürlich und vergleichsweise preisgünstig, sind gewisse regionale Erzeugnisse wie *Toddy* in Kerala (s. Seite 184) oder *Feni*, ein Schnaps auf Basis der Cashewnussfrucht aus Goa.

Spirituosen wie Whiskey, Gin oder Wodka werden in den recht dünn gesäten Bars oder Hotels der Städte angeboten. Es handelt sich dabei entweder um teure Importware oder um indische Nachahmerprodukte. Dabei wird einem geschmacksneutralen Zuckerrohrbrand lediglich das gewünschte künstliche Aroma zugesetzt, oder man verdünnt die Originalspirituose damit, was meist deutlich zu schmecken ist. Lediglich einzelne Rumsorten werden in Indien nach klassischer Weise destilliert, wie z. B. die Marken Old Monk, Contessa oder Royal Treasure. Nicht selten bekommt man sie in besseren Kreisen »on the rocks« in britischer Tradition angeboten.

Bier ist in Indien noch wenig populär; neben Importbier gibt es aber einige landeseigene Brauereien. Die bekannteste Marke ist sicherlich Kingfisher, denn das in langhalsige Ein-Liter-Flaschen abgefüllte Bier ist auf dem ganzen Subkontinent zu bekommen.

Zitronenwasser – Nimbu Pani

Gut gekühltes Wasser (oder Soda) mit Zitronensaft mischen und nach Geschmack mit Zuckersirup süßen oder mit etwas Steinsalz leicht salzig abschmecken.

Kreuzkümmel-Limonade – Jal Jeera

Für 1 großes Glas den Saft von 1/2 Zitrone mit 1 EL Zuckersirup, je 1/4 TL gemahlenem Kreuzkümmel und fein zerriebener getrockneter Minze, 2 Prisen Steinsalz und 300 ml kaltem Wasser mischen.

Lassis

Salziges Lassi:
500 g Joghurt mit 1/4 TL gemahlenem Kreuzkümmel, etwas Steinsalz, 1 EL Zitronensaft und 8 Eiswürfeln im Mixer oder Blender pürieren. 6 gehackte Minzeblättchen unterrühren.

Mango-Lassi:
Fruchtfleisch von 1 reifen Alphonso-Mango (ersatzweise 250 g Mangopüree aus der Dose) mit 1/8 TL Safranfäden, 2 EL Zucker, 300 g Joghurt und 8–10 Eiswürfeln im Mixer oder Blender pürieren.

Mandel-Gewürzmilch – Thandai

Für 4 Gläser 4 grüne Kardamomkapseln und 10 schwarze Pfefferkörner im Mörser grob zerstoßen. Mit 100 g geschälten gemahlenen Mandeln, je 1 Prise Muskatnuss und gemahlenen Nelken, 100 ml Wasser und 1/2 l Milch aufkochen, 10 Min. köcheln lassen. 5 EL Zucker unterrühren. Über Nacht im Kühlschrank durchziehen lassen. Durch ein Sieb abgießen und vor dem Servieren schaumig rühren.

Marari-Beach-Cooler

Für 1 Drink 1 Stück frischen Ingwer fein reiben und ausdrücken, dabei den Saft auffangen (man braucht ca. 1/2 TL). Ingwersaft mit 1 angeritzten grünen Chilischote, 5 cl weißem Rum, 10 cl Ananassaft und 4 Eiswürfeln in einen Shaker geben und 25 Sek. schütteln. In ein Glas mit 4 Eiswürfeln gießen und 1 cl Grenadine am Rand hineinlaufen lassen. Chilischote vollständig aufschlitzen und an den Glasrand stecken, mit Trinkhalm servieren.

Indien – Daten, Zahlen und Fakten
Knapper Überblick über ein riesiges Land, seine alte Geschichte und seine vielfältigen Kulturen.

Tempel mit Kuhgottheit

Geographie und Bevölkerung
Indien umfasst 3,3 Millionen km². Im Norden wird es durch die Gebirgskette des Himalaya begrenzt, eine mächtige Mauer gegen China, Nepal und Bhutan. Dort liegt auch der höchste Punkt des Landes: der Berg Kanchendzönga mit 8598 m ü. M. Einzig im Nordwesten (Pakistan) und im Nordosten (Bangladesch und Myanmar) hat Indien keine natürliche Grenze zu seinen Nachbarn. Im Westen umspült das Arabische Meer, im Süden der Indische Ozean und im Südosten der Golf von Bengalen die Küsten. Diese ziehen sich über eine Länge von 7600 km hin. Zum Staatsgebiet gehören überdies die Inselgruppen der Andamen und Nikobaren im Golf von Bengalen sowie die Lakkadiven im Arabischen Meer.

Die weite Gangesebene trennt die Himalaya-Region vom südlichen Teil der Halbinsel. Im Westen breitet sich die Wüste Thar aus. Südlich der Gangesebene liegt das Hochplateau des Dekkan. Dieses wird begrenzt von den Western und Eastern Ghats, zwei Gebirgszügen entlang der West- und Ostküste.

Indien steht mit einer Bevölkerung von über einer Milliarde Menschen an zweiter Stelle hinter China, hat aber ein starkes Bevölkerungswachstum. 70 % der Bevölkerung leben auf dem Land. Bei 18 Millionenstädten wohnen dennoch mehr Menschen in Städten als in den USA oder in China. Zu den am dichtesten bevölkerten Gebieten gehört neben den urbanen Räumen die fruchtbare Gangesebene. Dagegen sind die Wüsten- und Hochgebirgsregionen fast unbewohnt. Die Bevölkerungsdichte beträgt im Durchschnitt 319 Einwohner pro km², in den dicht besiedelten Gegenden mehr als 1000 Einwohner pro km². In Indien werden mehr als 1600 Sprachen mit zum Teil unterschiedlichen Schriftsystemen gesprochen. Neben den Amtssprachen Hindi und Englisch sind 14 Regionalsprachen anerkannt.

Klima
Die Klimazonen reichen von gemäßigt über subtropisch bis tropisch, wobei tropische Klimate vorherrschen. Das Jahr wird von den Monsunwinden bestimmt. Die Regenzeit, verursacht vom Südwestmonsun, dauert von Juni bis November. Zuerst an den Western Ghats, dann über dem Hochland des Dekkan und schließlich am Himalaya schüttet der Monsun seine Wassermassen aus. Hohe Temperaturen begleiten diese Periode. Die kühlere Trockenzeit des Nordostmonsuns dauert bis Mitte März. Dann beginnt die Hitzezeit (im Mai können Temperaturen bis zu 50° auftreten), bis im Juni der Südwestmonsun wieder einsetzt.

Geschichte und Religion
Frühzeit
Erste Funde menschlichen Lebens in Indien weisen 400 000 Jahre in die Vergangenheit. Bereits um 2500 v. Chr. entwickelte sich im Schwemmland zwischen Indus und Ganges eine städtisch geprägte Kultur. Als 1500 v. Chr. arische Einwanderer aus dem Iran nach Nordindien vordrangen, wurden kulturelle und gesellschaftliche Grundsteine gelegt, die heute noch wirksam sind: der Hinduismus und das Kastensystem, welches die Gesellschaft in hierarchische Gruppen unterteilt (s. hierzu »Religion«). In der Sanskritliteratur sind Hymnen und Epen, u. a. die Veden, die Upanishaden und das Mahabharat-Epos entstanden, die heute zur Weltliteratur zählen. Im 5. Jh. v. Chr. entwickelte sich auf diesen Grundlagen der Buddhismus.

Um das Jahr 320 n. Chr. wurde Indien unter der Gupta-Dynastie erstmals ein Großreich, und sein klassisches Zeitalter begann. Die Stellung der Brahmanen (Priesterkaste) wurde gefestigt, und die noch heute praktizierte Verehrung der Götterbilder gewann an Bedeutung. Der Tempel, auch im modernen Indien noch erlebbar, wurde zum Zentrum sozialen und religiösen Lebens.

Die Mogulzeit
Ab 712 n. Chr. begannen muslimische Eroberer in Indien einzudringen. Zwar verteidigten die hinduistischen Rajputen, deren Machtzentrum im heutigen Rajasthan lag, sich vehement gegen die wiederholten Einfälle, mussten sich jedoch 1192 geschlagen geben.

Delhi wurde zur Hauptstadt des ersten islamischen Staates in Indien. Gleichzeitig bewahrten aber die Rajputen ihre Eigenart, und noch heute zeugen die Burgen und Festungen von der Macht und Prachtentfaltung ihrer Fürsten, der Maharadschas, die nach wie vor hohes Ansehen genießen, obwohl sie ihre politische Macht eingebüßt haben.

Mit dem Sieg Baburs, eines islamischen Mongolenfürsten, begann 1527 die Ära der Mogul- oder Mughlaifürsten, die bis 1858 dauerte und während der Denkmäler wie der Taj Mahal gebaut wurden. An den Höfen der islamischen Herrscher wie der Nizams von Hyderabad oder der Nawabs von Lucknow erlebten Architektur und Kunst eine Blütezeit – und es entwickelte sich eine Kochkunst, die ihresgleichen sucht.

Die Kolonialzeit

Kontakt mit anderen Kulturen und Religionen hatte auch der Süden. Zuerst beschränkte sich dieser auf die arabischen und asiatischen Nachbarn. 1498 erreichten mit dem Portugiesen Vasco da Gama die Europäer den Subkontinent. Auf die Portugiesen folgten Holländer, Franzosen, Dänen und Engländer, jeweils mit eigenen Handelsgesellschaften, privilegiert durch die islamischen Mogul-Kaiser. Die Briten brachten nach und nach ganz Indien unter ihre Kontrolle, zuerst unter der Verwaltung der East India Company, die Indien sozusagen als riesiges Warenlager, als Produktionsstätte und Absatzmarkt, als Verwaltungskolonie nutzte.

1857 kam es zum großen Aufstand. Nur mit äußerster Anstrengung und Brutalität konnten die Briten die Kontrolle zurückgewinnen. Doch jetzt waren die Tage der East India Company gezählt. Sie wurde aufgelöst, ebenso der letzte Mogulkaiser abgesetzt. Ab 1858 stand das Land unter der Verwaltung der englischen Krone. Die Ära des *Raj* hatte begonnen. 1947 wird die Kronkolonie unabhängig und gleichzeitig aufgeteilt in die spätere Republik Indien mit einer hinduistischen Mehrheit und das weitgehend moslemische Pakistan. Zentrale Figur im Freiheitskampf war Mahatma Gandhi, dessen Haltung des zivilen Ungehorsams letztlich die Briten niederzwang. Die Teilung führte zu Flüchtlingsströmen in beide Richtungen, zu mehreren Kriegen und anhaltenden Ausschreitungen gegen Minderheiten. Spannungen und Gebietsstreitigkeiten, v.a. um Kaschmir, dauern bis heute an.

Religion

Für die alte Religion des *Hinduismus*, dem 81 % der Bevölkerung angehören, gibt es keinen Religionsstifter und keine verbindliche Dogmatik.

Zentral für jeden Hindu ist sein Karma, die guten und bösen Gedanken und Taten. Das Karma bestimmt, in welcher Form die Seele wieder geboren wird. Eigentliches Ziel ist die Befreiung aus dem Kreislauf der Reinkarnation. Die Seele wird erlöst, wenn sie das Nirwana (das Aufgehen der Einzelseele in der Allseele) erreicht. Typisch für den Hinduismus ist das Kastenwesen. Priester, Fürsten und Händler stehen im Kastensystem oben, Menschen, die »unreine« Tätigkeiten ausüben, gelten als Unberührbare. Erst Mahatma Gandhi versuchte, den Unberührbaren eine gewisse Wertschätzung zu verschaffen. Heute ist das Kastenwesen zwar verboten, wirkt aber in der Gesellschaft weiter, obwohl 1997 ein Unberührbarer Staatspräsident wurde.

In die Zeit um 500 v. Chr. fällt die Gründung zweier weiterer Religionen auf der Grundlage des Hinduismus: *Buddhismus und Jainismus*. Zwar sind nur 0,7 % der Inder Buddhisten. Die rationale, einfache Philosophie des Buddhismus hat aber ganz Asien beeinflusst.

Asketisch geprägt ist der *Jainismus*. Seine Anhänger befolgen ein radikales Tötungsverbot und ein striktes Vegetariertum, das auch Feldfrüchte einschließt, die unter der Erde wachsen. Nach dieser Religion leben ca. 0,4 % der Bevölkerung.

Rund 11 % Inder sind *Moslems*. 2,4 % der Bevölkerung sind *Christen*. (Im Süden lebten schon ca. 300 n. Chr. syrisch-orthodoxen Christen friedlich mit einer jüdischen Gemeinschaft zusammen.)

Parsen, die Anhänger des Zarathustra, leben vorwiegend in Mumbai und im Punjab. In Indien leben rund 20 Millionen *Sikhs* (1,9 %), welche die Lehre von der Gleichheit aller Menschen hochhalten, das Kastenwesen ablehnen und keine Götterbilder verehren.

Staatswesen und Wirtschaft

Die parlamentarisch-demokratische Republik, die 1950 ins Leben gerufen wurde, ist unterteilt in 28 Staats- und 7 Unionsterritorien. Die Hauptstadt Indiens ist Delhi. Indien funktioniert auf der Basis eines Zwei-Kammern-Parlaments. Der Präsident ist Staats-, der Premierminister Regierungschef.

Die Bandbreite der Wirtschaft Indiens reicht von Kleinbauern auf dem familiären Hof über moderne Agrikulturbetriebe bis hin zu einer dynamischen Software-Industrie, die inzwischen rund 30 % des globalen Markts beherrscht. Doch trotz der wachsenden Industrie- und Dienstleistungssektoren arbeiten nach wie vor 60 % der Bevölkerung im Agrarbereich.

Anhänger der Sikh-Glaubensgemeinschaft

Das Grab von Gandhi

Kochtechnik und Geräte
Die indische Küche gilt als nicht anspruchslos. Dabei sind die allermeisten Kochtechniken – ein gewisses Grundverständnis und etwas Experimentierlust vorausgesetzt – durchaus praktikabel. Das Wissen um einige Grundgarmethoden und Küchengeräte ist dabei der beste Anfang.

Das Öl in dem Topf mit rußgeschwärztem Boden raucht bereits leicht. Nelken, Kardamomkapseln und 2 Zimtstangen wandern hinein und werden sofort mit einem Holzlöffel herumgewirbelt. Dasselbe wiederholt sich mit den Zwiebeln, den Chilischoten und anschließend mit den gemahlenen Gewürzen, die Milind Patel, der Küchenchef des Shivnivas-Palace, unermüdlich und konzentriert in Bewegung hält. Mal dreht er die Gasflamme hoch, gleich darauf herunter, nimmt den Topf kurzzeitig vom Herd, ohne dabei mit dem Rühren aufzuhören. Ein aromatischer Duft durchzieht bereits den ganzen Raum, als endlich das Gemüse dazukommt.

Jetzt findet Milind Patel Zeit für eine Tasse Tee und eine Plauderei über die Geheimnisse der indischen Küche. Bei dem Wort Geheimnis lacht der Profi natürlich, findet dann aber eine plausible Antwort: »Ein Wissen um den Charakter der einzelnen Gewürze und ihrer idealen Verbindung gehört sicherlich genauso dazu«, sagt er, »wie die Kenntnis gewisser Garmethoden.« Aber letztlich sei alles eine Sache der Erfahrung. Der Erfahrung, zu wissen, wann die Gewürze ihren Duft am besten entfalten, wann eine Sauce die gewünschte Konsistenz hat oder wann man das abschließende *Masala* zugibt. Eine Erfahrung, die erlernbar ist und die jeder tagtäglich sinnlich selbst machen kann: beim Riechen, beim Schmecken, beim Beobachten des Garvorgangs oder beim Betasten marktfrischer Gemüse.

Die indische Küche ist etwas für die Sinne und will mit allen Sinnen erfahren werden. So sind auch die Angaben in den Rezepten angelegt. Zeitangaben sind beispielsweise zur Grundorientierung gut und nützlich. Aber je nach Herd oder Topf muss die Gewürzmischung einmal kürzer oder länger gebraten werden. Mit etwas Probieren wird man nach einiger Zeit aber den richtigen »Riecher« dafür entwickeln, wann eine Gewürzpaste gut duftet oder zu stark knistert und damit verbrennt.

Getrocknete Gewürze sind wahre Aromatresore. In heißem Fett angeröstet entfalten sie ihren vollen Geschmack am besten.

Küchengeräte

Gewürzbox
Diese hat in Indien jede Hausfrau. Die typische Metall- oder Holzbox mit einzelnen verschließbaren Fächern oder Dosen für Gewürze ist nicht nur dekorativ: Beim schnellen Kombinieren von Gewürzen während des Kochens sind alle wesentlichen Gewürze gleich zur Hand. Diese Idee sollte man sich zu Nutze machen, indem man alle verwendeten Würzzutaten in Schälchen – je nach Rezept einzeln oder gemischt – zurechtlegt: Das hilft Hektik zu vermeiden.

Mörser und Gewürzmühle
Zum Zerstoßen von Gewürzen genügt ein einfacher Mörser mit Stößel. Ein schwerer Gusseisen- oder Steinmörser erfordert am wenigsten Kraftaufwand. Um Gewürze sehr fein zu mahlen, empfiehlt sich eine Gewürzmühle mit Keramikmahlwerk, oder, falls häufig große Mengen gemahlen werden, eine elektrische Kaffee- oder Gewürzmühle.

Gewürz- oder Zitrusreibe
Bei Verwendung von frischem Ingwer ist eine Reibe unerlässlich. Ideal sind die japanischen Ingwer- oder Wasabireiben aus Metall oder Holz.

Kadhai – Wok
Indische *Kadhais* ähneln den in Ostasien verbreiteten Woks. Allerdings haben sie einen höheren Rand und sind damit nicht nur zum Rührbraten, sondern auch zum Frittieren ideal. Wegen ihres stark gewölbten Bodens sind sie jedoch nicht für Elektroherdplatten geeignet. Ein Wok mit flachem Boden aus Gusseisen oder eine Gusseisenpfanne mit hohem Rand sind ein guter Ersatz.

Tava
Die nur ganz leicht gewölbte Gusseisenplatte mit zwei Henkeln wird im Regelfall zum Backen von *Rotis*, den Brotfladen verwendet, oder falls sie größer ist, zum schnellen Braten ähnlich wie ein Wok. *Tavas*, die man auf Gasherden verwenden kann, gibt es in Asienläden, ansonsten eignen sich Crêpes-Pfannen mit niedrigem Rand als Ersatz.

Kochtechnik

Baghar
Die meist unzerkleinerten Gewürze werden nur kurz (ca. 15 Sek.) in stark erhitztem Öl oder Ghee gerührt und geben so Aroma an das Fett ab, das als idealer Träger und Geschmacksverstärker fungiert. Dann werden die übrigen Zutaten zugegeben oder man gibt die gerösteten Gewürze in ein fertiges Gericht wie Linsen, Salat, Gemüse- oder Fleischgerichte.

Bhunao
Die Gewürze werden erst bei starker Hitze in Öl angebraten, dann gibt man ein wenig Wasser oder Wasserhaltiges wie Tomatenstücke oder Zwiebelpaste dazu. Unter Rühren wird weitergebraten, bis fast die gesamte Flüssigkeit verdampft ist, dieser Vorgang wird eventuell mehrmals wiederholt. So geben die Gewürze viel Aroma ab. Das Gargut kann dann trocken in der Gewürzpaste gebraten oder mit Brühe oder Wasser in einer Sauce gekocht werden.

Dum oder Dumpukh → Seite 24
Eine besondere Art des Garens im fest (mit Lehm oder Teig) versiegelten Tontopf. Der Inhalt gart ganz sanft im eigenen Saft und im Dampf, der sich im Inneren entwickelt. Ein Römertopf eignet sich für diese Garmethode hervorragend, es genügt aber auch ein gut schließender Bräter. Mit Alufolie lassen sich die Topfränder zusätzlich verschließen.

Korma
Langsames Schmoren im eigenen Saft oder cremigen Saucen, das speziell bei Fleischgerichten eingesetzt wird. Das Fleisch wird oft vorab mariniert und meist nicht angebraten – so nimmt es einerseits die Aromen der Gewürze besser auf und gibt gleichzeitig aromatische Fleischbrühe in die Sauce ab.

Talna
Entscheidend beim Frittieren ist, dass das Öl sehr heiß ist. Einfacher Trick, um dies zu testen: einen Holzlöffel mit dem Stiel ins Fett halten. Steigen Bläschen daran auf, ist es heiß genug. Nie zu viel Gargut auf einmal ins Fett geben – sonst kühlt es zu sehr ab.

Bhunana
Das Grillen und Backen im *Tandoor*-Ofen ist schwer zu simulieren. Am besten eignet sich ein Holzkohlegrill im Freien oder der Backofengrill. Brot sollte bei sehr hohen Temperaturen gebacken werden.

Hölzerne Gewürzbox aus Südindien

Frittieren von Linsenkrapfen

Tischsitten und Esskultur

Glücklich darf sich schätzen, wer in Indien als Gast nach Hause eingeladen wird. Nirgendwo lässt sich indische Küche authentischer und besser kennen lernen – allerdings lauern hier auch einige Fettnäpfchen, in die der in landestypischer Etikette Ungeübte treten kann.

Hauptsache Essen

Inder lieben es zu essen und geraten schon bei der bloßen Beschreibung von Speisen ins Schwärmen. Die Leidenschaft für alles Kulinarische erscheint vielfach geradezu als Hauptbeschäftigung.

Drei Mahlzeiten, auf deren Einhaltung gepocht wird, müssen sein. Und dann natürlich *Tiffin*. Damit umschreibt man in Indien jede Form von Snack: Von Obst über ein paar am Straßenrand erstandene *Samosas* bis hin zum kleinen Menü, das in einer *Dabbah*, einer transportablen Lunchbox mit stapelbaren Fächern, zur Arbeit gebracht wird. *Tiffins* überbrücken die Zeit zwischen Frühstück, dem mittäglichen Lunch und dem oft sehr späten Dinner. Es ist durchaus normal, dass sich eine Familie erst gegen 22 Uhr zum gemeinsamen Mahl zusammensetzt.

Das Frühstück fällt meist bescheiden aus. Einige Früchte genügen. Im Süden sind es gedämpfte Reisküchlein, *Idlis*, mit etwas Chutney oder Linsen. Das Mittagessen ist die eigentliche Hauptmahlzeit. Wenn möglich, gönnt man sich ein ganzes *Thali*. Die Bezeichnung *Thali* (für Teller) steht dabei für ein mehr oder weniger aufwändiges Menü aus einzelnen Speisen, die auf einem großen Teller aufgetragen werden. Die Zusammenstellungen variieren von Region zu Region, allerdings sollten sich die Gerichte geschmacklich harmonisch ergänzen. Trocken Gebratenes wird mit einem in Sauce gekochten Gemüse ergänzt, ein mildes Ragout kombiniert mit scharfem Pickle.

Das Abendessen sieht ähnlich aus. Es werden weniger Speisen in größeren Portionen serviert.

Die feinen Unterschiede

Ein Gemüsecurry mit Reis ist oft alles, was sich ein Bauer in einem Dorf in Uttar Pradesh leisten kann. Brahmanen essen weder Fleisch noch Fisch, und Moslems genießen ihr Lammcurry während der Fastenzeit des Ramadan erst nach Einbruch der Dunkelheit.

Ein Festessen aus Rajasthan: Alle Speisen kommen gleichzeitig auf den Tisch, und jeder nimmt sich, was er möchte.

TISCHSITTEN UND ESSKULTUR

Die Esskultur in Indien ist so vielfältig wie das Land, wie Bevölkerung, Religionen und Geschichte. Die differenzierten Essensgebote und -verbote sind für Außenstehende ebenso verwirrend wie faszinierend. Schnell wird klar, dass Ausnahmen die Regel bestätigen. Obwohl sich die Priesterkaste der Brahmanen streng vegetarisch ernährt und Fisch deshalb eigentlich tabu ist, werden die Regeln in fischreichen Regionen wie Westbengalen viel großzügiger ausgelegt.

Generelle Etikette

Einige Richtlinien sind allerdings allgemein verbindlich und sollten auch von Ausländern beachtet werden.

Egal ob Hindu oder Moslem, gegessen wird in Indien, selbst in städtischen Restaurants, mit den Fingern, allerdings nur mit denen der rechten Hand. Die Linke gilt als unrein (und das Ablecken der Finger als unmanierlich). Auch Speisen sollten bei Tisch niemals mit der linken Hand gereicht werden. Überhaupt ist das Berühren von Speisen problematisch. *Jhoota*, die Angst vor »Unreinheit«, ist tief in der Kultur verwurzelt. Besonders in Bezug auf Essen ist sie extrem ausgeprägt. Beim Trinken wird der Kontakt der Lippen mit dem Trinkgefäß vermieden, was handfeste hygienische Gründe hat. Die Furcht hat aber auch soziale und religiöse Ursachen, die im Kastensystem der indischen Gesellschaft begründet sind. Kein Fremder – und damit potenziell Unreiner – darf die Küche eines Brahmanen betreten. Nur Mitgliedern der Familie und Zugehörigen der eigenen Kaste ist die Berührung der Speisen gestattet.

Neue Entwicklungen

Erst seit jüngere Generationen die Verbindlichkeit der tradierten Regeln in Zweifel ziehen, gewinnt das Essen im Restaurant an Popularität. Inzwischen bieten einfallsreiche Lokalbetreiber spezifische Küchen, z. B. die der Chettiyar-Händlerkaste aus dem Süden oder der Marwaris aus dem Norden einer breiteren Öffentlichkeit an. Ein echtes Novum: Bisher blieben solche Rezepte im Kreise der eigenen familiären vier Wände streng unter Verschluss. Nur geladene Gäste hatten eine Chance, davon zu kosten.

Ein Gast ist wie ein Gott

Gastfreundschaft wird groß geschrieben in Indien. Einladungen unter Nachbarn, die sich zufällig auf der Straße treffen, sind alltäglich. Bei festlichen Anlässen wird an Pomp, vor allem aber an der Bewirtung nicht gespart. »Atithi devo bhava«, heißt es, »ein Gast ist wie ein Gott« – und auch entsprechend zu verwöhnen. Das alte Sanskritgebot verpflichtet den Gastgeber, das größte Stück Fleisch auf dem Teller des Gastes zu platzieren, ihn immer wieder zum Nachschlag aufzufordern und sein Mahl exakt dann zu beenden, wenn der Gast den letzten Bissen genommen hat. Ein höflicher Gast sollte also, auch wenn er wenig Appetit verspürt, darauf achten, dass sein Gastgeber nicht hungrig aufstehen muss.

Ein typisches Gujarat-*Thali*

Schuhe und Männer müssen draußen bleiben. Die Küche ist eine Domäne der Frauen des Hauses und Ort peinlichster Sauberkeit.

Gewürze und Kräuter sind das A und O in der indischen Küche;

die wichtigsten werden hier vorgestellt. Jeweils unter dem handelsüblichem hiesigen Namen, dem indischen (meist Hindi) Namen und zusätzlich – falls abweichend – auch mit englischen Namen. Unter diesem sind sie im Asienladen oft am einfachsten zu finden.

Kokum als Frucht am Baum ...

... und in getrockneter Form

Ajowan – Ajwain
Die Samen eines indischen Doldengewächses erinnern in Form und Geschmack an Kreuzkümmel, sind allerdings kleiner und würzen intensiver, deshalb sparsam verwenden. Besonders gut passen sie zu Hülsenfrüchten und in herzhaftes Gebäck.

Asafoetida (auch Asant oder Teufelsdreck) – Hing → Seite 88
Der Name bezieht sich auf den beißenden, schwefeligen Geruch des Harzes einer Fenchelart, das meist pulverisiert erhältlich ist. Das Pulver ersetzt häufig Knoblauch und wirkt im Gegensatz zu Zwiebelgewächsen gegen Blähungen – also ideal für Hülsenfrüchte. Es wird nur in kleinen Mengen kurz in heißem Öl gebraten, das mildert auch den Geruch.

Bockshornklee
Bockshornkleeblätter (Kasoori Methi) werden in Indien gerne frisch als Gemüse wie Spinat gegessen; obwohl Bockshornklee auch in Europa gedeiht, ist es hier leider kaum zu bekommen. Zum Würzen kann man jedoch auf getrocknete Blätter zurückgreifen.
Bockshornkleesamen (Methi – Fenugreek) sind ausgesprochen hart, ockerfarben und geben den meisten fertigen Currypulvermischungen den ganz speziellen Duft. Ihr bitterer Geschmack verstärkt sich beim Kochen, daher speziell beim Anbraten Vorsicht walten lassen.

Chaat Masala → Grundrezepte Seite 227

Chilischoten – Lal/Hari Mirch → Seite 24
Von den Portugiesen aus Südamerika importiert, sind sie heute aus indischen Gerichten nicht mehr wegzudenken. Sie werden frisch grün, seltener rot oder getrocknet verwendet. Es gibt unzählige Arten, z. B. die milden, Gewürzpaprika ähnlichen, intensiv roten aus Kaschmir, die geschmacklich gut durch edelsüßes Paprikapulver zu ersetzen sind.
Brennend scharfe kleine Schoten stammen aus Goa. Als schärfste Sorte gelten die winzig kleinen Vogelaugen- oder Birds'eye-Chilis. Indische Chilis sind in hiesigen Geschäften rar, können aber durch thailändische ersetzt werden. Die Mengenangaben in den Rezepten sind optional – man sollte sie dem jeweiligen Geschmack anpassen. Die Mühe, Chilischoten zu entkernen, macht sich übrigens in Indien kaum jemand; wer es aber milder mag, entfernt Samen und Samenwände am besten mit Gummihandschuhen.

Curryblätter – Kadhi Patta – Curryleaves → Seite 178
Die frischen dunkelgrünen, kleinen Blätter sind typisch für südindische Küche. Zum Würzen werden sie meist kurz in heißem Öl angebraten und dann unter das Gericht gemischt. Locker in einen Plastikbeutel gepackt, halten sie im Kühlschrank ca. 2 Wochen. Man kann sie auch einfrieren, dann verlieren sie allerdings an Geschmack. Getrocknet sind sie eher eine Notlösung. Mit Currypulver haben sie übrigens nichts zu tun.

Fenchelsamen – Saunf – Aniseed
Wird zum Kochen verwendet, aber v. a. auch geröstet nach dem Essen als kleine Verdauungshilfe gereicht (→ Seite 145).

Garam Masala → Grundrezepte Seite 227

Granapfelkerne, getrocknete – Anardana – Pomegranate seeds
Die sonnengetrockneten Granatapfelsamen werden gemahlen zum milden Säuern von Gerichten verwendet und können durch etwas Zitronensaft oder Mangopulver ersetzt werden.

Ingwer – Adrak – Ginger
Die frische Wurzel sollte immer prall und fest sein – ein Indiz für Frische; nur dann besitzt sie den typischen leicht zitronig-scharfen Geschmack und lässt sich gut reiben. Ingwerpulver wird eher selten verwendet und kann den Geschmack von frischem Ingwer nicht ersetzen.

222

GLOSSAR – GEWÜRZE UND KRÄUTER

Kardamom – Elaichi – Cardamom → Seite 158f.
Grüne Kardamomkapseln sollten möglichst schwarze, leicht klebrig aneinander haftende Samenkörner enthalten; sind sie trocken und gelblich, haben sie wenig Geschmack. Die Körner vor der Verwendung möglichst anquetschen (im Mörser oder mit einem Löffel), so entfalten sie ihr volles Aroma. **Schwarze oder braune Kardamomkapseln** sind größer, werden im Ganzen verwendet, haben einen an Medizin erinnernden Geruch und würzen intensiv; ideal sind sie in kräftigen Fleischgerichten.

Kokum oder Kodampuli → Seite 188
Eine Frucht, die nur in Indien wächst und getrocknet als Gewürz ausschließlich im Süden, in Gujarat und Maharashtra, verwendet wird. Man weicht die einzelnen Segmente in warmem Wasser ein und verwendet sie äußerst sparsam. Der rauchig-saure Geschmack kann am ehesten durch Tamarindenextrakt (→ Seite 224) ersetzt werden.

Koriander – Dhaniya – Coriander
Koriandergrün wird wie Petersilie über fertige Gerichte gegeben oder gerne zu Chutneys verarbeitet. Die Stängel kann man gut mitverwenden, v. a., wenn man sie knapp vor Garzeitende kurz mitkocht. **Korianderkörner** sind kugelrund und süßlich, fast fruchtig im Geschmack. Für intensiveres Aroma die Körner vor dem Mahlen ohne Fett rösten.

Kreuzkümmel (Cumin) – Jeera – Cumin
Er ist optisch schmaler und rauer als Kümmel und hat einen ganz eigenen intensiven, leicht bitteren Geschmack, der sich durch Anrösten (s. Koriander) verstärken lässt. *Kala Jeera* (schwarzer Kreuzkümmel) ist etwas milder.

Kurkuma – Haldi – Turmeric
Man kauft Kurkuma meist pulverisiert. Die getrockneten Knollen eines Ingwergewächses färben intensiv gelb und geben Currypulver die typische Farbe. Sie hat einen leicht erdig-bitteren und scharfen Geschmack, der die Aromen der Speisen verstärkt und gleichzeitig harmonisiert. Die antiseptische Wirkung macht das Pulver zum Hausmittel. Vorsicht: Kurkuma macht in Kontakt mit Wasser Flecken.

Lorbeerblätter – Tej Patta – Bay Leaves
Indische Lorbeerblätter sind länger und spitzer als europäische, können aber problemlos durch diese ersetzt werden.

Mangopulver, getrocknetes – Amchoor – Mango/Amchur-Powder
Das beige-graue Pulver aus getrockneten unreifen Mangos schmeckt scharf-säuerlich und macht Fleisch zart; geschmacklich kann es gut durch Zitronensaft ersetzt werden.

Muskatnussblüte (Macis) – Javitri – Mace
Honiggelb ist die getrocknete Muskatblüte, die die Muskatnuss ummantelt. Ihr feines leicht süßliches Aroma macht sie als Würze interessanter als normale **Muskatnuss**. Notfalls kann man Macis durch geriebene Muskatnuss ersetzen, dann aber weniger verwenden.

Nelken – Laung – Cloves
Gewürznelken werden fast immer ganz verwendet.

Panch Phoran → Seite 140, Grundrezept Seite 227

Safran – Kesar – Saffron
Die getrockneten Blütennarben einer Krokusart werden speziell in der Mughlai-Küche gerne für Fleisch-, Reis- und süße Gerichte verwendet. Beim Kauf auf gute Qualität achten: Safran aus Spanien oder Kaschmir ist am besten. Die Fäden immer kurz in etwas heißer Flüssigkeit einweichen.

Schwarzkümmel – Kalonji – Nigella Seeds
Die weichen tropfenförmigen, nussig schmeckenden Samen kennt man vom türkischen Fladenbrot. Achtung: Sie werden oft mit schwarzem Kreuzkümmel oder schwarzen Sesamsamen verwechselt!

Senfsamen – Rai – Mustard Seeds
Die runden Senfkörner entsprechen den in Europa angebauten Sorten; es gibt sie in Gelb, Braun und Schwarz, die beiden Letzteren sind austauschbar. Sie sind scharf, leicht bitter und entfalten beim Mahlen oder beim Rösten in Öl noch mehr Schärfe und Aroma. Nicht zu lange braten, sie werden bitter.

Zimtrinde – Dalchini – Cinnamonbark
Die groben Zimtrindenstücke sind preisgünstiger als die von Hand aufgerollten makellosen Zimtstangen – beides ist jedoch einfach die getrocknete innere Rinde des Zimtbaums. Zimtrinde wird oft mit **Cassia-Rinde** verwechselt, die zwar ähnlich aussieht, aber deutlich weniger Duft und Aroma besitzt.

Grüne Kardamomkapseln

Braune Senfkörner

Typische Lebensmittel
Hier finden Sie weitere typische indische Zutaten, die im Regelfall in gut sortierten asiatischen Lebensmittelgeschäften zu finden sind; ansonsten helfen die Bezugsadressen auf Seite 235 weiter.

Kochbananen

Jaggery

Bananen – Kela
Bananenblätter werden häufig als Teller oder zum Einwickeln von Gargut verwendet; die Blätter vorher gut waschen, mit einem Tuch glänzend reiben und kurz in heißes Wasser tauchen – so werden sie biegsamer.
Bananenblüten ähneln im Geschmack Artischocken. Beim Verarbeiten sollte man Handschuhe tragen, da sie einen klebrigen Saft absondern.
Kochbananen lassen sich im Regelfall nur mit einem Messer schälen und sind roh ungenießbar.
Alles gibt's in guten Asienläden.

Betelblatt und Betelnuss → Seite 144

Bittergurke – Karela → Seite 128
Die warzigen Kürbisgewächse verweisen bereits in ihrem Namen auf den hohen Gehalt an Bitterstoffen: Sie können nur gegart gegessen werden. Je reifer, desto bitterer werden sie, deshalb hellgrüne oder satt grüne verwenden, gelb sind sie ungenießbar.

Cashewnüsse
Wie Mandeln werden Cashewnüsse gerne gemahlen zum Andicken von Saucen verwendet. Man sollte sie kühl und gut verschlossen aufbewahren, da sie leicht ranzig werden.

Chapati-Mehl – Atta
Sollte das fein gemahlene Vollkornweizenmehl nicht erhältlich sein, kann es durch Weizenmehl Type 1050 ersetzt werden.

Chutneys → Seite 30, 124–126

Dal → Kichererbsen, Linsen, Mungobohnen

Drumsticks – Sahjan
Wegen ihrer Härte werden die dunkelgrünen, langen und stark gerillten Fruchtschoten des Meerrettichbaums »Trommelstäbe« genannt. Deshalb müssen sie auch vor dem Garen halbiert oder in Stücke geschnitten werden. Gegessen wird nur das innere, weich gekochte Fleisch, indem es, ähnlich wie bei Artischocken, mit den Zähnen abgezogen wird.

Ghee
Der Vorteil der geklärten Butter ist ihre hohe Erhitzbarkeit und die lange Haltbarkeit. Man unterscheidet zwischen **Usli Ghee** (aus Butter aus Kuhmilch) und **Vanaspati** Ghee auf Pflanzenfettbasis, das auch für Vegetarier geeignet ist. Je nach Lagertemperatur ist Ghee flüssig oder cremig.
Ghee lässt sich einfach selbst herstellen → Grundrezept Seite 227.

Hülsenfrüchte → Kichererbsen, Linsen, Mungobohnen

Jaggery/Gur
Der klumpige, karmellbraune Rohzucker aus eingekochtem Zuckerrohrsaft wird auch als **Gur** angeboten. Es gibt noch besonders feinen Jaggery aus dem Zuckersaft der Dattelpalme. Ersatzweise eignet sich möglichst weicher Rohzucker oder Ahornsirup.

Kewra-Wasser – Kewra Ittar
Die Essenz wird aus den Blüten der Pandanuspalme gewonnen. Man verwendet sie zum abschließenden Parfümieren verschiedener Mughlai-Gerichte. Da sie ein intensives Aroma hat und eigen im Geschmack ist, kann sie problemlos weggelassen werden.

Kichererbsen – Channa
Erhältlich als **Weiße Kichererbsen (Kabuli Channa)** oder **Schwarze Kichererbsen (Kala Channa)**; beide Sorten sind austauschbar, müssen aber über Nacht oder mindestens 8 Std. eingeweicht werden. Je nach Rezept durch Kichererbsen aus der Dose ersetzbar.
Channa Dal nennt man die halbierten, polierten gelben bengalischen Kichererbsen (engl. *Bengal Gram*); sie müssen nicht eingeweicht werden, brauchen aber relativ lange, um weich zu kochen.

GLOSSAR – TYPISCHE LEBENSMITTEL

Kichererbsenmehl – Besan
Das Mehl schmeckt erdig-nussig und ist ideal für Ausbackteige und zum aromatischen Andicken von Gerichten. Oft wird es vor seiner Verwendung in einer trockenen Pfanne geröstet.

Kokosnuss – Nariyal → Seite 184
Kokosnussfleisch ist eine Basiszutat der südindischen Küche. Es schmeckt frisch am besten und ist nur in den seltensten Fällen durch (eingeweichte) Kokosflocken zu ersetzen. Um eine reife Nuss zu knacken, die dunklen Flecken/Augen anbohren und das Wasser herauslaufen lassen. Dann mit einem Hammer in der Mitte der Nuss in einer Linie ringsherum kräftige Schläge anbringen, bis die Nuss aufspringt. Das Fleisch herausbrechen und die braune Haut möglichst gut entfernen.
Kokosmilch gibt es einfach und gut in Dosen zu kaufen; der Aufwand, sie selbst herzustellen lohnt nicht.
Kokosöl → Öle
Kokoswasser ist die Flüssigkeit im Inneren der Nuss, die meist nur getrunken wird. Junge, grüne Kokosnüsse haben besonders viel Wasser; man bekommt sie manchmal im Asienladen; dort gibt es oft auch tiefgefrorenes Kokoswasser.

Linsen
Gelbe Linsen – Toor Dal
Sie werden in gespaltener Form pur oder geölt (**Arhar Dal**) angeboten. Die geölten Linsen müssen in heißem Wasser eingeweicht werden, das anschließend weggegossen wird.
Rote Linsen – Masoor Dal
Sie werden meist geschält und halbiert angeboten und sind dann von orange-roter Farbe. Sie müssen nicht eingeweicht werden und garen äußerst schnell.
Schwarze Linsen – Urad Dal
Die schwarzen Linsen gibt es ganz, halbiert oder geschält – dann sind die Linsen cremefarben weiß. Egal in welcher Form, sie müssen nicht unbedingt eingeweicht werden, lediglich die Kochzeit ist bei nicht eingeweichten Linsen länger.

Lotoswurzeln → Seite 28
Die Wurzeln gibt es frisch oder tiefgefroren in Asienläden. Lotoswurzeln in Dosen sind in Ordnung und müssen nicht gekocht werden; getrocknete Wurzeln eignen sich dagegen nicht. Wichtig: Frische Wurzeln nach dem Schälen nochmals säubern, da sich in den Luftröhren im Inneren oft Schmutz sammelt.

Mangos → Seite 105
Von den über 500 in Indien vorkommenden Sorten findet man hier zu Lande selten welche im Angebot. Bei bestimmten Rezepten mit Mangopüree empfiehlt es sich, auf Alphonso-Mango-Püree aus der Dose zurückzugreifen. Man bekommt es in asiatischen Lebensmittelgeschäften.
Grüne Mangos geben den Speisen Säure und helfen Fleisch zart zu machen. Sie können, falls nicht erhältlich, durch etwas *Amchoor* (getrocknetes Mangopulver) ersetzt werden.

Minze – Pudina
Frisch wird sie vor allem in Chutneys verwendet; hierfür kann man notfalls auch einmal Minzpaste aus dem Glas nehmen, die allerdings einen säuerlichen Beigeschmack hat. Lieber frische Minze waschen, Blättchen abzupfen, trocknen und in einem Plastikbeutel einfrieren. Getrocknete Minze ist ideal zum Kochen und lässt sich gut aufbewahren.

Mohn, weißer – Khus Khus – Poppy seeds
Mohnsamen werden meist zum Andicken von Speisen, wie z. B. Hackfleischteig oder Saucen genutzt. Dazu empfiehlt es sich, sie quellen zu lassen. Geschmacklich ähnelt weißer Mohn dem europäischen Blaumohn und könnte durch diesen ersetzt werden – allerdings bekommen manche Gerichte damit eine unappetitliche graue Farbe.

Mungobohnen – Moong Dal
Mung- oder Mungobohnen sind leuchtend grün, halbiert und geschält dagegen hellgelb; es gibt sie außerdem noch halbiert und ungeschält. Ganze Bohnen muss man unbedingt über Nacht einweichen.

Öle
Erdnussöl ist ideal für alle Gerichte und sogar zum Frittieren geeignet (allerdings nur in raffinierter Form), da hoch erhitzbar, geruchs- und geschmacksneutral.
Kokosöl wird aus *Kopra*, getrocknetem Kokosfleisch, gewonnen. Da es sehr reich an gesättigten Fetten ist, sollte es sparsam verwendet werden. Falls es bei kühlen Temperaturen fest wird, einfach im Wasserbad oder kurz in der Mikrowelle erwärmen.
Senföl wird in Kaschmir und Bengalen verwendet; da es sehr scharf schmeckt und bei hoher Temperatur stark raucht, wird es oft als Mischöl angeboten.

Frische, grüne Kichererbsen

Frische Kokosnüsse

Sesamöl wird im Gegensatz zum chinesischen nicht aus gerösteten Samen gepresst und ist daher von hellerer Farbe und relativ neutralem Geschmack.

Palmzucker → Jaggery

Paneer → Grundrezept Seite 227

Pappadums
Die dünnen Fladen aus Linsenmehl gibt es fertig zu kaufen, mit neutralem Geschmack oder gewürzt mit Chilis, Kreuzkümmel oder Pfeffer. Allerdings müssen sie dann noch geröstet oder frittiert werden. Zum Rösten eine Pfanne stark erhitzen, 1 Pappadum einlegen und mit einem sauberen Küchentuch fest an die Pfanne drücken, wenden und die andere Seite genauso rösten. Zum Frittieren Öl ca. 2 cm hoch in einer Pfanne stark erhitzen. 1 Fladen ins Öl geben und mit einer Gabel herunterdrücken, nach 3–5 Sek. wenden, die andere Seite ebenfalls frittieren. Pappadum auf Küchenpapier abtropfen lassen.

Papaya, grüne
Sie werden manchmal als Gemüse verwendet oder wie grüne Mangos als Zartmacher in Fleischgerichten genutzt. Sie sind daher bei diesen Gerichten durch grüne Mangos oder *Amchoor*-Pulver (→ Seite 225) austauschbar.

Steinsalz

Reis → Seite 172, Grundrezept → Seite 227

Rosenwasser – Gulab ka Pani
Das aus Rosenblätter destillierte Blütenwasser gibt es in orientalischen Geschäften oder Apotheken.

Silberblatt – Varq
Mit der dünn ausgewalzten Silberfolie werden Speisen und vor allem Süßigkeiten verziert – die feinen Blätter sind lediglich von dekorativem Wert.

Stängelkohl
Wir verwenden ihn als Ersatz für *Sarson*. Die grünen Blätter einer Senfart sind in Nordindien ein beliebtes Gemüse, in Europa aber leider nicht erhältlich. Als gute Alternative für das berühmte *Sarson ka Saag*-Gericht hat sich Stängelkohl – auch *Cime di Rapa* genannt – erwiesen. Man bekommt die Blätter mit den an Brokkoli erinnernden Blütenknospen von März bis Ende Mai vor allem in italienischen, aber auch türkischen und griechischen Geschäften.

Steinsalz oder Schwarzes Salz – Kala Namak
Im Gegensatz zu Meersalz handelt es sich hierbei um ein unterirdisch abgebautes, mineralisches Salz. Es hat einen besonderen Geschmack; stattdessen kann aber auch normales Salz verwendet werden.

Tamarinde – Imli
Der Extrakt aus den Schoten des Tamarindenbaums wird zum Säuern von Gerichten benutzt. Es gibt ihn fertig zu kaufen, oder man stellt ihn selbst her.
Tamarindenextrakt
Für ca. 300 ml 150 g gepresste Tamarinde (aus dem Asienladen) in Stücke teilen und mit 350 ml heißem Wasser in einen Topf geben, 3 Std. einweichen. Dann bei mittlerer Hitze zugedeckt 15 Min. köcheln lassen, in ein Sieb gießen und den Saft auffangen. Die Tamarindenmasse dabei gut mit einem Löffel durchpressen, um möglichst viel Saftkonzentrat zu erhalten. Im Kühlschrank aufbewahren oder portionsweise in einer Eiswürfelform einfrieren.
Tamarindenextrakt gibt es auch fertig im Asienladen zu kaufen.

Tapioka
Die glänzend braunen Wurzelknollen sind auch unter dem Namen **Maniok oder Kassave** bekannt; sie enthalten viel Stärke und Blausäure – die verflüchtigt sich allerdings beim Kochen.

Grundrezepte

für einige Gewürzmischungen und Ghee sind auch ideal für den Vorrat. Lediglich Paneer, der indische Frischkäse, der hier zu Lande nicht erhältlich ist, muss frisch gemacht werden. Reis ist einfach und schnell gekocht, wenn man weiß wie.

Chaat Masala

4 EL Kreuzkümmelsamen, 4 EL schwarze Pfefferkörner, 2 EL getrocknete Minze, 1 TL Ajowan, 2 EL Amchoorpulver, 1 TL Chilipulver, 4 EL Steinsalz, 1 Prise Asafoetida

Den Kreuzkümmel in einer Pfanne ohne Fett rösten, bis er duftet, dann abkühlen lassen. Mit Pfeffer, Minze und Ajowan im Mörser fein zerstoßen, dann mit den übrigen Zutaten mischen. Wird für Salate, auch Obstsalat, verwendet.

Garam Masala

10 grüne und 5 braune Kardamomkapseln, 1 Lorbeerblatt, 2 EL Kreuzkümmelsamen, 2 EL Korianderkörner, 2 TL schwarze Pfefferkörner, 1 TL Gewürznelken, 3 Stücke Zimtrinde, 1/4 TL gemahlene Muskatblüte

Die ganzen Gewürze mit dem Mörser oder in einer Gewürzmühle fein mahlen und mit dem Muskatblütenpulver mischen. Das Masala am Schluss zu Fleisch und Schmorgerichten zugeben, nicht mehr mitkochen. Auch als Gewürzmischung erhältlich.

Panch Phoran

Je 1 EL Kreuzkümmelsamen, Korianderkörner, Bockshornkleesamen, braune Senfkörner und Zwiebelsamen

Alle Gewürze im Mörser oder in der Gewürzmühle fein mahlen. Das typische bengalische Gewürz wird in verschiedenen Gerichten verwendet, man kann es auch ungemahlen im Asienladen kaufen.

Ghee

500 g Butter in Stücke schneiden und in einem großen Topf bei schwacher Hitze schmelzen. Dabei die Butter immer wieder rühren, sie darf nicht bräunen. Die geschmolzene Butter erhitzen, bis sie zu schäumen beginnt, dann bei schwacher Hitze 30 Min. leicht köcheln lassen. Durch ein Sieb oder ein dünnes sauberes Tuch abgießen, um den Milchschaum, der auf der Oberfläche schwimmt, zu entfernen. Im Kühlschrank ist Ghee wochenlang haltbar.

Ingwer-Knoblauch-Paste

75 g frischen Ingwer und 75 g Knoblauchzehen (ca. 1 Knolle) schälen und grob hacken. Beides mit 2–3 EL Wasser im Mixer fein pürieren. In ein Schraubglas füllen. Die Paste hält sich im Kühlschrank 3–4 Tage; alternativ kann man sie in kleine Beutel verpackt portionsweise einfrieren.

Paneer – Frischkäse

2 l Vollmilch, 8 EL Branntweinessig oder Zitronensaft – ergibt ca. 250 g

Die Milch in einem Topf unter Rühren aufkochen lassen. Essig oder Zitronensaft hineingeben und gut unterrühren, noch einige Sek. weitererhitzen, dann vom Herd nehmen. Die Milch teilt sich in flockigen Frischkäse und gelbliche Molke – sollte dies nicht der Fall sein, nochmals erhitzen oder etwas mehr Essig oder Zitronensaft zugeben. Frischkäse und Molke in ein feinmaschiges Sieb gießen und ca. 30 Sek. kaltes Wasser darüber laufen, dann abtropfen lassen. Eine Schüssel mit einem Tuch auslegen, den Frischkäse hineingeben. Das Tuch zu einem Beutel drehen, den Frischkäse fest pressen, dass so viel Flüssigkeit wie möglich abfließt. Diese weggießen. Dann das Tuch mit dem Käse in die Schüssel legen, mit einem Küchenbrett und einigen Dosen beschweren und 6 Std. oder über Nacht stehen lassen. So bildet sich ein fester Block, der weiterverarbeitet werden kann.

Reis

als Beilage für 4 Personen:

250 g Basmatireis in ein Sieb geben und unter fließendem kaltem Wasser klar spülen, anschließend 30 Min. in kaltem Wasser einweichen. 1/2 l Wasser in einem Topf zum Kochen bringen. Den Reis abgießen, ins Wasser geben, einmal aufkochen lassen und umrühren. Die Temperatur auf niedrigste Stufe herunterschalten und den Reis zugedeckt 15–20 Min. garen. Den Herd ausschalten und den Reis auf der noch warmen Platte 5 Min. ziehen lassen. Mit einer Gabel auflockern. Grundsätzlich gilt: Reis in der doppelten Menge Wasser kochen.

Menüs und Festessen

Egal, ob es sich um ein kleines Abendessen mit Freunden handelt oder um ein zehn Tage dauerndes Erntefest – Gästebewirtung in Indien bewegt sich oft in den Dimensionen von üppig bis maßlos. Die folgenden Vorschläge geben praktikable Anregungen für verschiedenartige Gästemenüs und einige Informationen zu indischer Gastlichkeit.

Der indische Kalender ist voller Festtage. Stets ist das Essen ein wesentlicher Bestandteil. Familienfeste wie Hochzeiten werden im großen Kreis mit vielen Gästen gefeiert. Entsprechend groß und üppig sind auch die Festtafeln. Alle Speisen werden gleichzeitig aufgetragen, jeder bedient sich wie an einem Büfett. Analog gestalten sich die täglichen Mahlzeiten im Familienkreis oder Menüs mit Freunden ohne besonderen Anlass.

Die andere Variante: Jeder bekommt sein eigenes, fertig zusammengestelltes *Thali* – eine Platte mit verschiedenen Speisen. In beiden Fällen sieht die Zusammensetzung ähnlich aus: Ein Fleisch- oder Fischgericht und ein bis zwei Gemüsegerichte sind der Grundstock, unter Umständen ergänzt durch ein Linsengericht. Reis und/oder Brot gehören auf jeden Fall dazu. Komplettiert wird das Menü mit frischem Salat, Gurken- oder Tomatenscheiben, einer *Raita*, Chutneys und Pickles.

Die Portionen der einzelnen Gerichte im Menü sind klein bemessen. Darum reichen die nach europäischen Maßstäben bemessenen Mengenangaben der Rezepte für vier Personen im Zusammenhang eines indischen Menüs für sechs Personen.

Vorspeisen sind in Indien unüblich. Die hier in Restaurants oft gereichten *Pappadums* mit Chutneys und Dips wird man in Indien vergeblich suchen. Desserts sind im alltäglichen Menü ebenfalls nicht vorgesehen, sondern festlichen Anlässen vorbehalten.

Indische Menüs für den deutschen Haushalt

Bei der Zusammenstellung der folgenden Menüs wurden einige Kompromisse eingegangen:
Die Gerichte können nacheinander in Menüfolge gegessen werden oder Sie tragen, wie in Indien auch, alles auf einmal auf.
Die Zusammenstellungen sind hiesigen Vorlieben und Gewohnheiten angepasst. Ganz bewusst kombinieren sie Gerichte aus unterschiedlichen Regionen. So soll eine möglichst große Vielfalt an Aromen, die sich dennoch harmonisch ergänzen, geboten werden – ein Anspruch, der dem Eklektizismus der indischen Küche genauso entspricht wie ihrem Anspruch an die harmonische Komposition vermeintlich heterogener Elemente.

Und wer ganz authentisch schlemmen möchte, für den bieten die vorgestellten Festagsmenüs eine Alternative.

Menüs mit Fisch und Meeresfrüchten

Rohkostsalat – Kosumalli 125
Pappadums mit Mangochutney 126
Gebratener Pfefferfisch 186
Tapiokapüree 182 oder Joghurtreis 174
Bananenraita 30
Käsebällchen in Safranmilch 154

Frittierte Gemüsekrapfen 119 und Gurkenraita 30
Tintenfisch-Tomaten-Masala 190
und/oder Gedämpfter Korianderfisch 97
Curry von grüner Papaya 132
Beilage: Zitronenreis 174 oder Reis
Möhrenhalwa 59

Vegetarische Menüs

Obst-Chaat 125
Kichererbsenklößchen in scharfer Sauce 84
Scharfes Maisgemüse 81
und/ oder Mildes Gemüsecurry 180
Beilage: Reis
Frittierte Bananen 167

Tomaten-Feuerwasser 164
Würzige Linsenkrapfen 168
dazu Kokos-Chutney 168
Spinat mit Frischkäse 47
und/ oder Joghurt-Curry 89
Gemüsecurry 180
Beilage: Reis
Mangosahne 105

Kichererbsenklößchen in scharfer Sauce

Mit Fleisch und Geflügel
Nussrohkost – Surati Salat 125
Tandoori-Huhn 48, dazu Walnuss-Chutney 30
Spinat-Mischgemüse 129
Butterlinsen 20
Beilage: Naan 39
Apfelpudding 59

Gemüsepastetchen 76 mit süßem Tamarinden-Chutney 19
Räucher-Auberginen-Püree 91
Sauer-scharfes Schweinefleischcurry 201
oder Madras-Lamm-Curry 198
Dazu: Kokosnussreis 174
Pistazieneis 60

Dastarkhan-Menü
Die muslimischen Herrscher und speziell die *Nawabs* von Lucknow pflegten orientalische Gastlichkeit in großem Stil. Zu Festanlässen wurden eine Vielzahl an, oft mit Silberblatt verzierten, oppulent angerichteten Speisen auf einem auf dem Boden ausgelegten großen Tuch – dem *Dastarkhan* – serviert. Nach dem Essen wurde den Gästen dann ein *Paan*, ein Betelpäcken, als Digestif gereicht.
<u>Aperitif:</u> Rosenwasser (pro Glas 1/2 TL Rosenwasser mit 1 EL Zucker- und 1 EL Grenadinesirup mischen, in ein Glas mit gestoßenem Eis füllen und mit kaltem Wasser aufgießen)
<u>Hauptgericht:</u> Lamm-Biriyani (32) oder Würzige Lammplätzchen (42) oder Gefüllte Hähnchenbrust (51), dazu Kürbis-Erbsen-Gemüse (25) und/oder Kartoffeln in Cashewsauce (25), eventuell Butterlinsen (20)
Dazu Naan (39) oder Safran-Brotfladen (42) reichen oder nach Wunsch auch Reis
<u>Dessert:</u> Eis – Kulfi oder Süßes Milchbrot (60)

Bengalisches Menü
Die Bengalen vergleichen sich gerne mit den Franzosen in Bezug auf Feinschmeckertum. An Festtagen wird eine große Auswahl an Gerichten in einer bestimmten Menüfolge aufgetragen (vgl. dazu auch Seite 117). Das Hors d'oeuvre ist dabei oft Reis mit etwas Butter, Salz, Zitrone und Chilischote, die mitserviert werden. Dann folgt *Shukto*, das bittere Gemüse, darauf *Dal* mit frittiertem Gemüse. Die folgenden Gemüsegerichte variieren von Gang zu Gang von mild bis scharf, genauso wie die folgenden Fisch- und Fleischgerichte. Zur Beruhigung des Gaumens kommt dann ein Pappadumfladen mit etwas süß-saurem Chutney auf den Tisch, danach das Dessert in Form von einfachem gezuckerten Joghurt (*Misti Doi*).

Hier der Vorschlag für eine mögliche Folge – natürlich können einzelne Gänge ausgelassen werden:
Reis mit Butterflöckchen, Gemischtes Bitteres Gemüse (129), Dal mit Rosinen und Kokosnuss (123), Frittierte Auberginen (119), Auberginen in Joghurtsauce (132) oder Mohnkartoffeln (130)
Curry von grüner Papaya (132) oder Trockenes Kartoffel-Rettich-Gemüse (135)
Fisch in Joghurtsauce (141) oder Garnelen-Kokos-Curry (142) und/oder Senffisch im Bananenblatt (138), Lamm mit Kichererbsen (146)
Danach: Süßsaures Tomaten-Chutney (126) mit Pappadum
Dessert: Joghurt mit etwas Jaggery gesüßt

Onam-Menü
Das Frühlings- und Erntefest *Onam* dauert in Kerala ganze 10 Tage. Der letzte Tag ist absoluter Höhepunkt und wird mit einem großen Festessen gefeiert. Das rein vegetarische Menü kann bis zu 18 Gänge umfassen, die in strenger Abfolge auf einem Bananenblatt serviert werden. Das Blatt wird so vor jeden Gast gelegt, dass sich die Blattspitze auf der linken Seite befindet; die Blattrippe bildet die Trennungslinie für die Lage der einzelnen Gerichte: oben links sind vier sich geschmacklich ergänzende Chutneys angeordnet, dann folgen eine Banane und die Gemüsecurrys von mild nach scharf. Unter der Blattrippe links liegen süße und salzige Bananenchips, Yamschips, gefolgt von Reis mit etwas *Dal*. Rechts am Blattende stehen zwei verschiedene Sorten *Payasam* – der typische Reisnudelpudding Keralas. Allein der Anblick der hauptsächlich weißen, gelben und orangefarbenen Gerichte auf dem grünen Blatt ist umwerfend. Begonnen wird mit einem Mund voll Reis mit *Dal*, dann werden die Currys meist von links nach rechts, von mild nach scharf gegessen.
Unser Menü ist sicherlich kein Original, versucht aber Einzelnes aufzunehmen; Bananenblätter als Tellerersatz sind ausgesprochen attraktiv, sollten aber gut gewaschen und abgerieben werden.
Zitronenpickle (126), Bananenchips und süße Kochbananenchips (167), Rote-Bete-Kokos-Joghurt (179) und/oder Gebratene Kokosbohnen (179) und/oder Mildes Gemüsecurry (180)
Reis mit Südindischem Dal (164) und Kokosnuss-Pfannkuchen (202)
Dazu noch reife Bananen, Pappadums und eventuell ein Chutney aus dem Asienladen

Senffisch im Bananenblatt

Bananenchips, Frittierte Bananen und Süße Kochbananenchips

Register

Damit Sie Rezepte mit bestimmten Zutaten wie Linsen oder Kokosmilch noch schneller finden können, stehen diese Zutaten im Register zusätzlich auch entsprechenden Rezepten – ebenfalls geordnet und **halbfett** *gedruckt.*

A
Ajowan (Glossar) 222
Alkoholische Getränke 215
Amchoor (Glossar) 223
Apfelpudding 59
Aprikosen, getrocknete: Huhn mit
  Aprikosen 102
Asafoetida 88, (Glossar) 222
Aubergine
  Auberginen in Joghurtsauce 132
  Auberginen-Püree 91
  Frittierte Auberginen 119
  Gemischtes Bitteres Gemüse 129
  Korianderwürziges Auberginen-
    gemüse 93
  Lamm-Linsen-Topf 100
  Spinat-Mischgemüse 129
  Tomaten-Feuerwasser 164

B
Baghar 219
Bananen
  Bananenchips 167
  Bananen-Raita 30
  Frittierte Bananen 167
  Frittierte Bananen-Kokos-
    bällchen 205
  Glossar 224
Bananenblatt
  Bananenblüte im Päckchen 138
  Gedämpfter Korianderfisch im
    Bananenblatt 97
  Glossar 224
  Senffisch im Bananenblatt 138
Bananenblüten
  Bananenblüte im Päckchen 138
  Glossar 224
Bengali Sweets (Info) 152 f.
Bengalisches Reispulao 148
Betelblatt, -nuss (Info) 144f.
Betelnuss-Masala 145
Bhunana 219
Bhunao 219
Bittergurke
  Gemischtes Bitteres Gemüse 129
  Glossar 224
Blumenkohl
  Blumenkohl-Kartoffel-Curry 26
  Linsen-Gemüse-Reis 176
  Scharfes Fischcurry mit Kartoffeln
    und Blumenkohl 141
Bockshornkleeblätter (Glossar) 222
Bockshornkleesamen (Glossar) 222
Bohnen, breite: Senf-Bohnen 130
Bohnen, grüne

Gebratene Kokos-Bohnen 179
  Linsen-Gemüse-Reis 176
  Mildes Gemüsecurry 180
  Kerala-Lamm-Stew 198
Brot (Info) 38f., 40, 42
Brötchen mit Gemüsepüree 78
Brötchen-Crumble – Churma 82
Butterlinsen 20

C
Cashewnüsse
  Chettinad-Fleischbällchen in
    Sauce 197
  Glossar 224
  Kartoffeln in Cashew-Sauce 25
  Kokosnuss-Pfannkuchen 202
  Königlich gefülltes Huhn 52
  Lamm-Kebab 45
  Safran-Lamm nach Mughlai-Art 55
  Süße Grießbällchen 205
  Weißes Fleisch 99
Chaat Masala (Grundrezept) 227
Channa Dal
  Dal mit Kokosnuss und
    Rosinen 123
  Fünf-Linsen-Dal 82
  Glossar 224
  Kichererbsen nach Punjab-Art 20
  Lamm-Linsen-Topf 100
Chapati-Mehl (Glossar) 224
Chapatis 40
Chettinad-Fleischbällchen in Sauce 197
Chilischoten
  Glossar 222
  Knoblauch-Chili-Chutney 30
Chutneys
  Erdnuss-Chutney 170
  Knoblauch-Chili-Chutney 30
  Kokos-Chutney 168
  Koriander-Chutney 30
  Minz-Chutney 30
  Südindisches Minz-Chutney 30
  Süßes Mango-Chutney 126
  Süßsaures Tomaten-Chutney 126
  Süßes Tamarinden-Chutney 19
  Walnuss-Chutney 30
Currys
  Curry von grüner Papaya 132
  Garnelen-Kokosnuss-Curry 142
  Malabar-Fisch-Curry 189
  Mildes Gemüsecurry 180
  Mildes Hühner-Kokos-Curry 194
  Okra-Kokosnuss-Curry 180
  Sauer-scharfes Schweinefleisch-
    curry 201

Scharfes Fischcurry mit Kartoffeln
    und Blumenkohl 141
  Scharfes Mangocurry 182
  Süßes Joghurt-Curry 89
  Weißkohl-Curry 135
Curryblätter: Glossar 222

D
Dal
  Dal mit Kokosnuss und Rosinen 123
  Erdnuss-Dal nach Surat-Art 81
  Fischkopf Dal 123
  Fünf-Linsen-Dal 82
  Glossar 224
  Südindisches Gemüse-Dal 164
Datteln: Süßsaures Tomaten-
  Chutney 126
Delhi (Reportage) 12f.
Dill: Grünes Wintergemüse 26
Dosas: Würzig gefüllte Crêpes 170
Drumsticks
  Gemischtes Bitteres Gemüse 129
  Glossar 224
Dum 24, 219
Dumpukh 24, 219
Durga Puja (Reportage) 136f.

E
Eier
  Eier in Tomatensauce 95
  Frittierte Eier in Sauce 34
  Rührei auf Parsenart 95
Ente in scharfer Sauce 194
Erbsen
  Frittierte Erbsenplätzchen 120
  Kerala-Lamm-Stew 198
  Kürbis-Erbsen-Gemüse 25
  Mildes Gemüsecurry 180
  Samosas 76
  Spinat-Mischgemüse 129
  Weißkohl-Curry 135
Erdnuss-Chutney 170
Erdnuss-Dal nach Surat-Art 81
Erdnüsse 80
Erdnussöl (Glossar) 225
Erfrischungsgetränke 214

F
Fenchel-Masala 145
Fenchelsamen (Glossar) 222
Feuerwasser: Tomaten-Feuerwasser 164
Fisch
  Fisch in Joghurtsauce 141
  Fisch in Kokossauce 189
  Fisch in scharfer Rosinensauce 146

REZEPT- UND SACHREGISTER

Fischkopf-Dal 123
Gebackener Korianderfisch 186
Gebratener Pfefferfisch 186
Gedämpfter Korianderfisch im
  Bananenblatt 97
Gegrillte Fischspieße 34
Info 192f.
Malabar-Fisch-Curry 189
Scharfes Fischcurry mit Kartoffeln
  und Blumenkohl 141
Senffisch im Bananenblatt 138
Stockfisch-Frikadellen 87
Fladenbrot: Safran-Brotfladen 42
Frischkäse
  Frischkäse in Tomatensauce 37
  Grundrezept 227
  Spinat mit Frischkäse 37
  Süßer Frischkäse 153
Frittierte Auberginen 119
Frittierte Bananen 167
Frittierte Bananen-Kokosbällchen 205
Frittierte Eier in Sauce 34
Frittierte Erbsenplätzchen 120
Frittierte Gemüsekrapfen 119
Frittierte Hackfleisch-Crêpes 120
Frittierte Kartoffelhälften 29
Frittierte Okraschoten 182
Frittierte Teigtropfen (Variante) 84
Fünf-Linsen-Dal 82

G

Garam Masala (Grundrezept) 227
Garnelen
  Garnelen in der Kokosnuss 142
  Garnelen-Kokosnuss-Curry 142
  Kokosnuss-Garnelen-Pulao 173
  Scharfe gebratene Garnelen 190
Gebackener Korianderfisch 186
Gebratene Kokos-Bohnen 179
Gebratene Leber 56
Gebratener Pfefferfisch 186
Gedämpfter Korianderfisch im
  Bananenblatt 97
Gefüllte Hähnchenbrust 51
Gefüllte Käsebällchen (Variante) 154
Gegrillte Fischspieße 34
Gemischtes Bitteres Gemüse 129
Gemüse
  Frittierte Gemüsekrapfen 119
  Grünes Wintergemüse 26
  Info 124f.
  Mildes Gemüse-Curry 180
  Sindhi-Gemüse-Curry 29
Getränke 211ff.
Gewürzbox 219
Gewürze und Kräuter 222ff.
Gewürzmühle 219
Gewürzreibe 219
Ghee
  Glossar 224
  Grundrezept 227
Granatapfelkerne, getrocknete
  (Glossar) 222

Grieß
  Herzhaftes Grießporridge 176
  Süße Grießbällchen 205
Grundgewürzpaste 164
Grünes Wintergemüse 26
Gujarat (Reportage) 86f.
Gur (Glossar) 224
Gurken
  Gurken-Raita 30
  Tomaten-Gurken-Salat 125

H

Hähnchenfleisch
  Gefüllte Hähnchenbrust 51
  Huhn mit Aprikosen 102
  Königlich gefülltes Huhn 52
  Kräuter-Mandel-Huhn 51
  Mildes Hühner-Kokos-Curry 194
  Mulligatawny 151
  Tandoori-Huhn 48
  Tandoori-Huhn in Buttersauce 48
Herzhaftes Grießporridge 176
Hirse-Chapatis 40
Hülsenfrüchte (Glossar) 224

I/J

Indien: Daten, Zahlen, Fakten 216
Indischer Gewürztee 213
Indischer Kaffee (Variante) 213
Ingwer (Glossar) 222
Ingwer-Knoblauch-Paste
  (Grundrezept) 227
Jaggery: Glossar 224
Jalfraizi 151
Joghurt
  Auberginen in Joghurtsauce 132
  Bananen-Raita 30
  Blumenkohl-Kartoffel-Curry 26
  Fisch in Joghurtsauce 141
  Gegrillte Fischspieße 34
  Gurken-Raita 30
  Joghurtreis (Variante) 174
  Kardamom-Lammspieße 45
  Kartoffeln in Cashew-Sauce 25
  Kichererbsenklößchen in scharfer
    Sauce 84
  Königlich gefülltes Huhn 52
  Kräuter-Mandel-Huhn 51
  Kürbis-Erbsen-Gemüse 25
  Lamm mit ganzen Gewürzen 102
  Lamm-Biryani 32
  Lammkeule mit Mandelkruste 148
  Madras-Lamm-Curry 198
  Mildes Gemüsecurry 180
  Minz-Raita 30
  Naan 39
  Röstzwiebel-Raita 30
  Rote-Bete-Kokos-Joghurt 179
  Rotes Fleisch 99
  Safran-Kardamom-Joghurt 105
  Safran-Lamm nach Mughlai-Art 55
  Süßes Joghurt-Curry 89
  Tandoori-Huhn 48

Walnuss-Chutney 30
Weißes Fleisch 99

K

Kadhai 219
Kaffee: Indischer Kaffee (Variante) 213
Kalkutta (Reportage) 112ff.
Kardamom 158f., (Glossar) 223
Kardamom-Lammspieße 45
Karpfen: Fisch in Joghurtsauce 141
Kartoffeln
  Blumenkohl-Kartoffel-Curry 26
  Brötchen mit Gemüsepüree 78
  Frittierte Kartoffelhälften 29
  Gemischtes Bitteres Gemüse 129
  Kartoffeln in Cashew-Sauce 25
  Kichererbsen nach Punjab-Art 20
  Knusprige Kartoffelküchlein 19
  Korianderwürziges Auberginen-
    gemüse 93
  Lamm mit Kichererbsen 146
  Mohnkartoffeln 130
  Samosas 76
  Sindhi-Gemüse-Curry 29
  Spinat-Mischgemüse 129
  Tintenfisch-Tomaten-Masala 190
  Trockenes Kartoffel-Rettich-
    Gemüse 135
  Weißkohl-Curry 135
  Würzig gefüllte Crêpes 170
Käsebällchen in Safranmilch
  (Variante) 154
Käsebällchen in Sirup 154
Keema (Variante) 76
Kerala (Reportage) 158ff.
Kerala-Lamm-Stew 198
Kewra-Wasser (Glossar) 224
Kichererbsen
  Dal mit Kokosnuss und Rosinen 123
  Fünf-Linsen-Dal 82
  Glossar 224
  Kichererbsen nach Punjab-Art 20
  Kichererbsenklößchen in scharfer
    Sauce 84
  Lamm mit Kichererbsen 146
  Lamm-Linsen-Topf 100
Kichererbsenmehl
  Frittierte Gemüsekrapfen 119
  Frittierte Teigtropfen (Variante) 84
  Glossar 225
  Kichererbsenklößchen in scharfer
    Sauce 84
  Knusperfäden 79
  Knusprige Kartoffelküchlein 19
  Sindhi-Gemüse-Curry 29
  Würzige Lammplätzchen 42
Knackige Nussrohkost 125
Knoblauch-Chili-Chutney 30
Knusprige Kartoffelküchlein 19
Knusprige Teigrosen 202
Kochbananen
  Gemischtes Bitteres Gemüse 129
  Glossar 224

231

Mildes Gemüsecurry 180
Süße Kochbananenchips 167
Kochgeräte 218
Kochtechnik 218
Kokos
Bananen-Raita 30
Chettinad-Fleischbällchen in
Sauce 197
Dal mit Kokosnuss und Rosinen 123
Erdnuss-Chutney 170
Frittierte Bananen-Kokos-
bällchen 205
Gebratene Kokosbohnen 179
Gedämpfter Korianderfisch im
Bananenblatt 97
Info 184f.
Kokos-Chutney 168
Linsen-Gemüse-Reis 176
Mildes Gemüsecurry 180
Minz-Chutney 30
Okra-Kokosnuss-Curry 180
Rote-Bete-Kokos-Joghurt 179
Kokosöl (Glossar) 225
Kokoswasser (Glossar) 225
Kokum 188, (Glossar) 223
Königlich gefülltes Huhn 52
Koriandergrün
Glossar 223
Gebackener Korianderfisch 186
Gedämpfter Korianderfisch im
Bananenblatt 97
Koriander-Chutney 30
Lamm-Linsen-Topf 100
Minz-Chutney 30
Würzige Lammkoteletts 100
Würzige Linsenkrapfen 168
Korianderkörner (Glossar) 223
Korianderwürziges Auberginen-
gemüse 93
Korma 219
Kräuter 222ff.
Kräuter-Mandel-Huhn 51
Kreuzkümmel (Glossar) 223
Kreuzkümmel-Limonade 215
Kürbis
Kürbis-Erbsen-Gemüse 25
Lamm-Linsen-Topf 100
Mildes Gemüsecurry 180
Süßsaurer Kürbis 93
Kurkuma (Glossar) 223

L

Lammfleisch
Kardamom-Lammspieße 45
Kerala-Lamm-Stew 198
Lamm-Biriyani 32
Lamm-Kebab 45
Lammkeule mit Mandelkruste 148
Lamm in Spinatsauce 56
Lamm-Linsen-Topf 100
Lamm mit ganzen Gewürzen 102
Lamm mit Kichererbsen 146
Lamm-Zwiebel-Topf 55

Madras-Lamm-Curry 198
Rotes Fleisch 99
Safran-Lamm nach Mughlai-Art 55
Weißes Fleisch 99
Würzige Lammplätzchen 42
Lammhackfleisch
Chettinad-Fleischbällchen in
Sauce 197
Lamm-Kebab 45
Orangen-Hackfleisch-Pfanne 197
Würzige Lammplätzchen 42
Lammkoteletts: Würzige Lamm-
koteletts 100
Leber: Gebratene Leber 56
Linsen 80, (Glossar) 225
Linsen-Gemüse-Reis 176
Linsen, gelbe
Fünf-Linsen-Dal 82
Lamm-Linsen-Topf 100
Linsen, rote
Erdnuss-Dal nach Surati-Art 81
Fünf-Linsen-Dal 82
Lamm-Linsen-Topf 100
Linsen-Gemüse-Reis 176
Tomaten-Feuerwasser 164
Linsen, schwarze
Butterlinsen 20
Fünf-Linsen-Dal 82
Würzige Linsenkrapfen 168
Lorbeerblätter (Glossar) 223
Lotoswurzeln 28
Glossar 225
Sindhi-Gemüse-Curry 29
Luchis 40
Lucknow (Reportage) 62ff.

M

Macis (Glossar) 223
Madras-Lamm-Curry 198
Mais: Scharfes Maisgemüse 81
Malabar-Fisch-Curry 189
Mandeln
Gefüllte Hähnchenbrust 51
Königlich gefülltes Huhn 52
Kräuter-Mandel-Huhn 51
Lammkeule mit Mandelkruste 148
Mandel-Gewürzmilch 215
Tandoori-Huhn in Buttersauce 48
Weißes Fleisch 99
Mango
Glossar 225
Mangokulfi (Variante) 60
Mango-Lassi 215
Mango-Reisauflauf (Variante) 105
Mangosahne 105
Scharfes Mangocurry 182
Süßes Mango-Chutney 126
Mangopulver, getrocknetes
(Glossar) 223
Marari-Beach-Cooler 215
Masoor Dal
Erdnuss-Dal nach Surat-Art 81
Fünf-Linsen-Dal 82

Lamm-Linsen-Topf 100
Linsen-Gemüse-Reis 176
Tomaten-Feuerwasser 164
Menüs 228f.
Milchgetränke 214f.
Mildes Gemüsecurry 180
Mildes Hühner-Kokos-Curry 194
Minze
Glossar 225
Minz-Chutney 30
Minz-Raita 30
Würzige Lammkoteletts 100
Mohn (Glossar) 225
Mohnkartoffeln 130
Möhren
Möhrenhalwa 59
Mulligatawny 151
Moong Dal
Fischkopf-Dal 123
Fünf-Linsen-Dal 82
Lamm-Linsen-Topf 100
Mörser 219
Mulligatawny 151
Mumbai (Reportage) 70ff.
Mungbohnen
Fischkopf-Dal 123
Fünf-Linsen-Dal 82
Glossar 225
Lamm-Linsen-Topf 100
Muskatnussblüte (Glossar) 223

N/O/P

Naan 39
Nelken (Glossar) 223
Norden Indiens (Reportage) 12ff.
Nüsse: Knackige Nussrohkost 125
Obst-Chaat 125
Okraschoten
Frittierte Okraschoten 182
Okra-Kokosnuss-Curry 180
Öle (Glossar) 225
Orangen-Hackfleisch-Pfanne 197
Osten Indiens (Reportage) 112ff.
Paan Masala (Info) 144f.
Palmzucker (Glossar) 226
Panch Phoran 140, (Grund-
rezept) 227
Paneer
Frischkäse in Tomatensauce 37
Gefüllte Hähnchenbrust 51
Grundrezept 227
Spinat mit Frischkäse 37
Pappadums
Glossar 226
Papadum-Curry 89
Papaya, grüne
Curry von grüner Papaya 132
Glossar 226
Kardamom-Lammspieße 45
Parathas 40
Pickles: Zitronen-Pickles 126
Pistazieneis 60
Pondicherry (Reportage) 206ff.

REZEPT- UND SACHREGISTER

Pooris 40
Porridge: Herzhaftes Grießporridge 176

R
Raitas 30
Rajasthan (Reportage) 106ff.
Reis
   Bengalisches Reispulao 148
   Grundrezept 227
   Info 172f.
   Joghurtreis (Variante) 174
   Kokosnuss-Garnelen-Pulao 173
   Kokosnussreis (Variante) 174
   Lamm-Biriyani 32
   Linsen-Gemüse-Reis 176
   Mango-Reisauflauf (Variante) 105
   Mulligatawny 151
   Reispudding 58
   Reistopf mit Pilzen (Variante) 32
   Würzig gefüllte Crêpes 170
   Zitronenreis 174
Reismehl
   Frittierte Bananen-Kokos-
      bällchen 205
   Knusprige Teigrosen 202
Rettich
   Grünes Wintergemüse 26
   Spinat-Mischgemüse 129
   Trockenes Kartoffel-Rettich-
      Gemüse 135
Rinderhackfleisch: Frittierte Hack-
   fleisch-Crêpes 120
Rindfleisch: Trocken gebratenes Rind-
   fleisch mit Kokos 201
Rosagolla 154
Rosenwasser (Glossar) 226
Röstzwiebel-Raita 30
Rote Bete 178
Rote-Bete-Kokos-Joghurt 179
Rotes Fleisch 99
Roti 38
Rührei auf Parsenart 95

S
Safran 54
   Glossar 223
   Safran-Brotfladen 42
   Safran-Kardamom-Joghurt 105
   Safran-Lamm nach Mughlai-Art 55
Salate 125
Salz, schwarzes (Glossar) 226
Salziges Lassi 215
Samosas 76
Sandesh 153
Sauer-scharfes Schweinefleisch-
   curry 201
Scharfe gebratene Garnelen 190
Scharfes Fischcurry mit Kartoffeln und
   Blumenkohl 141
Scharfes Maisgemüse 81
Scharfes Mangocurry 182
Scharfes Zwiebelgemüse 91

Schwarzkümmel (Glossar) 223
Schweinefleisch: Sauer-scharfes
   Schweinefleischcurry 201
Seezunge: Gedämpfter Korianderfisch
   im Bananenblatt 97
Senf-Bohnen 130
Senffisch im Bananenblatt 138
Senföl (Glossar) 225
Senfsamen (Glossar) 223
Sesamöl (Glossar) 225
Sikh-Tempel (Reportage) 22f.
Silberblatt (Glossar) 226
Sindhi-Gemüse-Curry 29
Spinat
   Grünes Wintergemüse 26
   Lamm in Spinatsauce 56
   Lamm-Linsen-Topf 100
   Spinat mit Frischkäse 37
   Spinat-Mischgemüse 129
Stängelkohl
   Grünes Wintergemüse 26
   Glossar 226
Steinsalz (Glossar) 226
Stockfischfrikadellen 97
Süden (Reportage) 156ff.
Südindischer Rohkostsalat 125
Südindisches Gemüse-Dal 164
Süße Grießbällchen 205
Süße Kochbananenchips 167
Süßes Joghurt-Curry 89
Süßes Mango-Chutney 126
Süßes Milchbrot 60
Süßes Tamarinden-Chutney 19
Süßsaurer Kürbis 93
Süßsaures Tomaten-Chutney 126

T
Talna 219
Tamarinde
   Glossar 226
   Süßes Tamarinden-Chutney 19
   Tamarindenextrakt (Glossar) 226
Tandoor (Info) 46f.
Tandoori-Huhn 48
Tandoori-Huhn in Buttersauce 48
Tapioka (Glossar) 226
Tapiokapüree 182
Tava 219
Tee 211
Tintenfisch-Tomaten-Masala 190
Tischsitten 220
Toddy (Info) 184f.
Tomaten
   Auberginen-Püree 91
   Blumenkohl-Kartoffel-Curry 26
   Brötchen mit Gemüsepüree 78
   Butterlinsen 20
   Chettinad-Fleischbällchen in
      Sauce 197
   Eier in Tomatensauce 95
   Erdnuss-Dal nach Surati-Art 81
   Fisch in Kokossauce 189
   Frischkäse in Tomatensauce 37

Frittierte Eier in Sauce 34
Herzhaftes Grießporridge 176
Jalfraizi 151
Kichererbsen nach Punjab-Art 20
Korianderwürziges Auberginen-
   gemüse 93
Lamm mit ganzen Gewürzen 102
Lamm mit Kichererbsen 146
Linsen-Gemüse-Reis 176
Madras-Lamm-Curry 198
Malabar-Fisch-Curry 189
Mulligatawny 151
Okra-Kokosnuss-Curry 180
Sindhi-Gemüse-Curry 29
Spinat mit Frischkäse 37
Süßsaures Tomaten-Chutney 126
Tandoori-Huhn in Buttersauce 48
Tintenfisch-Tomaten-Masala 190
Tomaten-Feuerwasser 164
Tomaten-Gurken-Salat 125
Tomaten-Raita 30
Weißkohl-Curry 135
Toor Dal
   Fünf-Linsen-Dal 82
   Lamm-Linsen-Topf 100
Trocken gebratenes Rindfleisch mit
Kokos 201
Trockenes Kartoffel-Rettich-
   Gemüse 135

U/V/W
Urad Dal
   Fünf-Linsen-Dal 82
   Würzig gefüllte Crêpes 170
   Würzige Linsenkrapfen 168
Varq (Glossar) 226
Walnuss-Chutney 30
Weißes Fleisch 99
Weißkohl-Curry 135
Westen Indiens (Reportage) 68ff.
Wok 219
Würzig gefüllte Crêpes 170
Würzige Lammkoteletts 100
Würzige Lammplätzchen 42
Würzige Linsenkrapfen 168
Wüstenbrötchen 82

Z
Zimtrinde (Glossar) 223
Zitronen-Pickles 126
Zitronenreis 174
Zitronenwasser 215
Zwiebeln
   Röstzwiebel-Raita 30
   Garnelen in der Kokosnuss 142
   Huhn mit Aprikosen 102
   Lamm mit ganzen Gewürzen 102
   Lamm-Zwiebel-Topf 55
   Scharfes Zwiebelgemüse 91

Von Salat bis Desserts *finden Sie hier noch einmal die Rezepte aus allen Kapitel zusammengefasst.. So lassen sich leicht Menüs nach jedem Gusto zusammenstellen. Und wer einmal richtig indisch schlemmen will, hält sich an die Vorschläge von Seite 228.*

Gemüse/Vegetarisches
Auberginen in Joghurtsauce 132
Bengalisches Reispulao 148
Blumenkohl-Kartoffel-Curry 26
Brötchen mit Gemüsepüree 78
Butterlinsen 20
Curry von grüner Papaya 132
Dal mit Kokosnuss und Rosinen 123
Eier in Tomatensauce 95
Erdnuss-Dal nach Surat-Art 81
Frischkäse in Tomatensauce 37
Fünf-Linsen-Dal 82
Gemüsepastetchen 76
Grünes Wintergemüse 25
Herzhaftes Grießporridge 176
Kartoffeln in Cashew-Sauce 25
Kichererbsen nach Punjab-Art 20
Kichererbsenklößchen in scharfer
   Sauce 84
Korianderwürziges Auberginen-
   gemüse 93
Kürbis-Erbsen-Gemüse 25
Linsen-Gemüse-Reis 176
Mildes Gemüsecurry 180
Okra-Kokosnuss-Curry 180
Pappadum-Curry 89
Rührei auf Parsenart 95
Scharfes Maisgemüse 81
Sindhi-Gemüse-Curry 29
Spinat mit Frischkäse 37
Spinat-Mischgemüse 129
Südindisches Gemüse-Dal 164
Süßsaurer Kürbis 93
Trockenes Kartoffel-Rettich-
   Gemüse 135
Weißkohl-Curry 135

Fleisch und Gefügel
Chettinad-Fleischbällchen in Sauce 197
Ente in scharfer Sauce 194
Frittierte Hackfleisch-Crêpes 120
Gebratene Leber 56
Gefüllte Hähnchenbrust 51
Huhn mit Aprikosen 102

Jalfraizi 151
Kardamom-Lammspieße 45
Kerala-Lamm-Stew 198
Königlich gefülltes Huhn 52
Kräuter-Mandel-Huhn 51
Lamm im Spinatsauce 56
Lamm mit ganzen Gewürzen 102
Lamm mit Kichererbsen 146
Lamm-Biriyani 32
Lamm-Kebab 45
Lammkeule mit Mandelkruste 148
Lamm-Linsen-Topf 100
Lamm-Zwiebel-Topf 55
Madras-Lamm-Curry 198
Mildes Hühner-Kokos-Curry 194
Mulligatawny 151
Orangen-Hackfleisch-Pfanne 197
Rotes Fleisch 99
Safran-Lamm nach Mughlai-Art 55
Sauer-scharfes Schweinefleisch-
   curry 201
Tandoori-Huhn 48
Tandoori-Huhn in Buttersauce 48
Trocken gebratenes Rindfleisch mit
   Kokos 201
Weißes Fleisch 99
Würzige Lammkoteletts 100
Würzige Lammplätzchen 42

Fisch und Meeresfrüchte
Fisch in Joghurtsauce 141
Fisch in Kokossauce 189
Fisch in scharfer Rosinensauce 146
Fischkopf-Dal 123
Garnelen in der Kokosnuss 142
Garnelen-Kokos-Curry 142
Gebackener Korianderfisch 186
Gebratener Pfefferfisch 186
Gedämpfter Korianderfisch im
   Bananenblatt 97
Gegrillte Fischspieße 34
Kokosnuss-Garnelen-Pulao 173
Malabar-Fisch-Curry 189
Scharf gebratenen Garnelen 190

Scharfes Fischcurry mit Kartoffeln und
   Blumenkohl 141
Senffisch im Bananenblatt 138
Stockfischfrikadellen 97
Tintenfisch-Tomaten-Masala 190

Beilagen und kleine Snacks
Auberginen-Püree 91
Bananenblüte im Päckchen 138
Bananenchips 167
Chapatis 40
Erdnuss-Chutney 170
Frittierte Auberginen 119
Frittierte Bananen 167
Frittierte Eier in Sauce 34
Frittierte Erbsenplätzchen 120
Frittierte Gemüsekrapfen 119
Frittierte Kartoffelhälften 29
Frittierte Okraschoten 182
Gebratene Kokos-Bohnen 179
Gemischtes Bitteres Gemüse 129
Gurken-Raita 30
Joghurtreis 174
Knackige Nussrohkost 125
Knoblauch-Chili-Chutney 30
Knusperfäden 78
Knusprige Kartoffelküchlein 19
Kokos-Chutney 168
Korianderreis 174
Koriander-Chutney 30
Luchis 40
Minz-Chutney 30
Minz-Raita 30
Mohnkartoffeln 130
Naan 39
Obst-Chaat 125
Parathas 40
Pooris 40
Röstzwiebel-Raita 30
Rote-Bete-Kokos-Joghurt 179
Safran-Brotfladen 42
Scharfes Mangocurry 182
Scharfes Zwiebelgemüse 91
Senf-Bohnen 130

Bezugsadressen
Unter diesen Adressen finden Sie vor Ort oder per Internet eine große Bandbreite an indischen Produkten.

Südindischer Rohkostsalat 125
Südindisches Minz-Chutney 30
Süße Kochbananenchips 167
Süßes Joghurt-Curry 89
Süßes Mango-Chutney 126
Süßes Tamarinden-Chutney 19
Süßsaures Tomaten-Chutney 126
Tapiokapüree 182
Tomaten-Feuerwasser 164
Tomaten-Gurken-Salat 125
Tomaten-Raita 30
Walnuss-Chutney 30
Würzig gefüllte Crêpes 170
Würzige Linsenkrapfen 168
Wüstenbrötchen 82
Zitronen-Pickles 126
Zitronenreis 174

Desserts
Apfelpudding 59
Brötchen-Crumble 82
Frittierte Bananen-Kokosbällchen 205
Käsebällchen in Sirup 154
Knusprige Teigrosen 202
Kokosnuss-Pfannkuchen 202
Mangokulfi 60
Mango-Reisauflauf 105
Mangosahne 105
Möhrenhalwa 59
Pistazieneis 60
Reispudding 58
Safran-Kardamom-Joghurt 105
Sandesh 153
Süße Grießbällchen 205
Süßes Milchbrot 60

Getränke
Indischer Gewürztee 213
Indischer Kaffee 213
Kreuzkümmel-Limonade 215
Lassi 215
Mandel-Gewürzmilch 215
Marari-Beach-Cooler 215
Zitronenwasser 215

Raja
Alexanderstraße 82-84, 52062 Aachen
Tel.: 0241/400 80 55

Aganta
Grolmannstraße 58, 10623 Berlin
Tel.: 030/313 52 77

India Gewürze Gerd Raguse KG
Curtiusstraße 40, 12205 Berlin
Tel.: 030/81 68 60-0

Asien Shop
Schützenstraße 14,
38100 Braunschweig
Tel.: 0531/618 37 34

Indian Shop
Louisenstraße 3, 01099 Dresden
Tel.: 0351/841 29 18

Asia Land
Hostatostraße 20, 65929 Frankfurt am Main
Tel.: 069/30 70 35

Mahtabi Indian Store
Lange Reihe 9, 20099 Hamburg
Tel.: 040/24 69 69

Asia Center
Severinstraße 194-196, 50676 Köln
Tel.: 0221/272 00 52

Asien Bazar
Donnersbergerstr. 38, 80634 München
Tel. 089/13 17 03

Kohinoor
Adolf-Kolpingstraße 10, 80336 München
Tel.: 089/55 45 22

Vivehananthan – Kumaras Asean Trades
Zieblandstraße 25, 80798 München
Tel.: 089/523 76 41

Asia-Shop
Hasestraße 58, 49074 Osnabrück
Tel.: 0541/212 48

Maharaja Indian Shop
Marienstraße 29, 70178 Stuttgart
Tel.: 0711/640 82 76

Internetadressen:

www.alsbachgewuerze.de
www.asiamahal.de
www.asienmarkt.de
www.india-food.de
www.monsun-online.de
www.sathi.de

Adressen

In der Liste von Hotels und Restaurants spiegeln sich einige Stationen und Momente unserer Indienreise wieder. Neben dieser rein subjektiven Auswahl gibt es aber sicher an vielen Orten noch jede Menge Kulinarisches zu entdecken.

Delhi

Karim's
Das Hauptlokal im muslimischen Nizamuddin-Viertel gilt als beste Adresse für authentische Mughlai-Küche. *Kebabs* und *Kormas* sind hervorragend, das frische *Naan* ein Muss. Als Dessert unbedingt *Kulfi* ordern.
Nizamuddin, Old Delhi

Essen & Unterhaltung
Dilli Haat
Ausstellungsgelände, auf dem Kunsthandwerk und typische Spezialitäten aus unterschiedlichen Landesregionen in wechselnden Ausstellung angeboten werden. Theater- oder Musikveranstaltungen erweitern das Angebot und machen Dilli Haat auch zum beliebten Ausflugsziel für Einheimische.
Safdarjang, Delhi

Lucknow

Snacks & Süßes
Chowdhury
Einfache, aber gute vegetarische Gerichte mit buttrigen *Phulka*-Broten als Beilage. Zum Nachtisch lockt eine überreiche Auswahl an Süßigkeiten, wie z.B. *Jalebis*, in Sirup getränkte leuchtend orangefarbene Teigkringel.
MG Marg, Hazratganj, Lucknow

Mumbai (Bombay)

Übernachten & Essen
Oberoi
Gilt als vornehmste Adresse Indiens und bietet neben dem persönlichen Butler Küche mit Sternniveau in mehreren Restaurants.
Nariman Point, Mumbai,
Tel. 0091/22/56325757

Essen
Britania & Co.
Gute Parsenküche in orientalisch-plüschig dekoriertem kleinem Restaurant. Besondere Spezialität sind mehrere Gerichte mit dem berühmten Bombay Duck.
Sprott Road, Ballard Estate, Mumbai

Radjasthan/Gujarat

Übernachten
Samode Haveli
Havelis nennt man die meist mit aufwändiger Malerei geschmückten Herrschaftshäuser wohlhabender Kaufleute. Samode Haveli ist als ehemalige Herrscherresidenz noch prunkvoller. Ideal ist ein Zimmer mit Dachterrasse – hier hat man einen großartigen Blick über Jaipur.
Gangapole, Jaipur,
Tel. 0091/1423/2632407
www.samodehaveli.com

Übernachten & Essen
Bal Samand Lake Palace
Im Sommerpalast des Maharadschas von Jodhpur lässt es sich nicht nur herrschaftlich wohnen, sondern auch landestypisch schmausen.
Mandore Road, Jodphur,
Tel. 0091/291-2571991
www.jodhpurheritage.com

Einkaufen
M.M. Spices
Jodphurs Gewürzmarkt ist berühmt. Einzelne Gewürze oder Mischungen zum Kochen oder für Tee gibt es bei M.M. Spices nicht nur direkt zu kaufen. Wer will, kann sich das duftende Gut auch nach Hause schicken lassen.
Shop No. 206/3 Clock Tower , Kirana Merchant Vegetable Market, Jodphur,
Tel. 0091/291/2624903

Übernachten & Essen
Udai Bilas Palace
20 Zimmer mit Original-Art-Déco-Einrichtung im Mix mit indischer Herrschaftsarchitektur sowie die Lage abseits der üblichen Touristenströme machen diesen Palast zur Ruheoase der besonderen Art. Die Hausherrin wacht häufig selbst über die Zubereitung landestypischer Gerichte.
Dungarpur, Tel. 0091/2964/230808,
www.udaibilaspalace.com

Essen
Gopi Dining Hall
Mittags muss man oft Schlange stehen: Das vegetarische Restaurants bietet riesige Gujarat-*Thalis* zu sensationellem Preis.
Pritamrai Road, Ahmedabad,
Tel. 0091/79/6576388

Essen
Agashiye
Gujarat-Küche auf höchstem Niveau, experimentierfreudig und mit viel Liebe zum Detail. Herrliche Dachterrasse mit Blick zur Moschee bei Kerzenschein.
Lal Darwaja, gegenüber der Sidi Saiyad Moschee, Ahmedabad,
Tel. 0091/79/5506946,
www.houseofmg.com

Kalkutta

Café
Flury's
Der Treffpunkt für einen kleinen Snack oder zur Tea-Time: Kuchen, Torten und Schokolade nach Schweizer Rezept, aber auch herzhafte würzige Pastetchen mit Fleischfüllung nach englischer Tradition.
18 Park Street/Middleton Row,
Kalkutta

ADRESSEN UND REISETIPPS

Essen
Kewpie's
In den Wohnräumen ihres Elternhauses serviert Rahki Das Gupta beste hausgemachte bengalische Küche. Spezialitäten wie *Hilsa* im Bananenblatt oder Garnelen in der Kokosnuss sind ein Gedicht, und wer Glück hat, kann eine der saisonalen Festtagsspezialitäten kosten, die kurzzeitig als Special auf die Tageskarte aufgenommen werden.
2 Elgin Lane, Kalkutta,
Tel. 0091/247/59880

Streetfood
Nizam's
Eine Institution in Kalkutta. Hier gibt es üppige Sattmacher auf die Hand, vor allem die berühmten *Kati*-Rolls, *Kebab*, das in ein mit Ei überbratenes *Chapati*-Brot eingerollt wird.
22-25 Hogg Market, Kalkutta

Süßigkeiten & Snacks
K.C. Das
Typisch bengalische Süßigkeiten und himmlischen Joghurt in Tontöpfen bekommt man beim berühmtesten Sweets-Shop von Kalkutta. Wer nichts Süßes mag, hält sich an *Vadai* – Linsenkrapfen in erfrischender Joghurtsauce.
11 A & B, Esplanade East, Kalkutta,
Tel. 0091/33/22485920

Übernachten
Oberoi Grand
Koloniale Pracht hinter der frisch renovierten viktorianischen Fassade: Wer nicht übernachtet, sollte hier zumindest einen Tee am Pool nehmen.
15 Jawaharlal Nehru Road, Kalkutta,
Tel. 0091/33/2492323

Pondicherry / Tamil Nadu

Übernachten und Essen
Hôtel de Pondichéry
Kleines, feines Hotel mit 10 liebevoll eingerichteten Zimmern und wunderschönem Garten mit Bar im Innenhof. In drei kleinen Restaurants wird indische, französische und südostasiatische Crossover-Küche geboten, dazu eine große Auswahl guter Weine.
38 Dumas Street, Pondicherry,
Tel. 0091/413/2227409
www.hoteldepondichery.com

Essen
Hotel Appachi
Hier bietet sich die seltene Gelegenheit, authentische *Chettinad*-Küche zu kosten.
Old No 9, Rangapillai Street,
Pondicherry,
Tel. 0091/413/2220613

Essen
Mathsya
Schlicht eingerichtetes Lokal, das hervorragende vegetarische *Udipi*-Spezialitäten bietet. Das Personal hilft, das passende *Thali* zusammenzustellen: Unbedingt probieren: Eine der zahlreichen *Dosa*-Varianten.
Nr. 1, Halls Road, Egmore, Chennai (Madras)

Übernachten und Essen
Brunton Boatyard
Hier wurde eine alte Schiffswerft zum Luxushotel verwandelt. Helle luftige Zimmer mit Blick auf den Hafen. Stilvolle Einrichtung und vor allem die keralischen Holzschnitzereien schaffen das besondere Flair. Die Küche bietet beste keralische Fischküche und Grillgerichte in drei Restaurants.
Fort Cochin Jetty,
Tel. 0091/484/2215461

Übernachten und Essen
The Malabar House
Eine perfekt renovierte Villa in idealer Lage, deren Zimmer individuell in einer Mischung aus Antiquitäten und modernem Design eingerichtet sind. Hervorragende Küche, die eine inspirierte Mischung aus indischer und mediterraner Küche anbietet.
1/268 Parade Road,
Fort Cochin/Kerala,
Tel. 0091/484/2216666
www.malabarhouse.com

Übernachten
Spice Village
Strohgedeckte Bungalows nach alter keralischer Bauweise inmitten eines riesigen Gewürzgartens. Flora und Fauna werden direkt vor der Haustür in Führungen erklärt, und abendliche Kochkurse zeigen wie man das perfekte Stew oder hauchdünne *Dosas* zubereitet. Das Restaurant bietet eine große Vielfalt an keralischer Küche.
Kumaly Road, Thekkady/Kerala,
Tel. 0091/4869/222314

Literatur und Musik

Eine Auswahl an Büchern und CDs, die als abrundende, sinnlich inspirierende Ergänzung zu einzelnen Aspekten der Reportagen dienen kann. Angegeben ist die jeweils neueste Ausgabe, falls vorhanden, als Taschenbuch.

Belletristik

Chitra Banerjee Divakaruni,
Die Hüterin der Gewürze, Heyne 2005
Die nach Gewürzen geordneten Kapitel geben anhand der Geschichte der Gewürzhändlerin Tilo unterhaltsame Einblicke ins mitunter schwierige Leben indischer Immigranten in den USA.

E. M. Foster, Auf der Suche nach Indien, Fischer 2005
Fosters Roman, der in den 1920er Jahren spielt, wirft einen Blick auf Indien und hinterfragt dabei die englischen Vorurteile. Das faszinierende Zeitbild spart nicht an beißender Kolonialismuskritik.

Rudyard Kipling, Kim, dtv 1999
Bereits 1901 erschienener Klassiker und Vorlage des »Dschungelbuchs«. In der Geschichte des Waisenkinds Kim prallen Lebens- und Denkweise der Kolonialherren auf indische Sitten und Gebräuche.

Rohinton Mistry, Das Gleichgewicht der Welt, Fischer 2003
Am Beispiel der Schicksale von vier sich zufällig treffenden Menschen zeichnet der Autor ein düster-bedrückendes Bild seiner Geburtsstadt Bombay unter der Regierungszeit Indira Gandhis.

Kiran Nagarkar, Krishnas Schatten, Ullstein-List 2004
Nagarkar, einer der bedeutendsten zeitgenössischen Romanciers Indiens, beschwört in seinem farbensatten Historienroman die prachtvolle Hofkultur der Maharadschas von Mewar im 17. Jahrhundert herauf.

Arundhati Roy, Der Gott der kleinen Dinge, btb Goldmann 1999
Ein Liebesdrama vor der scheinbar paradiesischen Kulisse Keralas. Die politisch engagierte Autorin prangert die virulenten Probleme der indischen Kastengesellschaft an. Der Debütroman gewann prompt den Booker-Preis.

Salman Rushdie, Mitternachtskinder, Rowohlt 2005
15. August 1947, Mitternacht: Schicksalhaft fallen die Geburtsstunde des Romanhelden und die Gründung des Staates Indien zusammen. Eine rasante Familiengeschichte nimmt ihren Lauf, die parabelhaft im großen Trauma Indiens endet: der Abspaltung Pakistans. Der vor Fabulierlust vibrierende Roman machte den Autor weltberühmt.

Sachbücher

Martin Hughes, World Food India, Loneley Planet 2001
Der englischsprachige Führer ist ein »Must«: übersichtliche, frisch geschriebene und praktische Einführung in die Esskultur Indiens.

Rainer Krack, Kulturschock Indien, Reise Know-How Verlag, 2004
Vorurteilsfrei erklärt der Autor Kultur, Sitten und Gebräuche und beantwortet viele Fragen, die jedem Reisenden früher oder später begegnen.

Ilija Trojanow, An den inneren Ufern Indiens, Hanser 2003
Von der Quelle bis zur Mündung des heiligen Flusses Ganges führt diese Reportage-Reise. Pointiert zur Sprache kommen alte Mythen ebenso wie die moderne Realität: Gleichzeitigkeit des Ungleichzeitigen.

Bildbände

Peter-Matthias Gaede, Indien – Die schönsten Geo-Bilder, Gruner & Jahr 2004
Indien mit dem Blick von 40 Weltklasse-Fotografen. Die Bilder mit Berichten aus dem Geo-Magazin sind bestechend und informativ zugleich.

Boris Potschka, Peter Pannke, Indien – Fest der Farben, Frederking und Thaler 2000
Jeden Besucher ziehen sie in ihren Bann: die Farben Indiens. Ihrem visuellen Reiz und ihrer symbolischen Bedeutung spürt dieser opulente Bildband nach.

Musik

The Music of Bollywood, Universal 2003
Die meisten Songs sind etwas älteren Datums, aber drei CDs und ein nettes kleines Booklet geben eine rundum gute Einführung in das musikalische Universum Bollywoods.

Remember Shakti, Verve, 1999
Mit unterschiedlichen Besetzungen und mehreren Alben knüpfte John McLaughlin an den Erfolg seines 1975 gegründeten legendären Shakti-Ensembles an. Das 1999 erschienene Album schafft erneut die spannungsreiche Synthese aus Jazz und indischer Musik.

Ravi Shankar, The Sounds of India, Sis 1995
Der berühmte Komponist und Sitar-Virtuose brachte bereits 1960 diese Einführung in die klassische indische Musik heraus. Wer mehr über Ragas wissen bzw. mehr hören möchte, sollte auch in sein Album »From Dusk to Dawn« (Nascente 2001) hineinhören.

Genießerküche

... für alle, die das Echte schätzen

ISBN 978-3-7742-2790-3
240 Seiten

ISBN 978-3-7742-3202-0
240 Seiten

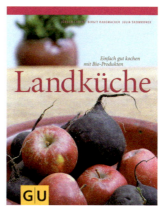
ISBN 978-3-7742-6069-6
192 Seiten

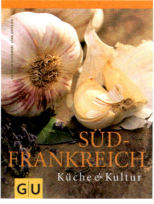
ISBN 978-3-7742-6311-6
240 Seiten

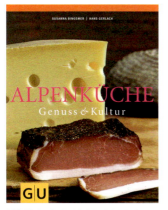
ISBN 978-3-8338-0239-3
240 Seiten

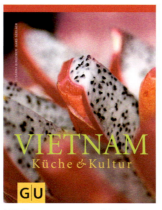
ISBN 978-3-7742-6626-1
240 Seiten

ISBN 978-3-7742-6899-9
240 Seiten

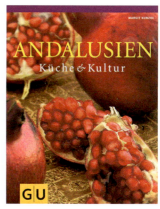
ISBN 978-3-8338-0061-0
240 Seiten

Änderungen und Irrtum vorbehalten.

Verführerische Rezepte und spannende Reportagen laden ein zu kulinarischen Entdeckungsreisen in Küche und Kultur und versprechen puren Genuss.

Willkommen im Leben.

IMPRESSUM

Text und Fotografie

Tanja Dusy interessiert sich für ferne Länder und exotische Aromen. Ihre Leidenschaft für die indische Küche vertiefte sie während der Recherche für die Rezepte und Produktreportagen dieses Buches. In Indien erfuhr sie erneut, wie schnell die gemeinsame Begeisterung für Kulinarisches Herzen und Türen öffnet.
Nach dem Studium der Germanistik war die begeisterte Köchin zunächst fürs Fernsehen tätig, bevor sie ihre Neigung zum Beruf machte: Seit 2001 ist sie Redakteurin und Autorin für GU.

Ronald Schenkel, 1964 in Zürich geboren, arbeitet als Journalist für die Neue Zürcher Zeitung, mare und Geo Schweiz. Immer wieder hat er den indischen Subkontinent bereist, wo er sich vor allem mit den sozialen und gesellschaftlichen Problemen der Länder beschäftigt hat. Auf diesen Reisen hat er auch die Küche und Kultur Indiens kennen und schätzen gelernt.

Jürg Waldmeier lebt in Zürich und München. Seit 1988 arbeitet er als freier Fotograf für Magazine, Werbung und Buchverlage. Genauso wichtig sind ihm aber eigene Projekte, wie beispielsweise das Porträt der Glasbläserinsel Murano bei Venedig oder eine Fotoreportage über Burkina Faso, eines der ärmsten Länder der Welt. Für die Reportagefotos dieses Buches ist er mit den Autoren durch Indien gereist.

Joerg Lehmann lebt als Fotograf seit 1991 in Paris. Er fotografiert Genuss für japanische und deutsche Magazine, wie DER FEINSCHMECKER und für Buchverlage. Wenn er nicht gerade hinter der Kamera steht, ist er mit Sicherheit auf der Jagd nach Requisiten. Seine klaren, reduzierten Foodfotos haben eine besondere Intensität und bringen die Gerichte optimal zur Geltung.

Bildnachweis:
Foodfotos: Joerg Lehmann
Reportagefotos: Jürg Waldmeier
Titelfoto: Martina Meier

© 2005 GRÄFE UND UNZER VERLAG GmbH, München.
Alle Rechte vorbehalten.
Nachdruck, auch auszugsweise, sowie Verbreitung durch film, funk, Fernsehen und Internet, durch fotomechanische Wiedergabe, Tonträger und Datenverarbeitungssysteme jeder Art nur mit schriftlicher Genehmigung des Verlages.

Projektleitung: Birgit Rademacker
Lektorat: Adelheid Schmidt-Thomé
Korrektorat: Mischa Gallé
Herstellung: Petra Roth
Gestaltung: independent Medien-Design, München
Umschlaggestaltung: independent Medien-Design, Horst Moser, München
Satz: Bernd Walser Buchproduktion, München
Reproduktion: Longo AG, Bozen
Druck: Appl, Wemding
Bindung: m.appl GmbH, Wemding

Syndication:
www.jalag-syndication.de

ISBN 978-3-7742-6725-1

4. Auflage 2011

Ein Unternehmen der
GANSKE VERLAGSGRUPPE

Vielen Dank!
Für großzügige Unterstützung bedanken sich die Autoren herzlich bei Anita und Ravi Gurnani (Format-Travel) sowie bei der Oberoi- und der Casino-Hotelgruppe mit ihrem hervorragenden Personal. Danke auch an all jene, die uns mit Rat, Tat und Begeisterung zur Seite standen.

Unsere Garantie
Alle Informationen in diesem Ratgeber sind sorgfältig und gewissenhaft geprüft. Sollte dennoch einmal ein Fehler enthalten sein, schicken Sie uns das Buch mit dem entsprechenden Hinweis an unseren Leserservice zurück. Wir tauschen Ihnen den GU-Ratgeber gegen einen anderen zum gleichen oder ähnlichen Thema um.

Liebe Leserin und lieber Leser,
wir freuen uns, dass Sie sich für ein GU-Buch entschieden haben. Mit Ihrem Kauf setzen Sie auf die Qualität, Kompetenz und Aktualität unserer Ratgeber. Dafür sagen wir Danke! Wir wollen als führender Ratgeberverlag noch besser werden. Daher ist uns Ihre Meinung wichtig. Bitte senden Sie uns Ihre Anregungen, Ihre Kritik oder Ihr Lob zu unseren Büchern. Haben Sie Fragen oder benötigen Sie weiteren Rat zum Thema? Wir freuen uns auf Ihre Nachricht!

Wir sind für Sie da!
Montag – Donnerstag:
8.00 – 18.00 Uhr;
Freitag: 8.00 – 16.00 Uhr
Tel.: 0180-5 00 50 54*
Fax: 0180-5 01 20 54*
E-Mail: leserservice@graefe-und-unzer.de
*(0,14 €/Min. aus dem dt. Festnetz/Mobilfunkpreise maximal 0,42 €/Min.)

P.S.: Wollen Sie noch mehr Aktuelles von GU wissen, dann abonnieren Sie doch unseren kostenlosen GU-Online-Newsletter und/oder unsere kostenlosen Kundenmagazine.
GRÄFE UND UNZER VERLAG
Leserservice
Postfach 86 03 13
81630 München